ALTDEUTSCHE TEXTBIBLIOTHEK
HERAUSGEGEBEN VON HUGO KUHN

Ergänzungsreihe
2

DUKUS HORANT

Herausgegeben von
P. F. GANZ · F. NORMAN · W. SCHWARZ

Mit einem Exkurs von
S. A. BIRNBAUM

MAX NIEMEYER VERLAG TÜBINGEN 1964

Mit 2 Abbildungen im Text und 2 Abbildungen auf Tafeln

©
Max Niemeyer Verlag Tübingen 1964
Alle Rechte vorbehalten · Printed in Germany
Gesamtherstellung
Allgäuer Heimatverlag GmbH, Kempten/Allgäu

JUDAEO HEREDITATIS GERMANICAE

AUCTORI

VORWORT

Die vorliegende Ausgabe ist das Ergebnis gemeinschaftlicher Arbeit, für die wir alle verantwortlich sind. Im einzelnen jedoch wurde die Editionsarbeit so aufgeteilt, daß der Text von P. F. Ganz und W. Schwarz, die Bibliographie, Einleitung und Anmerkungen von P. F. Ganz, der Lautstand von W. Schwarz und die sagen- und literargeschichtliche Einleitung von F. Norman geschrieben wurden. Wir sind Herrn Dr. S. A. Birnbaum zu besonderem Dank verpflichtet, daß er bereit war, auf Grund seiner großen paläographischen Erfahrung ein Kapitel über die Datierung der Schrift beizusteuern.

Bei der Vorbereitung der Ausgabe haben uns viele Freunde und Kollegen mit Rat und praktischer Hilfe unterstützt. Ihnen allen möchten wir an dieser Stelle danken, besonders aber Dr. J. L. Teicher (Cambridge), Professor L. W. Forster (Cambridge), Dr. H. H. Thoma (King's College, London), Professor I. Schröbler (Freie Universität Berlin), Dr. S. Colditz (Leipzig), sowie der verständnisvollen Geduld unserer Gattinnen. Besonderer Dank gebührt den Damen, die sich der schwierigen Aufgabe widmeten, Transliteration und Transkription sowohl wie die einleitenden Abhandlungen und Exkurse auf für solche Zwecke kaum eingerichteten modernen Schreibmaschinen herzustellen: Mevrouw L. Couvée (Amsterdam), Mrs. Marilyn Tresias (London) und Mrs. Maryjean Stone (London). Ohne die Bemühungen der photographischen Abteilung der Universitätsbibliothek Cambridge wäre es uns nicht möglich gewesen, den Text so weit zu entziffern.

Fertigstellung und Drucklegung dieser Ausgabe haben sich lange hingezogen; die Gründe kennt jeder,

der im akademischen Leben steht. Dies bedeutete für Verleger und Drucker eine schwere Belastung. Wir möchten uns bei beiden für ihre Geduld, ihre gewissenhafte Arbeit und für ihre verständnisvolle Nachsicht bedanken.

P. F. Ganz, F. Norman, W. Schwarz

INHALT

Abkürzungen XI
Bibliographie XII
Einleitung 1
   Exkurs: Die Schrift. Von S. A. Birnbaum 7
Lautstand 15
   Einführung 15
   I. Die Konsonanten 24

§ 1	Hebr. beth	Transl. b	Transkr. b	mhd. b	. . 24
§ 2	Hebr. beth	Transl. b	Transkr. b	mhd. w	. . 24
§ 3	Hebr. pe, ṗe	Transl. p, ṗ	Transkr. p	mhd. p	. . 24
§ 4	Hebr. ṗe	Transl. ṗ	Transkr. pf	mhd. pf	. . 25
§ 5	Hebr. rafiertes pe	Transl. f̃	Transkr. f	mhd. f, ff	. . 25
§ 6	Hebr. pe finale	Transl. f	Transkr. f	mhd. f	. . . 26
§ 7a)	Hebr. rafiertes beth	Transl. ṽ	Transkr. v	mhd. f, v	. . 27
b)	waw	Transl. w	Transkr. v	mhd. f, v	. . 27
c)	Hebr. waw waw	Transl. ww	Transkr. w	mhd. w	. . 32
§ 8	Hebr. gimel	Transl. g	Transkr. g	mhd. g	. . 33
§ 9	Hebr. kof	Transl. q	Transkr. k	mhd. c, k	. . 35
§ 10	Hebr. kaf	Transl. kh	Transkr. ch	mhd. ch	. . 36
§ 11	Hebr. jod und jod jod	Transl. i u. ii	Transkr. j	mhd. j	. . . 37
§ 12	Hebr. cheth	Transl. ḥ	Transkr. ḥ	mhd. h	. . 38
§ 13	Hebr. he	Transl. h	Transkr. h	mhd. h	. . 42
§ 14	Hebr. daleth	Transl. d	Transkr. d	mhd. d	. . 43
§ 15	Hebr. teth	Transl. t	Transkr. t	mhd. t	. . . 43
§ 16	Hebr. taw	Transl. ṭ	Transkr. t	mhd. t	. . . 45
§ 17	Hebr. sajin	Transl. z	Transkr. s	mhd. s	. . . 45
§ 18	Hebr. sin	Transl. s	Transkr. ś	mhd. s oder z	45
§ 19	Hebr. samech	Transl. s̀	Transkr. s	mhd. s	. . . 46
§ 20	Hebr. schin	Transl. š	Transkr. sch	mhd. sch	. . 46
§ 21	Hebr. zade	Transl. ṣ	Transkr. z	mhd. z	. . . 48
§ 22	Hebr. žade	Transl. ṣ̌	Transkr. tsch	mhd. tsch	. 49
§ 23	Hebr. lamed	Transl. ḷ	Transkr. l	mhd. l	. . . 49
§ 24	Hebr. mem	Transl. m	Transkr. m	mhd. m	. . 49
§ 25	Hebr. nun	Transl. n	Transkr. n	mhd. n	. . 50
§ 26	Hebr. resch	Transl. r	Transkr. r	mhd. r	. . . 50

   II. Vokale 50
      § 27 Mhd. kurzes a, hebr. alef oder unbezeichnet, Transl. ʼ
      oder unbezeichnet, Transkr. a 51

§ 28 Mhd. langes â, hebr. alef oder unbezeichnet, Transl. ʾ
    oder unbezeichnet, Transkr. a 53
    (a) Der Reim als Prüfstein für die Aussprache des mhd.
        a und â 55
§ 29 Die mhd. e-Laute 57
    (1) Mhd. ë, hebr. ajin   Transl. ᶜ   Transkr. ë . . 57
    (2) Mhd. æ (Umlaut des langen â), hebr. ajin
                         Transl. ᶜ   Transkr. ë . . 58
    (3) Mhd. ä, hebr. ajin   Transl. ᶜ   Transkr. ë . . 58
    (4) Mhd. ê, hebr. jod   Transl. i   Transkr. e . . 59
    (5) Mhd. e, hebr. jod   Transl. i   Transkr. e . . 59
    (6) Mhd. e, hebr. alef   Transl. ʾ   Transkr. e . . 59
    (7) Mhd. e, hebr. nicht
        bezeichnet   Transl. nicht bezeichnet   Transkr. e 60
    (8) Mhd. e in unbetonten Silben wird in der Hs. nicht
        bezeichnet 60
§ 30 Mhd. i, hebr. jod   Transl. i   Transkr. i . . 63
§ 31 Mhd. ie, hebr. jod   Transl. i   Transkr. i . . 63
§ 32 Mhd. i und ie, hebr. waw Transl. w   Transkr. u . . 64
§ 33 Mhd. ei, hebr. jod jod   Transl. ii   Transkr. ei . . 65
§ 34 Die mhd. o- und u-Laute 65
    (1) Mhd. o und u,
        hebr. waw   Transl. w   Transkr. o oder u 65
    (2) Mhd. langes û
        hebr. waw   Transl. w   Transkr. u . . 68
    (3) Mhd. û, hebr. waw waw Transl. ww Transkr. ou od. u 68
§ 35 Die mhd. Diphthonge ou und uo 69
    (1a) Mhd. ou, hebr. waw waw, Transl. ww, Transkr. ou 69
    (1b) Mhd. ou, hebr. waw Transl. w   Transkr. ou od. o 70
    (2) Mhd. ou, hebr. waw   Transl. w   Transkr. u . . 70
§ 36 Mhd. ö, ü, œ, üe, iu und öu, eu 71
    (1) Die mhd. Umlaute ö, ü, œ, hebr. waw. In der
        Transkr. ist der Umlaut nicht bezeichnet 71
    (2) Mhd. üe, hebr. waw Transl. w   Transkr u aber
        auch hebr. waw jod Transl. wi Transkr. ui od. oi 72
    (3) Mhd. iu, hebr. waw   Transl. w   Transkr. u . . 72
    (4) Mhd. iu, hebr. waw jod Transl. wi Transkr. oi . . 72
    (5) Mhd. iuw,
        hebr. waw waw   Transl. ww Transkr. ou,
        uw und oi 73
    (6) Mhd. öu oder eu,
        hebr. waw waw   Transl. ww Transkr. ou . . 73
§ 37 Schlußfolgerungen 74
Die sagen- und literaturgeschichtlichen Probleme   75
Dukus Horant   132
Anmerkungen   220

ABKÜRZUNGEN

Bach 1, Bach 2	H. Bach, *Die Thüringisch-Sächsische Kanzleisprache bis 1325*, Kopenhagen 1937, 1943. Bach 1 bezieht sich auf den ersten, Bach 2 auf den zweiten Teil dieses Werkes.
Behaghel	O. Behaghel, *Geschichte der deutschen Sprache*⁵, Berlin und Leipzig 1928.
Birnbaum 1	Salomo A. Birnbaum, Umschrift des ältesten datierten jiddischen Schriftstücks, *Teuthonista* VIII (1931/32) 197–207.
Birnbaum 2	Salomo A. Birnbaum, Das älteste datierte Schriftstück in jiddischer Sprache, *PBB* LVI (1932) 11–22.
Lessiak	P. Lessiak, *Beiträge zur Geschichte des deutschen Konsonantismus*, Brünn 1933.
Moser	Vergil Moser, *Frühneuhochdeutsche Grammatik*, Bd. 1 und Bd. 1, 3, Heidelberg 1929, 1951.
Neumann	H. Neumann, Sprache und Reim in den judendeutschen Gedichten des Cambridge Codex T-S 10 K. 22, *Indogermanica, Festschrift für Wolfgang Krause*, Heidelberg 1960, S. 145–68.
Paul-Mitzka	H. Paul-W. Mitzka, *Mittelhochdeutsche Grammatik*¹⁸, Tübingen 1960.
Weinhold	K. Weinhold, *Mittelhochdeutsche Grammatik*², Berlin 1883.

BIBLIOGRAPHIE

D. S. Blondheim, *Les parlers judéo-romans et la Vetus Latina*, Paris 1925, S. lxxv ff.

J. Fourquet, Ernest-Henri Lévy (1867–1940), *Mémorial des années 1939–1945, Publications de la Faculté des Lettres de l'Université de Strasbourg*, fasc. 103, S. 59–63.

L. Fuks, The Oldest Literary Work in Yiddish in a Manuscript of the Cambridge University Library, *JJS* IV (1953) 176–181.

F. Norman, Remarks on the Yiddish Kudrun, *JJS* V (1954) 85–86.

L. Fuks, On the oldest dated work in Yiddish Literature, *The Field of Yiddish Studies in Yiddish Language, Folklore and Literature*, ed. U. Weinreich, New York 1954, S. 267–274.

Ch. Ginninger, A Note on the Yiddish Horant, *The Field of Yiddish Studies*, S. 275–277.

F. Beranek, Neues zur jiddischen Gudrunhandschrift, *Mitteilungen aus dem Arbeitskreis für Jiddistik*, 1956, 49–52.

L. Fuks, *The Oldest known literary documents of Yiddish literature (C. 1382)*, Leiden 1957, 2 Bde.

Besprochen: P. F. Ganz, *JJS* VIII (1957) 246–249; A. M. Haberman, *Hapoel haṣṣair* XXIX (1957) n. 13, S. 20–21; D. Sadan, *Mahanaim* XXXIII (1957) 52–28;) F. Norman, *The Jewish Chronicle*, 21. Februar 1958; L. W. Forster, *GLL* XI (1958) 276–285; G. Schramm, *GGA* CXII (1958) 211–221; W. Schwarz, *Neophilologus* XLII (1958) 326–332; J. Carles, *Études Germaniques* XIII (1958) 348–351; P. Trost, *Časopis pro moderni filologii* (1959) no. 2. S. 112; S. A. Birnbaum, *Bibliotheca Orientalis* XVI (1959) 50–52; J. Fourquet, *Études Germaniques* XIV (1959) 50–56; I. Schröbler, *ZfdA* LXXXIX (1959) 135–162; J. W. Marchand, *Word* XV (1959) 383 bis 394; H. W. J. Kroes, *Duitse Kroniek* (1959) 89–93; H. Beem, *Yidishe Shprakh* XX (1960) 9–16.

P. F. Ganz, Dukus Horant—An Early Yiddish Poem From The Cairo Genizah, *JJS* IX (1958) 47–62.

M. Weinreich, Old Yiddish poetry in linguistic literary research, *Word* XVI (1960) 100–118.

S. Colditz, Das jiddische Fragment vom Herzog Horand in seinem Verhältnis zum Gudrunepos und dem König Rother, *Mitteilungen aus dem Arbeitskreis für Jiddistik*, 1960, 17–24.

H. Menhardt, Zur Herkunft des Duchus Horant, *Mitteilungen aus dem Arbeitskreis für Jiddistik*, 1961, S. 33–36.

H. Neumann, Sprache und Reim in den judendeutschen Gedichten des Cambridge Kodex T-S 10 K. 22, *Indogermanica. Festschrift für Wolfgang Krause*, Heidelberg 1960, S. 145–68.

H. Fromm, Die Erzählkunst des Rother-Epikers, *Euphorion* LIV (1960) 347–79.

J. W. Marchand, Einiges zur sogenannten jiddischen Kudrun, *Neophilologus* XLV (1961) 55–63.

S. A. Birnbaum, Old Yiddish or Middle High German, *JJS* XII (1961) 19–31.

H. Rosenfeld, Die Kudrun. Nordseedichtung oder Donaudichtung?, *ZfdPh* LXXXI (1962) 289–314.

R. Wisniewski, *Kudrun*, Stuttgart 1963, S. 14f.; 49; 58.

E. Katz, *Six Germano-Judaic Poems from the Cairo Genizah*, Diss. University of California, Los Angeles 1963, Masch.

H. Rosenfeld, Der Dukus Horant und die Kudrun von 1233, *Mitteilungen aus dem Arbeitskreis für Jiddistik* (1964) 129–134.

J. Carles, Le Poème de Kûdrûn, *Publications de la Faculté des Lettres et Sciences Humaines de l'Université de Clermont-Ferrand*, Deuxième Série Fascicule XVI (1963) 231–41.

J. Weissberg, The Vowel System of Ms Cambridge T-10 K 22 compared with Middle High German, *JJS* XIV (1963) 37–51.

EINLEITUNG

Vor rund hundert Jahren wies von der Hagen in einem Berliner Akademievortrag auf die Bedeutung der Volksliteratur der Juden für die mittelalterliche Literaturgeschichte hin.[1] Der Zusammenhang und die gegenseitige Beeinflussung zwischen der hebräischen und volkssprachlichen Literatur der Juden einerseits und den europäischen Literaturen des Mittelalters andererseits ist jedoch ein Thema, dessen Behandlung die Vorkenntnisse eines Hebraisten und Mediaevisten erfordert, wie sie im neunzehnten Jahrhundert M. Steinschneider oder H. Benfey besaßen, die heute aber den meisten Germanisten fehlt. Nun hat aber die Entdeckung einer in hebräischen Buchstaben geschriebenen Handschrift der Cambridger Universitätsbibliothek, die einige jüdische religiöse und didaktische Gedichte sowie ein strophisches Gedicht mit dem Titel *Dukus Horant* in mittelhochdeutschem Dialekt enthält, die Aufmerksamkeit der Germanisten wieder auf diese jüdische Volksliteratur gelenkt, denn schon der Titel *Dukus Horant* läßt an Zusammenhänge mit der mittelhochdeutschen *Kudrun* denken, von der wir ja nur ein einziges Manuskript besitzen, und deren Vorgeschichte auch heute noch weitgehend im Dunkel bleibt. Ob und wie sich das neuentdeckte Gedicht hier einordnen läßt, ist eine der vielen Fragen, vor die uns das Cambridger Manuskript, dessen eigene Herkunft rätselhaft genug ist, stellt.

Die Handschrift wird in der sogenannten Taylor-Schechterschen Sammlung der Cambridger Universitätsbibliothek aufbewahrt, wo sie die Signatur T.-S. K. 22 führt. Mit dem anderen handschriftlichen Material der Sammlung wurde sie im Jahre 1896 aus der Kairoer Esra-Synagoge nach England gebracht. Diese Synagoge, die ursprünglich eine dem heiligen Michael geweihte Kirche gewesen war und erst im Jahre 882 an die jüdische Gemeinde verkauft wurde, besaß an ihrem hinteren Ende einen mittelgroßen Raum, eine sogenannte Genisa[2] (hebr. גניזה Versteck, Aufbe-

---

[1] *Die romantische und Volks-Litteratur der Juden in Jüdisch-Deutscher Sprache*, Phil. und hist. Abhandlungen d. Königl. Akad. d. Wiss. Berlin 1854, 1–11.

wahrungsort). Solche Genisas dienten ursprünglich dazu, religiöse Texte, die nicht mehr zu gebrauchen waren, aufzubewahren, bevor sie rituell begraben werden konnten. Dies geschah in erster Linie, um den Namen Gottes vor Profanierung zu schützen, später aber wurden auch nicht-religiöse Texte dort deponiert. Die Genisa in Kairo geriet in Vergessenheit, und das dort angesammelte handschriftliche und gedruckte Material wurde erst im neunzehnten Jahrhundert wieder entdeckt.[3] Europäische Touristen und Sammler kauften Handschriftenfragmente, die dann schließlich in die großen Bibliotheken in England, Rußland und den Vereinigten Staaten kamen. Weitaus der größte Teil des handschriftlichen Bestandes, etwa 100000 Fragmente, wurde jedoch mit Unterstützung von Dr. Charles Taylor, einem englischen Mathematiker, von Solomon Schechter nach Cambridge gebracht, wo sie jetzt die Taylor-Schechter Collection bilden. Die Sammlung enthält den hebräischen Text des *Ecclesiasticus* und vieles andere Material, das für die Textkritik des Alten Testaments und für die jüdische Geschichte von größter Bedeutung ist.

Schon seit einiger Zeit war bekannt, daß sich unter den Genisa-Fragmenten auch jiddische Texte befinden. Professor Ernest-Henri Lévy[4], der den Straßburger Lehrstuhl für Germanistik inne hatte, kannte unser Manuskript und teilte die darin enthaltenen Glossen zu den Namen der zwölf Edelsteine am Brustschild des Hohenpriesters (Exodus 28. 17–20) seinem Freunde D. S. Blondheim mit, der sie in sein Werk *Les parlers judéo-romans et la Vetus Latina*, Paris 1925, S. LXXVf. aufnahm. Lévy selbst bereitete eine Edition des *Dukus Horant* vor, die er auch mit seinem Schüler und späteren Nachfolger Jean Fourquet besprach. Leider ging das gesamte bereitliegende Material nach seinem Tode im Jahr 1940 verloren. Eine Zeitlang arbeitete Fourquet nach dem Kriege dann

---

[2] Über die Geschichte der Kairoer Genisa und das dort vorgefundene Material siehe P. E. Kahle, *The Cairo Genizah*[2], Oxford 1959.

[3] Hie und da wurde sie einzelnen europäischen Besuchern der Synagoge gezeigt, u. a. auch Heines Großonkel, Simon von Geldern. Vgl. E. N. Adler, *The Jewish Quarterly Review*, IX (1896/97) 671.

[4] Über E.-H. Lévy vgl. den Nachruf von J. Fourquet, Ernest-Henri Lévy (1867–1940), in: *Publications de la Faculté des Lettres de l'Université de Strasbourg*, fasc. 103, 59–63.

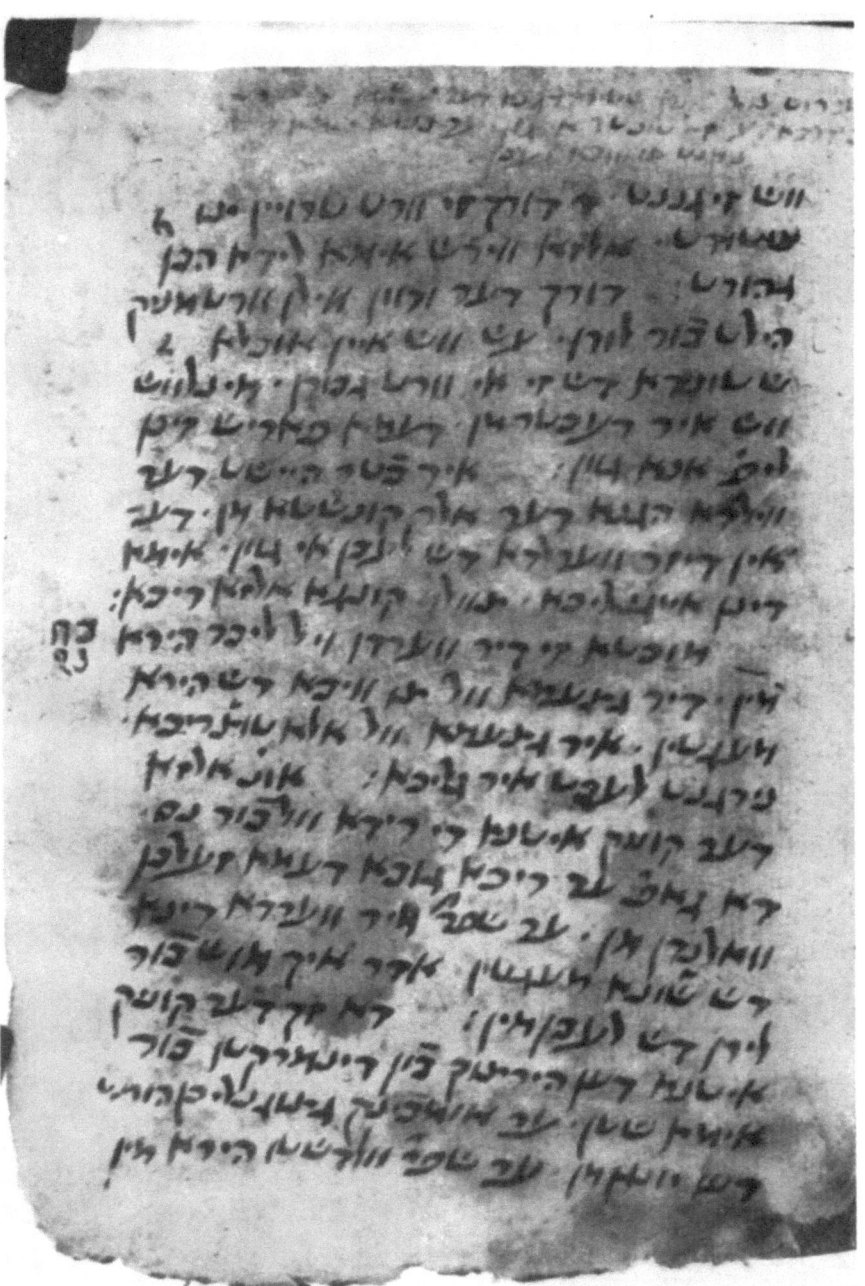

F. 45 fol. 23r (vgl. S. 140)

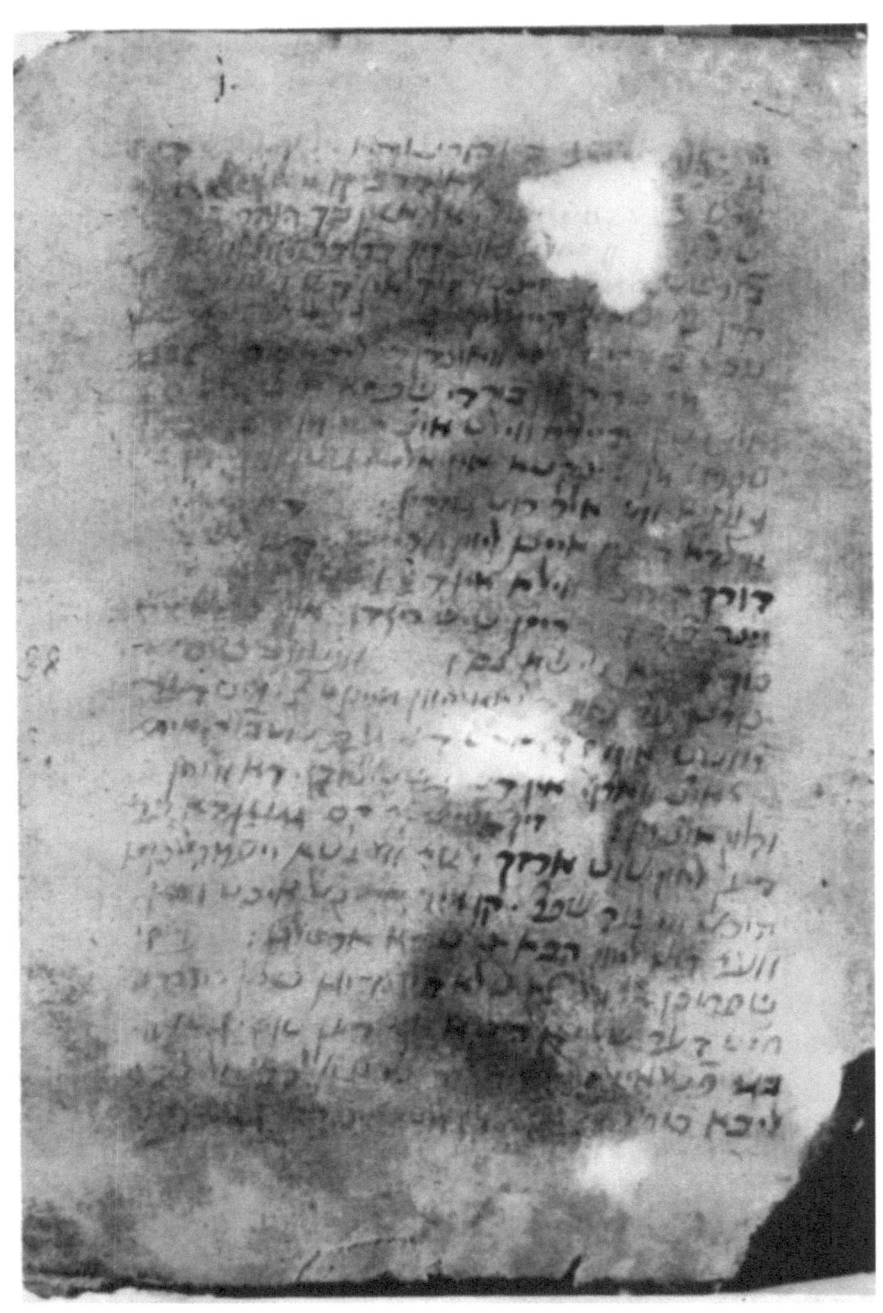

F. 76   fol. 38v (vgl. S. 202)

selbst an einer Ausgabe des Textes, und einige Verse seiner Rekonstruktion wurden in dem Sammelwerk *The Field of Yiddish Studies in Yiddish Language, Folklore and Literature*, New York 1954, abgedruckt.[5] Im Herbst des Jahres 1953 besuchte der Bibliothekar der Rosenthaliana in Amsterdam, L. Fuks, die Cambridger Universitätsbibliothek, wo Dr. J. L. Teicher, der dortige Dozent für Hebräisch, ihn auf die Existenz des Manuskripts aufmerksam machte. Fuks beschloß die ganze Handschrift mit Faksimile, Transkription und neuhochdeutscher Übersetzung zu edieren, und seine zweibändige Ausgabe erschien unter dem Titel *The Oldest known literary documents of Yiddish Literature (C. 1382)*, Leiden 1957. Die bei einer Erstausgabe zum Teil unvermeidlichen Mängel seines Texts sind in zahlreichen Rezensionen bemerkt und kritisiert worden,[6] aber sein Verdienst ist es, die Handschrift bekannt und, wenn auch nur unzulänglich, zugänglich gemacht zu haben. Beim erneuten Durcharbeiten des Manuskriptes mit Quarzlampe und ultravioletten Aufnahmen stellte sich heraus, daß einiges, was Fuks für unleserlich hielt, sich doch noch entziffern läßt, so daß sich der Gang der Handlung in dem erhaltenen Teil des Gedichts in unserer Textherstellung ziemlich klar verfolgen läßt und eine Neuausgabe keiner besonderen Rechtfertigung bedarf.

Handschrift

Das Manuskript, das in der Universitätsbibliothek zu Cambridge aufbewahrt wird, trägt die Signatur T-S 10. K. 22. Das Material ist Papier, möglicherweise orientalischer Herkunft, was sich aber heute nicht mehr mit Bestimmtheit feststellen läßt, da die Oberfläche durch Feuchtigkeit stark gelitten hat. Jedenfalls ist kein Wasserzeichen vorhanden. Die Ränder sind abgegriffen; viele Seiten sind fleckig, gebräunt und von Wurmfraß hier und da durchlöchert. Zum Teil ist die Schrift ganz unleserlich, besonders fol. 38 und 39. Einige am inneren Rande abgerissene Stellen wur-

---

[5] In dem Aufsatz von Ch. Gininger, A Note on the Yiddish Horant, S. 275–277.
[6] Siehe Bibliographie.

den beim Binden mit braunem Papier wieder ausgebessert. Auf den ersten Seiten sind Spuren von Wurmfraß.

Die Schrift ist aschkenasische Kursive; über die paläographische Datierung siehe unten den Exkurs von Dr. S. A. Birnbaum, S. 7. Der Schreiber hat durchweg sorgfältig gearbeitet, und es sind ihm kaum Fehler unterlaufen.[1]

Die Handschrift hat heute 42 Blätter; allerdings ist von fol. 42 nur die obere rechte Ecke erhalten. Folierungen wurden mit Bleistift in der Mitte des linken Außenrandes, wohl beim Einbinden des Kodex im Jahre 1921, eingetragen.

Die Blattgröße ist jetzt durchschnittlich ungefähr 19 × 13,8 cm und der Schriftspiegel etwa 15,6 × 10,6 cm. Auf die einspaltig geschriebene Seite kommen durchschnittlich 24–25 Zeilen.

Der moderne blaue Kunstledereinband stammt aus dem Jahre 1921, aber die Lagen der Handschrift sind noch klar erkennbar. Die erste Quaternio geht von fol. 1–6. Es fehlen also zwei Blätter, was auch dadurch bestätigt wird, daß beim Binden je ein brauner schmaler Papierstreifen an die losen fol. 5 und 6 angeklebt wurde, um sie nähen zu können. Die zweite Lage reicht von fol. 7–14. Von der nächsten Lage fehlt fol. 14a und das entsprechende Blatt 20a. Fol. 20r ist unbeschrieben; auf der Rückseite steht das Glossar zu den Steinen des Hohenpriesters. Wahrscheinlich war also auch fol. 14a unbeschrieben; vielleicht fehlte das Blatt bereits, als die Handschrift geschrieben wurde. Die vierte Lage von fol. 21–28 ist vollständig erhalten, aber in der fünften von fol. 29–35 fehlt das Blatt 32a, von dem nur noch ein etwa 6 mm breiter, durch braunes Papier beim Einbinden verstärkter Streifen erhalten ist. Die letzte Lage, fol. 36–43 ist wieder vollständig erhalten.

An zwei Stellen kommt eine hebräisch geschrieben Jahreszahl vor: fol. 19v: ġ khslw q ṁ ġ = 3. Kislev 143 = 9. November 1382 (Fuks I, 38); fol. 20v: q ṁ ġ = 143 = 1382 (Fuks I, 40). Vgl. unten S. 7.

---

[1] Es ist zweifelhaft, ob er mit dem *Izak der schribëre* (Fuks I, 3 Z. 55; I, 12 Z. 217; I, 33 Z. 476) oder mit dem *schribëre Abraham* (Fuks I, 38 Z. 46) zu identifizieren ist, denn die beiden sind möglicherweise die Verfasser der Gedichte, in denen sie sich nennen; vgl. Ganz, *JJS* IX (1958) 50.

Inhalt

fol. 1r–2v (Fuks I, 1–3) ein Gedicht über Moses, dessen erste Hälfte fehlt. Die Handschrift ist hier fast vollkommen unleserlich. Möglicherweise handelt es sich um eine Himmelfahrt Mosis.

fol. 2v–6v (Fuks I, 3–12) *Gan Eden*, eine Beschreibung des Paradieses, wo die Seligen, die Märtyrer, die weisen Rabbis und die kleinen Kinder in Wonne ohne Leid wohnen. Über die Quellen in den Midraschim vgl. H. Bietenhard, *Die himmlische Welt im Urchristentum und Spätjudentum*, Tübingen 1951, S. 188f.

fol. 6v–17r (Fuks I, 12–33) *Abraham Avinu*, die bekannte Geschichte aus der Kindheit Abrahams, dem sein Vater befahl, die von ihm angefertigten Götzenbilder zu verkaufen, die der dreijährige Knabe aber verbrannte. Zur Strafe ließ Nimrod ihn in einen Feuerofen werfen, aber Gott selbst beschützte ihn, und angesichts des göttlichen Wunders wurden die Heiden bekehrt; zur Geschichte der Fabel vgl. M. Gaster, *The Exempla of the Rabbis*, London 1924, S. 185; S. A. Birnbaum, Old Yiddish or Middle High German, *JJS* XII (1961) 19–31.

Alle drei Gedichte scheinen von demselben Verfasser zu stammen, dem Schreiber Isak, der sich jedesmal am Ende selbst nennt (vgl. Ganz, *JJS* IX [1959] 50).

fol. 17v–18v (Fuks I, 34–36) *Iosef Haṣṣadiq*, die Geschichte von Joseph und der Frau Potiphars. Das Gedicht wurde herausgegeben von P. Trost, *Philologica* IV (1961) 20–22; vgl. auch ders. Noch einmal zur Josefslegende des Cambridger Kodex, *Philologica* V (1962) 3–5; eine zweite Ausgabe von J. W. Marchand und F. C. Tubach in der *ZfdPh* LXXXI (1962) 30–52; vgl. hierzu P. F. Ganz, F. Norman, W. Schwarz, Zu dem Cambridger Joseph, *ZfdPh* LXXXII (1963) 86–90.

fol. 19r–19v (Fuks I, 37–38) Die Fabel von dem alten Löwen,

	der von den Tieren angegriffen wird, und dessen Hoffart Gott bestraft. Das Gedicht wurde zum erstenmal veröffentlicht von L. Fuks, The Oldest Literary Work in Yiddish in a Manuscript of the Cambridge University Library, *JJS* IV (1953) 176 bis 181 und dann von S. A. Wolf, *Jiddisches Wörterbuch*, Mannheim 1962, S. 35–36. Zur Geschichte der auch sonst aus der deutschen Literatur des Mittelalters bekannten Erzählung vgl. R.-H. Blaser, *Ulrich Boner, un fabuliste suisse du xive siècle*, Genf 1949, S. 20; 78.
fol. 20r	(Fuks I, 39) leer gelassen.
fol. 20v	(Fuks I, 40) Liste der Wochenabschnitte für den Gottesdienst und Glossar zu den Steinen des Hohenpriesters *Exodus* XXVIII. 17–30; herausgegeben von D. S. Blondheim, *Les parlers judéo-romans et la Vetus Latina*, Paris 1925, S. lxxv ff.
fol. 21r–42v	(Fuks I, 41–84) *Dukus Horant*.

EXKURS

Die Schrift

von S. A. Birnbaum

Das Manuskript, zu dem unser Fragment gehört, trägt an zwe Stellen ein Datum. Am Ende von fol. 19v steht: *g. kslu̱ q.m.g. lpr.* „3. Kislew 143 nach der (kleinen) Z(ei)t(rechnung)", bei der die Tausender als selbstverständlich weggelassen werden. Es handelt sich also um das jüdische Jahr 5143 „nach der großen Zeitrechnung", das dem letzten Drittel des christlichen Jahres 1382 und den ersten zwei Dritteln von 1383 entspricht. (Der Tausender kann nur eine 5 sein, denn im Jahre 4143 = 382/83 gab es noch kein Jiddisch.) Der 3. Kislew fiel auf den 9. November 1382. Auf fol. 20v steht nach einer Liste der „Wochenabschnitte" (die an den Sabbaten aus der Pentateuchrolle rezitiert werden) *sli̱q q.m.g.l.* (d. h.):
„Finis, 143" (d. h. 5143 = 1382/83).

Auf den ersten Blick liegt kein Grund vor, diesem Datum mit Mißtrauen zu begegnen. Das Datum auf fol. 19 ist offensichtlich das Schreiberkolophon, und solche werden nicht von einem späteren Kopisten gedankenlos nachgeschrieben. Bei Kolophondaten, die aus einer Vorlage übernommen werden, handelt es sich um das Datum des betreffenden Werkes, nicht der betreffenden Handschrift. Auch eine Fälschung ist ausgeschlossen. Ein anspruchsloses Bändchen wie unser Manuskript konnte niemanden dazu reizen, ein falsches Datum einzufügen. Wertvoll ist es erst jetzt, und eine moderne Fälschung kommt natürlich nicht in Frage.

Die Wiederholung des Datums auf fol. 20 ist vielleicht mit dem Ordnungssinn des Schreibers zu erklären: als er nach dem ursprünglichen Kolophon noch einen Text (die Liste der „Wochenabschnitte") gab, fühlte er vielleicht die Notwendigkeit, hier das formale Ende der Handschrift anzumerken. (Allerdings tat er es nicht mehr, als er darunter noch die Edelsteinliste setzte; vielleicht weil sie auf derselben Seite steht.)

Die Wiederholung des Datums macht es auch klar, daß die Jahreszahl auf fol. 19, obwohl sie unmittelbar auf das Ende des Gedichtes folgt, doch ebensowenig dessen Abfassungstag bezeichnen kann, wie die Jahreszahl auf fol. 20 das Abfassungsdatum der Liste ist.

Zusammenfassend können wir also sagen, daß 1382 bedenkenlos als das wahre Datum der Handschrift aufgefaßt werden darf. Bei ihrer Wichtigkeit für die Erforschung der altjiddischen Literatur mag es aber vielleicht doch angemessen sein, noch ein Übriges zu tun und das Alter des Manuskriptes unabhängig von den obigen Ausführungen festzulegen.

Das kann auf Grund einer paläographischen Untersuchung geschehen. Schriftformen – wenn richtig analysiert – sind von untrüglicher Charakteristik und erlauben gewöhnlich eine recht genaue Datierung. In unserem Falle ist das Vergleichsmaterial – Handschriften, die ein Datum tragen – so reich, daß ein Zweifel an der Richtigkeit des Ergebnisses ausgeschlossen ist.

Unsere erste Aufgabe ist es, die Grenzen abzustecken, innerhalb derer wir die Vergleichung der Formen vornehmen wollen.

Die Schrift unseres Kodex – sie stammt in allen seinen Teilen nur von einer einzigen Hand – gehört zur aschkenasischen Gruppe der eine beträchtliche Zahl von Gruppen umfassenden hebräischen Schrift. Die Formen, klar und deutlich geschrieben, sind die der Kursive und weisen keinerlei Besonderheiten auf. Für dieses Gebiet haben wir datiertes Material seit 1237, aber selbstverständlich brauchen wir nicht alle Jahrhunderte vom dreizehnten bis zum zwanzigsten heranzuziehen. Eine provisorische Durchmusterung zeigt, daß die Schrift unseres Kodex im allgemeinen Eindruck den Schriften des dreizehnten bis sechzehnten Jahrhunderts entspricht.[1] Für diesen Zeitraum haben wir nun eine in Einzelheiten gehende Vergleichung der Buchstabenformen durchzuführen, um ihre chronologische Stellung – und damit die des Manuskripts – ausfindig zu machen.

Hier können wir einer außerpaläographischen Erwägung Raum

---

[1] Man vergleiche die Faksimiles 349–365 in meinem Buche *The Hebrew Scripts*, London 1954–1957 (Tafelband).

gewähren, die den zu untersuchenden Zeitraum nicht unwesentlich verkürzt und uns damit unnötige Arbeit erspart. Die Handschrift trägt das Datum 1382. Sie kann also jedenfalls nicht vor diesem Datum geschrieben worden sein – denn niemand wird doch ein Zukunftsdatum unter sein Werk setzen. Folglich brauchen wir unsere Unternehmung erst mit dem Ausgang des vierzehnten Jahrhunderts zu beginnen.

Was das andere Ende der Vergleichsperiode anlangt, so erfährt unsere provisorische Annahme des sechzehnten Jahrhunderts eine außerpaläographische Verstärkung durch die Tatsache, daß die letzten direkten Ausläufer dieser Art von Literatur noch bis ins siebzehnte Jahrhundert reichen.

Die Entwicklung der Schriftformen vom Ende des vierzehnten bis zum Ende des sechzehnten Jahrhunderts ist, wie deutlich aus der Tabelle auf S. 10 u. 11 zu ersehen ist, nicht unbeträchtlich. Sie ist hier durch drei Alphabete illustriert, die ich nach den folgenden, je um rund ein Jahrhundert voneinander getrennten Manuskripten gezeichnet habe:

K: Das Kölner Archivdokument No. 4 von 1396, also ein Beispiel einer mit der unsern gleichzeitigen Handschrift.
W: Ein Dokument von 1484 aus dem Wiener Neustädter Stadtarchiv.
H: Der Hamburger Cod. hebr. 238 von 1574.

Auch diese Manuskripte sind, wie unser Büchlein, recht sorgfältig geschrieben, so daß je eine Form für die Darstellung eines jeden Buchstabens hinreicht.

Zu den obigen Siglen kommt noch
  C für unsere Cambridger Handschrift, deren Formen in der ersten Zeile der Tabelle erscheinen.

Wir gehen nunmehr zur Vergleichung der Formen im einzelnen über:

Alef: In **C** und **K** biegt der untere Strich der rechten Buchstabenhälfte nur ein wenig nach unten, während er in **W** und **H** bis an den Zeilenboden reicht.

B: In **C** und **K** springt die Basis ein wenig nach rechts vor, im Gegensatz zu **W** und **H**. Sie ist so lang wie der Oberbalken, in **K** ist sie nicht viel länger. In **W** und **H** ist der Unterschied bedeutend größer.

H	M	K	C

Н	М	К	С

G: Der linke Strich ist in C und K ziemlich gerade, während er in W gewölbt ist und in H die Tendenz dazu hat. In C und K ist er kürzer als der Hauptstrich, in W und H so lang wie er oder etwas länger.

D: In C und K beginnt der Abstrich in spitzem Winkel, in W und H sind die beiden Striche zu einer Kurve vereinigt.

H: In C und K ist der Oberbalken gerade und schließt mit dem Abstrich einen Winkel ein, während in W und H die beiden Striche in einer Kurve ineinander übergehen.

Z besteht in C und K aus zwei Teilen, Kopf und Abstrich. Dieser setzt in der Mitte des Kopfes an. In W bilden Kopf und Anfang des Abstrichs einen Winkel, der dann in H zu einer Kurve wird, wie es auch dem Rest des Abstriches ergeht.

Ṭ: In C, K und W trifft der rechte Strich den linken etwas über dem Fußende, in H kommen die beiden in einer Spitze zusammen.

K finale: Siehe *D*.

M: Der mittlere Strich geht bei C und K von links unten nach rechts oben. Bei W setzt er in der Mitte des linken Striches an und ist horizontal. In H ist der Ansatzpunkt noch höher, ans Kopfende, hinaufgerückt, und der Strich läuft nun – umgekehrt wie bei C und K – von links oben nach rechts unten.

M finale ist in C und K ein Viereck, in W und H ein Zweieck: zwei zu einer schrägen Achse ungefähr symmetrische Kurven treffen einander links oben und rechts unten. Die obere Kurve entspricht der oberen und rechten Seite des früheren Vierecks. Die linke Hälfte der unteren Kurve dagegen entspricht nicht der linken Seite des Vierecks, sondern ist eine sekundäre Bildung, entstanden dadurch, daß die Feder nicht vom Papier abgehoben wurde, als sie das linke Ende der Basis erreicht hatte, sondern nach oben gezogen wurde, um dort den linken Abstrich des Vierecks anzufangen. Das Zweieck wurde nun als der eigentliche Buchstabe gefühlt und der linke Abstrich wurde eine Art Anhängsel.

S: Die obere und rechte Seite entwickeln sich wie bei *D*. In

C und K wird die linke Seite durch eine Kurve gebildet, in W und H durch eine Gerade.

P: In C geht der linke Strich vom linken Ende des Oberteiles aus, in K ist er losgelöst, in W ist er zum Punkt geworden, steht aber außerdem etwas weiter rechts, d. h. im Innern des Buchstabens; in H ist er wieder ein Strich und verbindet den Oberbalken mit der Basis, beginnt aber nicht am linken Ende des Oberbalkens, sondern etwas weiter rechts, entsprechend der Stellung des Punktes in W.

P finale: In C und H ist der linke Teil vom rechten losgelöst, im Gegensatz zu K und W. In C, K und W ist der linke Teil schräge, in H vertikal.

Ṣ und Ṣ *finale:* In C und K ist der rechte Strich in der oberen Hälfte der Zeilenhöhe, in K steckt er ein wenig nach oben hinaus, in W und H ragt er fast eine ganze Zeilenhöhe aufwärts.

Q: Was den Oberteil in C, K und W betrifft, siehe *D*. In H ist der Oberteil verkümmert. Er geht unmittelbar in den Abstrich über. Dieser hat am Ende eine große rechtsläufige Kurve entwickelt.

Š: In C und K ist der Mittelstrich gerade und freischwebend. In W und H hat er sich auf dem Weg über eine Kurve zu einer fast geschlossenen, ungefähr elliptischen Figur entwickelt, die an der Spitze des linken Striches haftet.

Diese Vergleichung zeigt klar, daß C in allen Dingen – mit Ausnahme des *P finale* – vollständig mit K übereinstimmt. Wenn C kein Datum trüge, müßten wir es also in die Zeit des Kölner Schriftstücks setzen, ans Ende des vierzehnten Jahrhunderts. Mit andern Worten, das von unserer Handschrift selbst gegebene Datum, 1382, ist als echt erwiesen.

Wie überall in jüdischen Manuskripten ist das erste Wort eines Abschnittes – hier: eines Gedichtes – mit großen Buchstaben geschrieben. Die Titel sind in keiner Weise hervorgehoben, sie sind meist sogar in derselben Zeile untergebracht wie das Ende des vorhergehenden Gedichtes.

Verse sind durch einen Punkt voneinander getrennt, Strophen durch einen Doppelpunkt. Der Gebrauch des Punktes als Trenner kleinerer, und des Doppelpunkts als Trenner größerer Abschnitte ist in jüdischen Handschriften allgemein üblich. (Der Doppelpunkt ist häufig horizontal gelagert. Auch Dreipunkt kommt oft vor. Da der Bereich der jüdischen(„hebräischen")Manuskripte sowohl räumlich als auch zeitlich sehr ausgedehnt ist, kann von einem einheitlichen System natürlich keine Rede sein.)

Wie allgemein in jüdischen Manuskripten läuft der Text am Ende von Abschnitten – hier: von Gedichten – keilförmig zusammen, indem jede Zeile etwas kürzer als die vorhergehende ist, und alle nach der Mittelachse des Schreibspiegels geordnet sind.

Lautstand

Einführung

Vom 12. Jahrhundert an gibt es in hebräischen Buchstaben geschriebene Glossen, durch die hebräische Ausdrücke in deutscher Sprache erklärt werden. Eine Fortsetzung dieser Glossen sind die jüdisch-deutschen Bibelübersetzungen seit dem 13. Jahrhundert.[1] Auch weltliche deutschsprachige Literatur war unter Juden bekannt, wie die jiddischen Fassungen von mittelhochdeutschen Epen erweisen.[2] Aus früherer Zeit kennen wir den Minnesänger Süsskint von Trimberg, der wohl sicher Jude war.[3] Wir wissen, daß Sampson Pine den französischen *Parzifal* für Claus Wisse und Philipp Colin (1331–1336) ins Deutsche übersetzt hat:

ein jude ist Sampson Pine genant,
der hat sine zit ouch wol bewant
an dirre oventure.
er tet unz die sture,
waz wir zuo rimen hant bereit,
do het er unz daz tüchsch geseit
von den oventuren allen gar.
ich wünsche daz er wol gevar
als ein jude noch sinre e:
er enbegerte anders nüt me.[4]

---

[1] W. Staerk-A. Leitzmann, *Die jüdisch-deutschen Bibelübersetzungen von den Anfängen bis zum Ausgang des 18. Jahrhunderts*. Frankfurt a. M., 1923, S. XXIV, XXX, 7 usw. Nechama Leibowitz, Die Übersetzungstechnik der jüdisch-deutschen Bibelübersetzungen des XV. und XVI. Jahrhunderts dargestellt an den Psalmen, *PBB* LV (1931) 377–463.

[2] L. Landau, *Arthurian Legends, Teutonia*, XXI (1912).

[3] Raphael Strauss, Was Süsskint von Trimberg a Jew? *Jewish Social Studies* 10 (1948), 19–30, glaubt, daß man aus seinen Gedichten nicht beweisen kann, ob er ein Jude war.

[4] Ed. Karl Schorbach, Straßburg 1888, Sp. 854 Zeile 27–36. Vgl. G. Ehrismann, *Geschichte der deutschen Literatur*, II, 2, 471–2. Eine kurze Darstellung mit der diesbezüglichen Literatur in Guido Kisch, *Sachsenspiegel and Bible (Publications in mediaeval Studies of Notre Dame, no. 5)* Notre Dame, Indiana, 1941, S. 176ff.

Es liegt also auf der Hand, die in der Cambridger Hs (T.-S. 10. K. 22) von 1382 in hebräischen Buchstaben geschriebenen Texte in diese Tradition einzubeziehen und den Lautstand der Cambridger Hs mit den oben erwähnten Glossen und Übersetzungen zu vergleichen. Leider ist dies gegenwärtig nicht möglich, da die früheren Texte noch nicht herausgegeben sind oder nur in einer Transskription ohne jeden Aufschluß über die bei der Umschrift angewandte Methode vorliegen. Da jede Umsetzung der hebräischen Buchstaben in ein europäisches System mehrdeutige Elemente enthält, können wir aus den Ausgaben, z. B. der Bibelübersetzungen von Staerk-Leitzmann, nicht die Orthographie der Hss rekonstruieren.

Hier stoßen wir auf die erste Schwierigkeit bei der Beschreibung des Lautstandes in unserem Text: Schreibweise und Aussprache brauchen nicht identisch zu sein; die Schwierigkeit, die Lautwerte eines Buchstabensystems zu interpretieren, wird in unserem Fall noch durch den Gebrauch eines dem Deutschen fremden Alphabets vergrößert. Außerdem kann eine traditionelle Orthographie Wandlungen der Aussprache verbergen, wie dies ja bekanntlich im Englischen der Fall ist.

Da wir keine Ausgaben von in hebräischen Buchstaben geschriebenen deutschen Hss, die zeitlich vor der unsrigen liegen, besitzen, müssen wir also damit rechnen, daß die Orthographie traditionsgemäß – sei es nun vollständig oder nur in einigen Einzelheiten – eine ältere Sprachform wiedergibt. Selbst wenn sich die Tradition für die Wiedergabe deutscher Texte durch hebräische Buchstaben von einem Zentrum verbreitet haben sollte, kann man erwarten, daß sich im Laufe der Zeit einige Änderungen eingeschlichen haben. Dies braucht aber nicht zu bedeuten, daß eine Mundartenvermischung stattgefunden hat, oder daß der Schreiber eine andere Hs, die nicht in seiner eigenen Mundart geschrieben ist, benutzte. Mit diesen Vorbehalten nennen wir von nun an denjenigen, der den *Horant* geschrieben hat, den Schreiber, ohne daß es letzten Endes von Bedeutung ist, ob er den Text abgeschrieben, oder ob er das Gedicht aus dem Gedächtnis niedergeschrieben hat, obgleich diese Frage öfters erörtert werden wird.

Gesetzt den Fall, daß der Schreiber der Cambridger Hs nicht einer älteren Schreibertradition folgte, konnte er aller Wahrscheinlichkeit in deutschen Buchstaben geschriebene Hss lesen, oder er kannte zum mindesten eine der üblichen Abkürzungen. Er schreibt nämlich immer die Abkürzung 'wn für *unde*, die den in deutschen geschriebenen Hss immer verwendeten Abkürzungen uñ oder vñ entspricht. Aber selbst wenn unser Schreiber die Abkürzung 'wn übernommen hat, darf man nicht vorschnell annehmen, daß er seinen Text aus einer deutsch geschriebenen Hs abgeschrieben haben muß. Hierfür bietet die Hs keine Anzeichen.[5] Der Laut-

[5] Hans Neumann (Sprache und Reim in den judendeutschen Gedichten des Cambridger Codex T.S. 10. K. 22 *Indogermanica. Festschrift für Wolfgang Krause*, Heidelberg 1960, S. 146–147) versucht zu beweisen, daß der jüdische Schreiber des *Horant* den Text abgeschrieben hat. Dieser Beweis ist ihm nicht geglückt, da Neumann sich auf den unzulänglichen Text der Ausgabe von Fuks verlassen hat. Die Gründe für seine Behauptung sollen hier kurz besprochen werden (die Zählung der Transliteration unserer Ausgabe steht in Klammern nach der von Fuks):
1) Der Schreiber soll Wörter ausgelassen haben, nämlich Fuks 68, Z. 656 (657) *di*, Fuks 81, Z. 989f. (988). An beiden Stellen steht das „fehlende" Wort in der Hs.
2) Fuks 72, Z. 757 (757) „Die ganze Stelle ist mitsamt dem Reim in Unordnung geraten." Diese Zeilen sind schwer lesbar, aber nicht in Unordnung geraten (siehe unsere Ausgabe). Bei den Worten *daſ sin wile wol ergangen waſ* muß man freilich nicht an die Bedeutung dieser Wendung zur Zeit um 1200 denken, sondern an Parallelen wie Hermann Fressant, *Ehefrau und Bulerin (Gesammtabenteuer)*, II, 223, Z. 70–74. Alle bisher veröffentlichten Rekonstruktionsversuche sind falsch, wie der Inhalt dieser Zeile beweist. Nur L. W. Forster (*GLL* XI [1958]) war auf dem rechten Wege, hat sich aber doch in Einzelheiten geirrt. – In der Hs steht *in ir ⟨kemenoten⟩ ſtan*. Eine Verbesserung ist nicht notwendig, vgl. unsere Anmerkung zu diesem Vers.
3) Fuks 69, Z. 687 (688). Die Hs hat *kneite* statt *knite*. Dies könnte ein Schreibfehler sein.
4) Fuks 64, Z. 557–558 (559–560) in Zeile 558 wird *wol getan* aus Zeile 557 irrtümlicherweise wiederholt.
Von den von Neumann erwähnten Fällen bleiben also nur Nr. 3 und 4 übrig. Aber diese Irrtümer des Schreibers reichen nicht aus, um festzustellen, „daß der Schreiber ein Kopist war und seiner oder seinen Vorlagen nicht selten ratlos gegenüber stand". Auch G. Schramm ist in seiner Kritik der Ausgabe von Fuks (*GGA* CCXII [1958], 211–221, bes. S. 214 und 218) zu ähnlichen Resultaten wie Neumann gekommen. Auch er hat den herausge-

stand unserer Hs deutet eher auf mündliche Überlieferung. Man muß außerdem fragen, ob man eine Schreibertradition durch einen Vergleich der Cambridger Hs mit späteren Hss erschließen kann. Leider ist auch dieser Weg nicht gangbar. Nur drei Ausgaben von Texten aus dem 14. Jh. existieren bis jetzt.[6] Obgleich die Kürze dieser Texte es erschwert, zu gültigen Resultaten zu kommen, weist unsere Handschrift gewisse Verschiedenheiten auf, die beachtet werden müssen.

Man wird wohl vermuten dürfen, daß der Schreiber eine traditionelle Schreibweise des Deutschen in hebräischen Buchstaben gekannt hat. Es läßt sich freilich nicht genau feststellen, wie weit er davon abhängig war; jedoch sollen einige Fälle, die darauf hinweisen, hier erwähnt werden.

Man nimmt an, daß die Wiedergabe des unbetonten auslautenden *e* durch *alef* aus dem Französischen entlehnt wurde.[7] Dieses auslautende *e* wird immer vom Schreiber als *alef* geschrieben, z. B. *mild'* 3 = *milde;* *šwn'* 4 = *schone;* *qrwn'* 9 = *krone;* *mwst'* 12 = *muśte.*

Mhd. *w* und *j* werden in der Cambridger Hs als Doppel-*Waw* und Doppel-*Jod* geschrieben. Wir sind Dr. S. A. Birnbaum für die freundliche Erlaubnis, die folgenden brieflichen Mitteilungen zu veröffentlichen, zu Dank verpflichtet:

gebenen Text mit der Hs gleichgesetzt. Mir persönlich – ich hoffe dies bald im einzelnen zu besprechen – scheint es wahrscheinlich, daß der *Horant* nicht aus einer handschriftlichen Vorlage abgeschrieben worden ist; vgl. *Miscellanea Mediaevalia*, Köln, IV.

[6] S. A. Birnbaum, Umschrift des ältesten datierten jiddischen Schriftstücks, *Teuthonista* VIII (1931/32) 197–207 und Das älteste datierte Schriftstück in jiddischer Sprache, *PBB* LVI (1932) 11–22; F. Guggenheim-Grünberg, Ein deutscher Urfehdebrief in hebräischer Schrift aus Zürich vom Jahre 1385, *ZfMf* XXII (1954) 207–14; und Zur Umschrift deutscher Mundarten des 14./15. Jahrhunderts mit hebräischer Schrift *ZfMf* XXIV (1956) 229–46.

[7] M. Güdemann, *Geschichte des Erziehungswesens und der Cultur der Juden in Frankreich und Deutschland*, Wien 1880, vol. 1, S. 276 ff., J. Fischer, *Das Jiddische und sein Verhältnis zu den deutschen Mundarten unter besonderer Berücksichtigung der ostgalizischen Mundart.* 1, Leipzig 1936, S. 27. Man darf nicht vergessen, daß zur Zeit der frühesten Umschriften des Französischen in hebräischen Buchstaben das auslautende *e* noch nicht verstummt war.

„Die Schreibung ᵤᵤ für u in konsonantischer Funktion entspricht genau der mhd. Orthographie – vv, uu, uv, vu, w – scheint also von hier entlehnt zu sein. Sie hat eine Parallele: die konsonantische Funktion des i wird ebenfalls durch Doppelsetzung bezeichnet: i̯i̯. Dies kann nicht aus dem Mhd. kommen, wo es diese Verdoppelung des i nicht gibt. Im Hinblick darauf wird es zweifelhaft, ob das Doppel-ᵤ aus dem Deutschen stammt.
Diese Schreibung ist auch tatsächlich keine Nachbildung der deutschen. Sie geht in vorjiddische Zeiten zurück. Sie ist so alt, daß sie ein allgemeines Erbteil der jüdischen Sprachen ist. In *Bais Yaankyv*, Band 8, Nr. 71/72, S. 32–33, Lodz, Juni 1931, habe ich die Doppelsetzung von ᵤ und i̯ als orthographische Bezeichnung der konsonantischen Funktion bis ins zehnte Jahrhundert zurückverfolgt und habe dann aus einer Talmudstelle erwiesen, daß sie bei i̯ bereits im zweiten nachchristlichen Jahrhundert in Gebrauch war. In *Iivu-Bléter*, Band 13, S. 115–119, New York 1953, (nachgedruckt in *Iiidy A. Iuffy Biix*, Seite 201–206, New York 1958), füge ich weitere handschriftliche Belege an (aus den in den Höhlen der judäischen Wüste entdeckten Schriftrollen), die bis ins zweite vorchristliche Jahrhundert zurückreichen und es wahrscheinlich machen, daß die gleichzeitige Schreibung von Doppel-ᵤ ebenfalls als Ausdruck der konsonantischen Funktion aufgefaßt wurde."
Abhängigkeit von der Tradition kann man mit großer Wahrscheinlichkeit in allen den Fällen annehmen, in denen die Schreibweise in der Cambridger Hs mit der des späteren Jiddisch übereinstimmt. In diesem Zusammenhang ist vor allem zu erwähnen, daß in der Hs zwischen stimmhaftem und stimmlosem s unterschieden wird (siehe unter *sajin* und *sin*).[8] In diesem wie in den jetzt zu erwähnenden Fällen ist es bemerkenswert, daß das hebräische Alphabet es möglich macht, den phonetischen Wert eines

---

[8] Es ist beachtenswert, daß auch in der Umschrift des Deutschen in arabische Buchstaben stimmhaftes und stimmloses s verschieden wiedergegeben werden. Siehe F. Babinger, R. Gragger, E. Mittwoch und J. H. Nordtmann, *Literaturdenkmäler aus Ungarns Türkenzeit. Ungarische Bibliothek*, hrsg. vom Ungarischen Institut a. d. Universität Berlin. Erste Reihe, Bd. 14, Berlin 1927, S. 88–130. Den Hinweis auf dieses Buch verdanken wir Professor L. W. Forster.

Buchstabens genauer wiederzugeben als es in lateinischen Buchstaben möglich ist. Das bedeutet, daß der Schreiber eine deutsch geschriebene Vorlage – wenn es eine solche gegeben hat – nicht buchstabengetreu in das hebräische Alphabet übertragen haben kann. Besonders auffallend sind die Nuancierungen der verschiedenen *f*-Laute, der *ch*-Laute und die genaue Bezeichnung von offenem und geschlossenem *e*. Hierüber wird bei der Behandlung dieser Buchstaben genaueres zu sagen sein.

Hss späterer Zeit weisen eine von der Cambridger Hs verschiedene Orthographie auf und sind daher zum Vergleich ungeeignet. Um nur zwei Beispiele zu nennen: Sowohl in dem *Schemuelbuch* als auch in Elia Levita Bachurs *Bovobuch* ist die Schreibweise der wohl inzwischen weiter entwickelten Aussprache angepaßt.[9]

Aus diesen Erwägungen ergeben sich gewisse Folgerungen für die prinzipielle Methodik der Ausgabe und für die Darstellung des Lautstandes.

Die Ausgabe

Wir besitzen nur eine einzige Hs des *Horant*, eine Handschrift, die überdies dadurch, daß sie in hebräischen Buchstaben geschrieben ist, Eigentümlichkeiten aufweist, wie sie in deutschen mittelalterlichen Hss nicht vorkommen. Diese Eigentümlichkeiten müssen in der Ausgabe deutlich sichtbar sein. Man darf also den Text keineswegs in normalisiertes Mhd. oder in irgendeine Mundart umsetzen.

Der Lautstand

Die wichtigste Aufgabe besteht darin, die phonetische Bedeutung der hebräischen Buchstaben zu ermitteln, sofern dies aus der Schreibung ersichtlich ist. Dies ist in vielen Fällen möglich, da der Schreiber sehr sorgfältig und systematisch den phonetischen Wert der Laute wiedergegeben hat. Man wird bei dieser Untersuchung zu dem Resultat kommen, daß die Sprache des *Horant*

---

[9] Die erste gedruckte Ausgabe des *Schemuelbuchs* (1544) ist von L. Fuks (Assen 1961) und des *Bovobuchs* (1541) von Judah A. Joffe (Joffe Publication Committee, 1949) in Faksimile neu herausgegeben. (In der Ausgabe des *Schemuelbuchs* sind auch die von F. Falk gesammelten Varianten der Hss, die aus dem 16. Jahrhundert stammen, angegeben.)

mitteldeutsch ist. Wegen der bisher unbekannten lautlichen Differenzierungen wäre es übereilt, die Mundart genauer lokalisieren zu wollen.

Die Anordnung der Ausgabe

Die Hs wird von uns in doppelter Form wiedergegeben: die Transliteration ist eine eindeutige Umsetzung in lateinische, bisweilen mit diakritischen Zeichen versehene Buchstaben. Jeder hebräische Buchstabe wird immer mit demselben nur für ihn verwendeten Zeichen wiedergegeben, selbst wenn der hebräische Buchstabe den Lautwert eines Konsonanten und eines Vokals besitzen kann. Diese rein mechanische Umsetzung ermöglicht es dem Leser, die Hs ohne Mühe zu rekonstruieren.

Auf der der Transliteration gegenüberstehenden Seite befindet sich die Transkription, die Umschrift in ein Schriftbild, das dem mittelalterlichen Deutsch angepaßt ist. Unsere methodischen Erwägungen bei dieser Umschrift sollen hier an einigen Beispielen dargestellt werden.

Die in der Hs oft nicht wiedergegebenen Vokale *a* und *e* werden in der Transkription immer voll ausgeschrieben. Oft sind wir rein mechanisch vorgegangen, z. B. in der Einfügung des unbetonten *e* in den Endungen, die wir überall eingesetzt haben, nur nicht bei den auf *r* endigenden Verbalstämmen. Wir schreiben also *dintn* (Transliteration Z 14) = *dinten* (Transskription 41. 4. 2), *hirn* 13 = *heren* 41. 4. 1, aber *gsprn* 310 = *gesparn* 54. 3. 1, *ṽrn* 311 = *varn* 54. 3. 2. (Vgl. unten *e*-Laute, § 30, 8a.)

Ebensowenig wie in diesen Fällen bietet die Hs eine Handhabe für die Entscheidung, wie vokalisches *w* gedeutet werden muß. Zeile 23 lesen wir $d^e r$ *wwndrn kwn' $d^e gn$* = 42. 1. 1 *dēr wundern kune dēgen*. Das Wort *kwn'* könnte *kuone* oder *küene* aber auch im Falle von Monophthongierung *kune* oder *küne* gelesen werden.

Um die Eigenart der Hs auch in der Transkription so genau wie möglich zu bewahren, haben wir es für nötig gehalten, in derartigen Fällen den möglicherweise vorhandenen Diphthong oder Umlaut nicht wiederzugeben.

In anderen Fällen folgt der Schreiber gewissen Regeln, die eine eindeutige Interpretation ermöglichen. Die folgenden zwei Regeln sind beachtenswert.

1) Konsonanten werden nicht verdoppelt: *qnpn* 206 = *knapen;* *ww'l^{c}r'* 79 = *walëre;* *riqn* 226 = *reken;* *gziln* 29 = *geselen;* *ww'wnzn* 257 = *wunesan;* *hiln* 556, 852 [864] = *helen* (mhd. *helle* = nhd. *Hölle*).

Hieraus folgt, daß zwei aufeinanderfolgende identische Konsonanten in der Transkription durch einen Vokal voneinander getrennt werden müssen, z. B. *vwss* 646 = *vuśeś*. Die einzige Ausnahme von dieser Regel im *Horant* ist *hill'* 378 = *helle* (sonst immer mit einem *l*, siehe oben).

2) Die Auslautverhärtung wird in der Hs ohne Ausnahme wiedergegeben[10]: *wwip̌* 144 = *wip;* *wwib'* 38 = *wibe;* *hwrnt* 30 = *Horant;* *hwrnds* 44 = *Horandeś;* *hwrndn* 232 = *Horanden;* *qwniq* 1 = *kunik;* *qwngs* 90 = *kunegeś;* *qwng'* 19 = *kunege;* *qwngin* 38 = *kunegin*, usw.

Am Ende einer Silbe im Wortinneren: *iwnqv̄rwwn* 570 = *junkvrouen*, aber *iwng'* 225 = *junge;* *iwngr* 536 = *junger;* *'iqlikhr* 224 = *iklicher*, usw.

Hieraus folgt, daß der Buchstabe *b* in *hwbśr* 80 nicht am Ende der ersten Silbe stehen darf. Die Transskription muß *hubescher* lauten. Dementsprechend *p̌ingst* 473 = *pfingeśt;* *hwwbt* 81 = *houbet;* *mildst'* 28 = *mildeśte;* *śiigt* 323 = *zeiget;* *hwf̌irtigst'* 662 = *hofertigeśte*, usw. Die Einfügung eines unbetonten *e* ist in allen derartigen Fällen notwendig.

Abkürzungen sind in der Hs durch einen Apostroph bezeichnet. Im allgemeinen werden nur der letzte oder die beiden letzten Buchstaben fortgelassen. Das Wort *Gott* wird immer *ḡ* abgekürzt. Wörter wie *d^{c}m̄* = *dëme*, *s̄pr* = *śprach* kommen immer wieder vor, aber auch Abkürzungen wie *gṣwgnlī* 284 = *gezogenliche(n)* sind besonders am Ende der Zeile nicht selten.

Wie gewöhnlich tritt in den Abkürzungen keine Auslautsverhärtung des letzten Buchstabens ein,[11] *'rṣwḡ* 69 = *erzogen;* *qwnḡ* 491 = *kunegine*.

In der Transliteration sind die Abkürzungen kursiv gesetzt, in der Transkription aufgelöst.

Um einen Vergleich mit der Ausgabe von Fuks zu erleichtern,

---

[10] Neumann, S. 149.
[11] Vgl. L. Traube, *Nomina Sacra*, München 1907, S. 274.

haben wir bei der Transliteration seine Seitenzählung auf dem oberen Rand vor der Foliozählung der Hs gedruckt; z. B. fol. 21r F 41. Die Zeilenzählung unterscheidet sich allerdings von der bei Fuks, da ihm einige Fehler unterlaufen sind. Die Transkription ist in der Strophenform, die in der Hs durch Punkte und Doppelpunkte angedeutet wird, gedruckt. Die Strophenzählung wird auf jeder Seite aufs neue begonnen, da durch die vielen Verderbnisse eine genaue Festlegung der Strophen unmöglich gemacht wird.

Unlesbare Stellen werden durch Punkte bezeichnet, die aber nicht immer der Anzahl der fehlenden Buchstaben entsprechen können; schwer lesbare Wörter sind in eckige [ ], kaum lesbare Wörter in spitze Klammern 〈 〉 eingeschlossen.

Der Lautstand

Alle Zitate beziehen sich auf die Zeilen der Transliteration. Zur Vermeidung von Schwierigkeiten ist aber die Schreibung der Transkription hinzugefügt worden, z. B. bedeutet *sthlin'* 17 = *šteheline*. Das Wort der Transliteration Zeile 17 durch *sthlin'* wird in der Transkription *šteheline* wiedergegeben.

Im allgemeinen wird nur eine Stelle erwähnt, in der das betreffende Wort vorkommt. Vollständigkeit des Vorkommens gewisser Erscheinungen in der Hs wird nur in besonderen Fällen erstrebt und dann angegeben.

Bei der Besprechung der Konsonanten gehe ich von den hebräischen Buchstaben aus. Da Vokale in der Hs oft nicht wiedergegeben werden, mußten die mhd. Vokale als Grundlage der Untersuchung dienen.

I. Konsonanten

§ 1

Hebräisch ב *Beth;* Transliteration *b;* Transkription *b* = mhd. *b*.

Im Anlaut: *brwdr* 20 = *bruder; bidrb'* 27 = *biderbe; blt* 27 = *balt; bs* 32 = *baś; bwtn* 44 = *boten; brt* 81 = *bart; br'* 81 = *bra*.

Im Inlaut: *libr* 40 = *liber; gwb'* 58 = *gobe; gbwrn* 96 = *geborn; l^{c}bn* 100 = *lëben; 'wbl'* 95 = *ubele; lwblikh* 50 = *lobelich; hwwbt* 81 = *houbet*.

Im Auslaut tritt Auslautverhärtung ein: *b* > *p*. (Vgl. S. 22.)

§ 2

Hebräisch ב *Beth;* Transliteration *b;* Transkription *b* = mhd. *w; w'rb'* 497 = *varbe;* ebenso im Reim mit *g'rb'* 421 = *garbe* (= mhd. *garwe*); *p̆'bn* 565 = *pfaben*.

In Zeile 483 ist es nicht möglich, deutlich zu erkennen, ob das *Beth* in *hwv̄'* = *hove* rafiert ist oder nicht. Das Wort reimt auf *lwb'* 484 = *lobe*. Jede dieser beiden Lesungen weist auf md. Ursprung, da sowohl der Reim *hobe: lobe* als auch der Reim *hove* (rafiertes *Beth*): *lobe* md. ist (Weinhold § 162 und 176: Moser 13, § 137 Anm. 23). Aber die Reime im *Horant* sind traditionell und können daher nicht als Beweis für die Ma. des *Horant* oder seiner Quelle dienen.

Assimilation des *b* in *'mt* 586 = *amt*, statt *ambet*.

§ 3

Hebräisch פ oder פ֑; Transliteration *p* für פ, *p̆* für פ֑; Transkription immer *p* = mhd. *p*.

Im Anlaut: *priz'* 779 = *prise;* in Namen: *p̆wln* 6 = *Pulen; p'ris* 97 = *Pariś* (der trojanische Held); *lnprtn* 6 = *Lanparten*.

Außerdem *pl^{c}gn* 225 und 239 = *plëgen* (corr. *pflëgen*), richtig *p̆l^{c}gn* 460; in der Handschrift ist über dem *Pe* in Zeile 225 ein Strich, der nicht erklärbar ist. Die Lesung ist also zweifelhaft.

In der Verbindung *sp: spr^{c}khn* 216 = *sprëchen; sprwngn* 877 =

šprungen; špigl 424 = špigel; špngn 11 = Špangen; 'spriwn 20 = Ašprion.

Seltsam ist die Verbindung mspuwm 158 = mašpoum. p könnte oberdeutsch oder durch Assimilation von tb entstanden sein (Paul-Mitzka § 72). Sonst überall bwwm 445 = boum.

Im Inlaut intervokalisch qnpn 206 = knapen. Über die Vereinfachung des Doppelkonsonanten, siehe oben.

Im Auslaut ist Pe die Folge der Auslautverhärtung von b. (Vgl. S. 22.) In diesen Fällen wird immer ב geschrieben, nie ף = Pe finale. Z. B. liṗ 98 = lip; g'ṗ 110 = gap; 'wrlwṗ 222 = urlop.

§ 4

Hebräisch פ̆ ; Transliteration p̆; Transkription pf = mhd. pf; germ. p.

Im Anlaut: p̆ingstn 42 = pfingešten (vgl. 473); p̆ᶜrt 53 = pfert; p̆lᶜgn 460 = pflëgen; p̆lq 60 = pflak (aber siehe oben unter § 3 plᶜgn 225 und 239); p̆lil 208 = pfelil (vgl. Zeile 397, 1026 aber unsicher ob p̆ oder p Zeile 161); p̆wrtn 321 = pforten (vgl. 394; p̆'bn 565 = pfaben.

Am Silbenanfang: 'np̆ngn 51 = enpfangen; 'np̆n 970 = enpfan; 'np̆inq 483 = enpfink. (Vgl. 815, 978; Unsicherheit in der Lesung des Pe 329.)

Folgerung: Im Horant kommt kein Wort vor, das im Inlaut oder Auslaut pf hat. Das anlautende germ. p ist jedoch überall verschoben. Dies weist auf eine Mundart südlich der Apfellinie, deren Verlauf für die Zeit der Cambridger Handschrift nicht genau festzulegen ist. (Vgl. Ganz, JJS IX [1958] 57–8.)

Die einzige Ausnahme ist das schwer lesbare p̆ in ⟨'n⟩p̆ᶜrn 747 = enpërn.

§ 5

Hebräisch פ̄ (rafiertes Pe); Transliteration f; Transkription f = mhd. f oder ff = germ. p.

Nie am Anfang eines Wortes.
Im Inlaut nie geminiert (siehe oben S. 22): šif' 217 = schife; ww'wfn 516 = wofen; qlfn 853 = klafen; p̆ifn 761 = pfifen.

25

Außerdem in der Zusammensetzung *ft* in den folgenden Worten: *hi̱ft'* 462 = *hefte; hirŝ̱ft* 478 = *herschaft; qlwf̱trn* 18 = *kloftern; [q]rf̱t* 711 = *kraft; qrif̱tigs* 374 = *kreftigeŝ* (vgl. 246, ohne Rafe 220); *ritrŝ̱ft* 882 = *riterschaft.*

Rafiertes *Pe = f* in Worten, deren *f* nicht aus germanischem *p* entstanden ist: *bedwrf̱t* 283 = *bedurfet* (oder *bedurft?*); *bedrf̱stw* 985 = *bedarfstu* (für die Erklärung des *f* s. Bach, 2, § 74, S. 98; Paul-Mitzka § 91); *hwf̱rt* 460 = *hofart; ŝf̱ir* 890 = *safir; strwf̱n* 851 = *ŝtrofen* (das rafierte *Pe* ist nicht deutlich erkennbar).

In der Hs. nicht deutlich lesbar und daher unentscheidbar, ob *p* rafiert ist: *'w⟨s⟩rwf̱n* 456 = *uŝrufen;* ⟨*ww'f̱nt*⟩ 778 = *wafent* (sonst immer rafiert *ww'wf̱nt*, z. B. 513, 887; *ww'wf̱n* 516, 714, 773, 774 = *wofen*); *strwf̱n* 851 = *ŝtrofen.*

Das Rafe ist entweder vom Schreiber vergessen oder in der Hs nicht erkennbar: *qwpmn* 315 = *kopman* (sonst immer *qwf̱man* 300, 322, 325 = *kofman*).

Das Wort *ṭiflh* 488 = *tiflah* (= Kirche) ist als hebräisches Wort nicht der sonst üblichen Orthographie angepaßt.

§ 6

Hebräisch ף *(Pe finale);* Transliteration *f,* Transkription *f* = mhd. *f* = germ. *p.*

Am Schluß eines Wortes wird in der Hs das *Pe finale* ohne diakritisches Zeichen für mhd. *f* verwendet: *ŝif* 215 = *schif; slwf* 665 = *ŝlof; 'wf* 219 = *uf; hwf* 1012 = *hof* (wohl Auslautsverhärtung); *ṣwwlf* 18 = *zwolf.*

Schwer lesbar: *slwf* 643 = *ŝlof; drf* 706 = *darf.*

Folgerung: Abgesehen von gewissen Ausnahmen werden die aus der hochdeutschen Konsonantenverschiebung herrührenden mhd. *pf* und *f* mit dem hebräischen Buchstaben *Pe* wiedergegeben, und zwar *pf* mit פ und *f* mit פ̄, auslautendes *f* mit ף. Dieser Satz kann auch umgekehrt werden, wenn man die Resultate der Untersuchungen der hebräischen Buchstaben *Waw* und rafiertes *Beth* vorwegnehmen darf, nämlich: Der hebräische Buchstabe *Pe* mit den eben genannten diakritischen Zeichen wird abgesehen von gewissen Ausnahmen nur für das mhd. *f* gebraucht, wenn dieses *f* während der hochdeutschen Konsonantenverschiebung aus germanischem *p* entstanden ist. Die Ausnahmen sind: Die Buchstabenverbindung *ft: bedwrft* 283 = *bedurfet* oder *bedurft; bedrfstw* 985 = *bedarfstu;* sowie *hwfrt* 460 = *hofart; sfir* 890 = *safir; strwfn* 851 = *strofen; hwf* 1012 = *hof; ṣwwlf* 18 = *zwolf*.

Die Tatsache, daß die Buchstabenverbindung *ft* immer mit hebräischem *Pe* geschrieben wird, deutet darauf hin, daß der Lautwert des rafierten *Pe* stimmlos sein muß.

§ 7

Hebräisch ḃ (rafiertes *Beth*); Transliteration *v̄;* Transkription *v* = mhd. *f* oder *v* = Germ. *f*.

Hebräisch ו *Waw;* Transliteration *w;* Transkription *v* = mhd. *f* oder *v* = Germ. *f*.

a) *Rafiertes Beth*

Anlautend vor Vokalen: *v̄rn* 75 = *varn; v̄tr* 76 = *vater; v̄nt* 487 = *vant; v̄inq* 806 = *vink; 'um' v̄inq* 232 = *ume vink; v̄wn* 11 = *von; v̄wr* 61 = *vor; v̄wgl* 413 = *vogel; v̄wlgt'* 976 = *volgete; v̄wrstn* 24 = *vursten; v̄wrt'* 226 = *vurte; v̄wss* 646 = *vuseś*.

Anlautend vor Konsonanten nur in: *v̄rnqrikh* 68 = *Vrankrich; v̄rw* 348 = *vro*.

Inlautend zwischen Vokalen: *gv̄ilt* 361 = *gevelt; gv̄idr'* 412 = *gevidere; hwv̄'* 325 = *hove* (in Zeile 483 kann man nicht deutlich erkennen, ob das *Beth* rafiert ist. Es reimt auf *lobe;* siehe oben § 2); *tw⟨v̄⟩l* 852 = *tuvel; twv̄ls* 378 = *tuveles̀*. (Im Text keine anderen Beispiele.)

Inlautend zwischen Konsonanten: *iwnqv̄rwwn* 395, 567, 570, 881 = *junkvrouen*. (Einziges Beispiel.)

Auslautend kommt rafiertes *Beth* nicht vor.

b) *Waw*

Das einen Vokal bezeichnende *Waw* wird unten zusammen mit den anderen Vokalen behandelt.

Anlautendes *Waw* als Wiedergabe des mhd. *f* oder *v*.

Vor Vokalen (alle im *Horant* vorkommenden Fälle): *wil* 23 = *vil; windn* 70 = *vinden* (andere Formen dieses Verbums: *windt* 317 = *vindet;* [*wind*]*stw* 323 = *vindestu*); *wiln* 463 = *vilen; wingrlin* 709 = *vingerlin; wiś'* 254 = *vische; wir'* 359 = *vire* (= 4).

$w^c n s t r$ 422 = vënster; $w^c r$' 475 = vëre; $w^c k h t n$ 526 = vëchten; w'rb' 421 = varbe.

Vor in hebräischer Schrift unbezeichnetem a: wrnd' 464 = varnde.

Vor Konsonanten (nur vor l und r):
wlihn 195 = vlehen; wlwkh 854 = vloch; wlwhn 392 = vlohen; wlwkhn 523 = vluchen; wlign 610 = vligen; ⟨wl⟩'m' 810 = vlame; wlis' 887 = vliśe (alle Beispiele).
wrw 199 = vro; wrwgn 860 = vrogen; wriišn 15 = vreischan; wrwwd' 57 = vroude; wrwwn 43 = vrouen.

Waw kann außer dem Konsonant v auch die Vokale u und o wiedergeben. Die Verbindung vu oder vo wird niemals *Waw Waw* geschrieben, da anlautendes Doppel-*waw* = mhd. w ist. Ein Zusammentreffen eines konsonantischen und eines vokalischen *Waw* würde offensichtlich zu Schwierigkeiten in der Deutung dieser Buchstaben führen. Wenn der dem anlautenden v folgende Vokal ein o oder u ist, beginnt das Wort immer mit rafiertem *Beth*, z. B.:
v̄wn 11 = von; v̄wrn 243 = vuren; (s. o. § 7 (a)) cf. S. Birnbaum, 2, 21.

Man könnte also annehmen, daß *Waw* und rafiertes *Beth* vertauschbar seien. Aber es ist auffallend, daß in der Hs gewisse Wörter immer mit *Waw* und andere immer mit rafiertem *Beth* geschrieben werden. Es gibt nur drei Wörter, bei denen die Orthographie zwischen *Waw* und rafiertem *Beth* schwankt, nämlich: v̄rw 348, aber wrw 199 = vro (wrwwde = vroude 34 und häufig wrwlikh 953 = vrolich); v̄rn 75 = varn und sonst immer mit v̄, aber einmal wrnd' 464 = varnde; 'wm' winq 680, sonst immer 'wm' v̄inq = ume vink 171, 232, 755/756, v̄inq 801, 806; gv̄inq 974 gevink.

Demnach scheint ein Unterschied in der Aussprache von *Waw* und rafiertem *Beth* zu bestehen. Das Wort wrwwn 43, 64, 94 usw. = vrouen wird immer mit *Waw* geschrieben, auch wenn das Adjektiv „jung" vorausgeht: iwnq wrww' 635; iwnq wrwwn 766 (in zwei Wörtern), aber „Jungfrau" als ein Wort wird immer mit rafiertem *Beth* geschrieben: iwnqv̄rwwn 196, 567, 570, 881 und 395 (nicht deutlich lesbar). Diese Schreibart deutet darauf hin, daß die Konsonantengruppe –qv̄r– eine stimmlose Aussprache des v̄ verursachte als in dem selbständigen Wort wrwwe. Daraus würde folgen, daß das *Waw* stimmhafter wäre als das rafierte *Beth*, das seinerseits nie mit *f* verwechselt wird. Der Buchstabe *f* ist wie die Verbindung *-ft* zeigt, stimmlos. Es scheint also ein stimmhaftes *v* zu geben, das gewisse Schattierungen der Stimmhaftigkeit besitzt, ebenso wie das labio-dentale *v* im modernen Holländischen diese phonetischen Nuancen aufweist.[12]

Es mag zweifelhaft erscheinen ob das eine Wort *wrww* beweiskräftig genug ist. Aber die Annahme, daß ein phonetischer Unterschied zwischen *Waw* und rafiertem *Beth* besteht, wird dadurch gestützt, daß der Schreiber, abgesehen von den drei erwähnten Ausnahmen, genau zwischen diesen Buchstaben unterscheidet. Ich füge hier eine vollständige Liste aller dieser Wörter ein.

Mit *Waw* beginnen: *w'rb'* 421 = *varbe*; *wrnd'* 464 = *varnde*; *wᶜkhtn* 526 = *vĕchten*; *wᶜnstr* 422 = *vĕnŝter*; *wᶜr'* 475 = *vĕre*; *wil* 23 = *vil*; *wiln* 463 = *vilen*; *windn* 70 = *vinden*; *[wind]stw* 323 = *vindeŝtu*; *windt* 317 = *vindet*; *wingrlin* 709 = *vingerlin*; *'wm' wing* 680 = *ume vink*; *wir'* 359 = *vire* (d. i. das Zahlwort 4); *wiŝ'* 254 = *vische*; *⟨wl⟩'m'* 810 = *vlame*; *wlign* 610 = *vligen*; *wlihn* 195 = *vlehen*; *wlis'* 887 = *vliŝe*; *wlwkh* 854, 857 = *vloch*; *wlwhn* 392 = *vlohen*; *wlwkhn* 523 = *vluchen*; *wriiŝm* 391 = *vreischam*; *wriiŝn* 15 = *vreischan*; *wriiŝlikh* 576 = *vreischlich* vgl. 795; *wriiŝwmn* 260 = *vreischomen*; *wrids* 553 = *vrideŝ*; *wrw* 199 = *vro*; *wrwgn* 860 = *vrogen*; *wrwlikh* 953 = *vrolich*; *wrwwd'* 34, 57 = *vroude*; *wrwwdn* 123 = *vrouden*; *wrww'* 954 = *vroue*; *wrwwn* 43 = *vrouen*; *zikh wrwwt'* 758 = *sich vroute* (= *sich freute*).

---

[12] Die Aussprache des holländischen *v* ist in stimmloser Umgebung innerhalb eines Wortes weniger stimmhaft als in derselben stimmlosen Umgebung in zwei aufeinander folgenden Wörtern. Daher wird das *v* in *jonkvrouw* weniger stimmhaft ausgesprochen als in *jonk vrouw*.
Jechiel Fischer *(Das Jiddische und sein Verhältnis zu den deutschen Mundarten unter besonderer Berücksichtigung der ostgalizischen Mundart*. 1. Leipzig 1936 [Dissertation Heidelberg], S. 127), der noch keine Texte des 14. Jahrhunderts kannte, unterscheidet zwischen rafiertem *Pe* (= stimmlosem Reibelaut) und *Waw* (= stimmhaftem Reibelaut), aber er hält rafiertes *Beth* für ein Ersatzzeichen für *Waw*. Er nimmt an, daß *Waw* und rafiertes *Beth* mit rafiertem *Pe* identisch wurden, als das deutsche *v* stimmlos wurde (S. 127).
Dr. S. Birnbaum hält *Waw* für einen bilabialen Reibelaut und glaubt, „die verschiedenheit der schreibung (zwischen *Waw* und

Mit rafiertem *Beth* beginnen: v̄nt 487 = *vant;* v̄rn 75 = *varn;* v̄tr 76 = *vater;* v̄inq 801, 806 = *vink;* '*wm*' v̄inq 232, 755/56 = *ume vink;* gv̄idr' 412 = *gevidere;* gv̄ilt 361 = *gevelt;* v̄wws 285 = *vuś;* v̄wir 337 = *vuir;* v̄wgl 413 = *vogel;* v̄wglin 610 = *vogelin;* v̄wl 448 = *vol;* v̄wlgt 263 = *volget;* v̄wlgt' 976 = *volgete;* v̄wm' 13 = *vome;* v̄wn 11 = *von;* v̄wr 61 = *vor;* v̄wr' 466 = *vore;* v̄wrkht' 855 = *vorchte;* v̄wgn 625 = *vugen;* v̄wrn 242 = *vuren;* v̄wrt 1006 = *vurt;* v̄wrt' 226 = *vurte;* v̄wrtn 798 = *vurten;* v̄wrst' 50 = *vurste,* 506; v̄wrstn 24 = *vurśten;* v̄wss 646 = *vuśeś;* v̄wwst 837 = *vuśt;* v̄rnqrich 68 = *Vrankrich;* v̄rw 348 = *vro;* v̄wlgtn 219 = *volgeten;* v̄wr' 1005 = *vure;* v̄st' 547, 543 = *vaśte.*

Folgerungen: Aus der Schreibweise in der Cambridger Hs kann man feststellen, daß der Schreiber nicht nur zwischen *p* und *pf,* sondern auch zwischen germanischem *f* und dem in der hochdeutschen Konsonantenverschiebung entstandenen *f* einen Unterschied macht, auch wenn er nicht immer konsequent ist. Das in der Lautverschiebung entstandene *f* wird mit rafiertem *Pe* = *f* geschrieben und ist stimmlos. Dagegen wird germanisches *f* anlautend und inlautend mit zwei verschiedenen Buchstaben – rafiertem *Beth* und *Waw* – wiedergegeben, Buchstaben, die höchstwahrscheinlich Gradierungen des stimmhaften *f*-Lautes bezeichnen.

Obgleich die deutschen mittelalterlichen Hss die genauen Schattierungen des stimmhaften *f*-Lautes nicht in ihrem Schriftbild verdeutlichen – es ist selbst fraglich, ob das deutsche Alphabet eine derartige Nuancierung buchstabenmäßig bezeichnen kann – gibt der Cambridge Codex eine der deutschen Philologie bekannte Er-

---

rafiertem *Beth*) scheint bloß graphischer natur zu sein". Birnbaum 2, S. 21. Aber das Schriftstück von 1396/97, das Birnbaum untersucht hat, ist zu kurz, um zu gesicherten Ergebnissen gelangen zu können. Florence Guggenheim-Grünberg, Zur Umschrift deutscher Mundarten des 14./15. Jahrhunderts mit hebräischer Schrift, *Zeitschrift für Mundartforschung,* XXIV (1956) 234 kann keine „Gesetzmäßigkeit in der Setzung von *Waw* und rafiertem *Beth* . . . feststellen." H. Neumann, S. 147, hält alle *f*-Laute für identisch: „*f,* das mit rafiertem פ geschrieben ist, aber auch als ו *(Waw)* und als rafiertes ב *(Beth)* auftritt."
Die Aussprache von *f* und *v* im Deutschen ist von P. Lessiak, S. 55ff., erörtert worden.

scheinung wieder, nämlich die Lenierung der germanischen *f*-Laute im Anlaut und im Inlaut zwischen Vokalen zu *v*. Hieraus kann man schließen:

(1) Der Schreiber der Cambridger Hs hat die verschiedenen *f*-Laute nicht mechanisch aus einer deutschen Hs in das hebräische Alphabet übertragen können, sondern er hat den Versuch gemacht, die Aussprache dieser Laute phonetisch so genau wie möglich darzustellen. Es ist nicht nötig, anzunehmen, daß er eine geschriebene Vorlage benutzt hat, da die Schreibweise einer solchen Vorlage ihn in seinem Vorhaben leicht gehindert haben könnte.

(2) Da die Lenierung des germanischen *f* zur Geschichte der deutschen Sprache gehört, hat der Schreiber die *deutsche*, nicht eine spezifisch *jüdische* Aussprache in seiner Zeichengebung wiedergegeben. Darum ist die Differenzierung der *f*-Laute, wie sie sich in der Cambridger Hs findet, für die Geschichte der deutschen Sprache besonders wichtig.

(3) Im allgemeinen wird angenommen, daß das aus stimmlosem *f* leniertes *v* im 13. Jahrhundert zur stimmlosen Lenis übergeht. (Paul-Mitzka, § 91, wo auch die diesbezügliche Literatur erwähnt wird. Vgl. besonders Lessiak, S. 55ff. und 193. E. Schwarz, *Germ. Reibelaute s. f. ch. im Deutschen*, 1926, war mir leider nicht zugänglich.) Aber Bach 2, S. 96 weist darauf hin, daß in zwei der von ihm untersuchten thüringisch-sächsischen Urkunden anlautendes germanisches *f* immer mit *v* geschrieben wird. ,,Dazu kommt'', wie Bach schreibt, ,,daß das *v* im inlaut *f (f)* gegenüber, deutlich die lenis repräsentiert.'' Es ,,liegen für unsre texte deutliche anzeichen vor, daß noch die ältere lenis herrscht''. Man wird also damit rechnen müssen, daß noch im 14. Jahrhundert im thüringisch-sächsischen Raum ein Unterschied zwischen stimmhaftem und stimmlosem *f*-Laut gemacht wurde. Diese Meinung wird durch den Cambridger Codex bestätigt und vertieft, da in dieser Hs nicht nur zwischen stimmhaftem und stimmlosem *f* unterschieden wird, sondern darüber hinaus noch zwischen zwei stimmhaften *f*-Lauten. Die Cambridger Hs ist 1382 datiert. Auch wenn es eine in hebräischen Buchstaben geschriebene Vorlage gab – denn eine deutsche Vorlage kann nicht die Grundlage dieser graphischen Differenzierungen sein –, so ist diese präsumptive Hs wohl nicht viel

früher als 1382 denkbar.[13] Freilich ist es m. E. auf Grund der Arbeiten von Bach nicht möglich zu schließen, daß diese Differenzierung der *f*-Laute ein Beweis für die Zugehörigkeit zur thüringisch-sächsischen Mundart ist, bevor eingehende Untersuchungen dieser Erscheinung im 14. Jahrhundert vorliegen. Aber der Lautstand der *f*-Laute ist doch wohl mitteldeutsch.

c) Hebräisch Doppel-*Waw* erscheint für mhd. bilabiales *w*.

Hebräisch Doppel-*Waw* (*Waw* + *Waw*): Transliteration *ww*: Transkription *w*.

Hebräisch Doppel-*Waw* = *ou* oder *uo* wird unter den Vokalen § 35 behandelt.

Für die Erklärung der auf das Doppel-*Waw* folgenden Vokale siehe unter den entsprechenden Vokalen.

Anlautend: *wws* 3 = *waś*; *wwrn* 13 = *waren*; *wwrt* 25 = *wart*; *wwld'* 15 = *walde*; *wwt'* 21 = *Wate*; *wwrhiit* 360 = *warheit*; *ww^{c}zn* 8 = *wësen*; *ww^{c}rdn* 71 = *wërden*; *ww^{c}rld'* 100 = *wërelde*; *wwin'* 90 = *wene*; *wwinig* 991 = *wenik*; *wwirtin'* 418 = *wirtine*; *wwignt* 475 = *wigant*; *wwisn* 452 = *wiśn*; *wwi* 280 = *wi*; *wwiinn* 235 = *weinen*; *wwiidnlikh* 632 = *weidenlich*; *wiis* 951 = *weiś*; *ww'w* 1005 = *wo*; *wwlqn* 609 = *wolken*; *wwld'* 365 = *wolde*; *wwl* 106 = *wol*; *ww'wfn* 516 = *wofen*; *ww'wnt* 321 = *wonet*; *ww'wnqlikh'* 270 = *wuneklîche*; *wwndr* 151 = *wunder*; *wwrdn* 51 = *wurden*; *ww'wiln* 613 = *woilen*.

Anlautende Doppelkonsonanz: *ṣwwlf* 18 = *zwolf*; *sww'wmn* 254 = (vgl. § 34 (1 b). *śwumen*; *ṣwwin'* 565 = *zwene*; *ṣwwinṣig* 472 = *zwenzik*; *swwin* 613 = *świn*; *swwnq* 544 = *śwank*.

Inlautend: *'wwr* 225 = *uwer*; *liwwn* 776 = *lewen*; *ṣww'wr* 754 = *zewor* = mhd. *zewâre*; *gww^{c}rn* 746 = *gewërn*; *gwwinn* 262 = *gewinen*; *gwwizn* 313 = *gewisen*; *gwwldqlikhn* 5 = *gewaldeklichen*; *gwwilbt* 431 = *gewelbet*; *gwwirqt* 430 = *gewirket*; *btwwnq* 19 = *betwank*; *^{c}ntwwrt'* 189 = *ëntwurte*.

Ein *Waw* anstatt des Doppel-*Waw* finden wir in *gwn* 103 = *gewan*; *wrdn* 507 = *wurden*. vgl. § 34 (1 b).

---

[13] H. Neumann, S. 165, nimmt an, daß das Gedicht um 1300 entstanden ist.

§ 8

Hebräisch ג Gimel; Transliteration g; Transkription g, mhd. g.

Anlautend: gn 668 = gan; gr 9 = gar; gsn 489 = gaśen; g^{c}rn' 66 = gërne; g^{c}r 177 = gër; ging' 660 = ginge; ginq 61 = gink; gwlt 53 = golt; gwldin 47 = guldin; gign 328 = gegen.[14]

In der Vorsilbe ge-: gziln 29 = geselen; gnnt 3 = genant; gwwlt 84 = gewalet; glikh' 108 = geliche; gg^{c}bn 176 = gegëben; gstiin' 372 = gesteine.

Vor Konsonanten: grwss 35 = groseś; grwnr 423 = gruner; grwst' 589 = gruste; grwwss 592 = gruseś (alle Beispiele im Text).

Inlautend: mngr 34 = maneger; swwign 67 = świgen; zgn 77 = sagen; trgn 125 = tragen; stng' 17 = stange; iwngn 143 = jungen; bwrg^{c}r' 327 = burgëre; mgt 69 = maget; m^{c}gtin 127 = mëgetin.

Auslautend tritt Auslautsverhärtung ein: g wird k (hebräisch kof): trwq 4 = truk; mniq 94 = manik; lq 370 = lak.

Die Aussprache des Gimel muß je nach der Stellung im Worte gesondert betrachtet werden.

Im Anlaut eines Wortes und auch in der druckschwachen Vorsilbe ge- wird der g-Laut in der Cambridger Hs immer – ohne eine einzige Ausnahme – als gimel geschrieben, nie mit k- oder einem Buchstaben, der einem stimmhaften oder stimmlosen Reibelaut entspricht. Hieraus könnte man schließen, daß anlautendes g- als stimmlose Lenis ausgesprochen wurde, und nicht als j-. (Siehe § 11.) Diese g-Aussprache findet sich südlich der Sprachgrenze g-/j-. (Vgl. Lessiak, 131; Bach 2, 56ff., Moser I 3 § 148.)

Im Inlaut aber finden wir gewisse Eigentümlichkeiten in der Schreibung des g, nämlich:

1) Das mhd. Wort menigin kommt im Horant 4mal in 3 verschiedenen Schreibungen vor: min'gin 538; mingin 797; min'iin 542, 978. Das Schwanken zwischen g und i weist auf palatalisierte Aussprache. Vgl. I. Schröbler, Zu L. Fuks' Ausgabe der ältesten Denkmäler jiddischer Literatur, ZfdA LXXXIX (1959) 151–152.

2) Mhd. ich wird immer ikh, also mit stimmloser Spirans (hebräisch Kaf), geschrieben. Wird aber die Negation -en angefügt,

[14] Bach 2, 57f. Neumann, 149.

so finden wir *'ign* 645, 706, 736 = *igen*. In diesen Fällen bezeichnet das *g* offensichtlich die stimmhafte Spirans.[15]

Man könnte also verallgemeinernd annehmen, daß intervokalisches *g* spirantischen Lautwert hat. Aber diese wenigen Beispiele sind schwerlich für diese Schlußfolgerung beweiskräftig genug; da in allen anderen Fällen dieser intervokalische Laut immer mit *Gimel* geschrieben wird; *suwign* 67 = *świgen*; *qwngin* 38 = *kunegin*; *bgn* 40 = *began*; *mwg'* 78 = *muge*; *gtrgn* 78 = *getragen*; *dgn* 87 = *dagen*; *z*^{c}*gl* 204 = *sëgel* usw.

3) Der mhd. Ländername *Spanje* wird im *Horant*, Z. 11, *spngn* geschrieben. Man könnte annehmen, daß das *g* hier als palatale Spirans (siehe unter *Jod*) gesprochen wurde.

Unsicherheit in der Aussprache und Schreibung des ausländischen Namens mag der Grund für das *-ng-* sein. (Vgl. z. B. die folgenden Lesarten: *Spâne*, *Nibelungenlied*, 1756, 3 (Bartsch), *spanie* [D], *spanye* [B], *spani* [d], *spang* [Ih]; Wolfram, *Parz*. 39. 15: *Spânôl* [Dg], *spangol* [G], *spaniol* [dgg]. Vgl. 91. 15; *der jüngere Titurel* 1154, 3 *Spanjol* [A], *Spang* [E], *Spangen* [X]).

Im *Horant* werden die Buchstabenverbindungen *-ni-* und *-ng-* in allen anderen Fällen voneinander unterschieden: *-ni-* findet man nur in dem *jô*-Stamm: *bwni'* = *brunje* 772, 781, und schwer lesbar 888, 508; *-ng-*, z. B. *stng'* 17 = *śtange*; *lng'* 174 = *lange*; *gzng'* 120 = *gesange*; *iwngn* 143 = *jungen*; *bring'* 143 = *bringe*; *gingn* 217 = *gingen*; vgl. Bach 2, § 80, S. 111.

Die Schreibung *spngn* berechtigt daher nicht zu der Schlußfolgerung, daß in anderen Wörtern das *g* in der Buchstabenverbindung *-ng-* als palatale Spirans aufgefaßt werden muß.

4) *age* > *ei*, *ege* > *ei* usw.: ⟨*miistr*⟩ 839 = *meiśter*; *liit'* 508 = *leite* (< *legen*); *ziit'* 184 = *seite* (< *sagen*). Alle Beispiele werden erwähnt, in denen das Wort *maget* in seinen verschiedenen Formen vorkommt: *mgt* = *maget* 69, 121, 170, 200, 501, 629, 632, 897; *m*^{c}*gtin* = *mëgetin* 127, 136, 141, 192, 195, 503, 604, 628, 643, 664, 681, 717, 898; *mgtin* = *magetin* 600. (Das Auslassen des *Ajin* beruht vielleicht auf einem Versehen des Schreibers.) *miid'* = *meide*

---

[15] In den anderen Gedichten der Cambridger Hs. wird statt *'ikh* ^{c}*s* immer *'igs* geschrieben: Fuks, S. 4, Zeile 37; S. 8, Z. 122; S. 18, Z. 129; S. 21, Z. 193; Mhd. *mac es*, Fuks, S. 25, Z. 287 *mgs* = *mageś*. Vgl. *Annolied* Z. 41, 711 und 728 *sigis* = *sich is*.

87, 135, 185, 559, 648. Man kann annehmen, daß infolge der mhd. Vokalisierung des *g* verschiedene Formen ein und desselben Wortes im Umlauf waren. Auf keinen Fall darf man hieraus Schlüsse für die Aussprache des *g* in der Cambridger Hs ziehen. Vgl. Bach 2, § 57.

5) Ausfall des *g* zwischen Konsonanten *mwrn'* 1016 = *morne*.

Im Auslaut wird das *g* immer zu *k* (hebräisch *Kof*) verhärtet. Siehe unter *Kof* § 9.

Schon hier muß gesagt werden, daß der Buchstabe *Kof* den Lautwert eines Verschlußlautes *(k)* gehabt haben muß, da der Schreiber immer die Endsilbe *-ik* (*-ig*) mit *Kof* schreibt, aber die Endsilbe *-lich* immer mit der Spirans *Kaf*, z. B. *mniq* 23 = *manik* (inlautend *g: mngr* 34 = *maneger; mangn* 208 = *manegen); lwblikh* 50 = *lobelich*.

Folgerungen: Wie die Schreibung von *min'iin* und *'ign* zeigt, besitzt der Buchstabe *g* bisweilen eine stimmhafte spirantische Aussprache. Rein logisch könnte man hieraus schließen, daß *g* und *ch* in stimmhafter Umgebung den gleichen Lautwert wie *j* haben müßten. Aber der Schreiber vertauscht *ch* und *g* und *g* und *j* nur in den wenigen oben erwähnten Fällen. Daher sind derartige Schlußfolgerungen nicht berechtigt.

Anderseits könnte die Auslautsverhärtung *g* zu *k* der Annahme Anlaß geben, daß *g* einen Verschlußlaut bezeichnet haben müßte.[16] Die Unstimmigkeiten der Schreibweise innerhalb der Hs sind zur Ermittlung des genauen Lautwertes nicht ausreichend. Man kann nur feststellen, daß auslautendes *g* immer *k* ist, daß inlautendes *g* in stimmhafter Umgebung auch als stimmhafte Spirans vorkommt, und daß anlautendes *g* wohl stimmlose Lenis war.

§ 9

Hebräisch ק *Kof;* Transliteration *q;* Transkription *k*, mhd. *c, k*.

Anlautend: *qwniq* 1 = *kunik; qwn'* 2 = *kune; qrwn'* 4 = *krone;*

---

[16] Bach 2, § 60, S. 61 schreibt: „Im auslaut nimmt das *g* an der auslautverhärtung teil" mit der Anm. „Dies steht im auffälligen gegensatz zu der entsprechung des inlautenden *g*, das überall spirantisch ist." In der Cambridger Hs ist die Schreibung inlautendes *g* und auslautendes *k* vom phonetischen Standpunkt aus eindeutig, wenn wir annehmen, daß inlautendes *g* als stimmlose Lenis gesprochen wurde.

qriftigs 220 = *kreftiges; qliidr* 52 = *kleider; qlnq* 247 = *klank; qnpn* 555 = *knapen.*

Inlautend: *'rqnt* 2 = *erkant; 'nqr* 159 = *anker; ww'wlqn* 247 = *wolken; diqn* 156 = *deken; bldqin* 573 = *baldekin; 'iqlikhr* 46 = *iklicher; wwnqlikh* 53 = *wuneklich.*

Auslautend (Auslautsverhärtung des *g*): *qwniq* 1 = *kunik (qwng'* 19 = *kunege; qwngin* 38 = *kunegin); lnq* 18 = *lank; swwiiq* 78 = *śweik; strq* 26 = *śtark;* immer in der Endsilbe *-ik: mniq* 23 = *manik (mngr* 34 = *maneger; mangn* 208 = *manegen); guwldiq* 400 = *gewaldik; 'wnglwb⟨iq⟩* 363 = *ungelobik.*

Kof ist ein stimmloser velarer Verschlußlaut. Ein einziges Mal wird es durch *Kaf (kh = ch)* ersetzt, nämlich im Reim *t'kh: gzkh* 523/524 = *tach : gesach.* Die Form *gesach* ist regelmäßig: (*h > ch* im Auslaut). Siehe unter *Kaf.* Die Schreibung *t'kh* ist einzigartig im *Horant* und offensichtlich in diesen Text des Reimes wegen eingefügt. Dies ist das bemerkenswerteste Beispiel dafür, daß sich der Dichter althergebrachter Reime bedient. Man darf also den Reim nicht zur Erklärung der Mundart unseres Textes verwerten. (Ein anderes Beispiel hierfür ist unter *Kaf* erwähnt.)
Für den Reim *tac : gesach* siehe Weinhold, § 234, 237; Lachmann zu *Iwein* Z. 4098. Über auslautendes *-ch* in md. Urkunden vgl. Bach 2, 61–62; Moser 2, § 148 Anm. 43.

§ 10

Hebräisch כ *Kaf;* Transliteration *kh;* Transkription *ch;* germanisch *k*, mdh. *ch*.

Anlautend kommt *Kaf* nicht vor.

Inlautend: *rikh'* 19 = *riche; mkhn* 55 = *machen; qrikhn* 144 = *krichen;* oft in der Verbindung *-kht: lkht'* 39 = *lachte; r^{c}khtr* 76 = *rêchter; br^{c}kh'* 603 = *brêche; mwkht'* 105 = *mochte; nikht* 75 = *nicht.*

Auslautend *Kaf* finale: *'ikh* 64 = *ich; dikh* 118 = *dich; zikh* 15 = *sich; 'wkh* 65 = *uch; dwrkh* 94 = *durch; rikh* 50 = *rich;* immer in der Endsilbe *-lich; lwblikh* 50 = *lobelich; wwnqlikh* 53 = *wuneklich; zwmlikhr* 523 = *sumelicher; gṣwgnlikhn* 115 = *gezogenlichen; gwwldqlikhn* 5 = *gewaldeklichen.*

Als Auslautsverhärtung von $h = Kaf$ finale: $zkh\ 88 = sach;$ $g\langle w\rangle kh\ 392 = goch$ (mhd. $gâch$); $zikh\ 637 = sich;$ $ṣwkh\ 803 = zoch;$ $hwkh\ 804 = hoch;$ $wlwkh\ 854 = vloch.$

Der hebräische Buchstabe *Kaf* ist, wie die Buchstabenverbindung *-kht* beweist, die stimmlose Spirans. *Kaf (ch)* wird nie mit *Kof (k)* vertauscht, wie die strenge Scheidung in der Schreibung der Endsilben *-iq = -ik* und *-likh = -lich* beweist.

Das Wort *nikht* 75 usw. = *nicht* wird einmal im Reim mit *dit* als *nit* (453) wiedergegeben. Ebenso wie in dem Reim *t'kh : gzkh* 523/524 = *tach : gesach*, beweist der Reim *nit : dit* = mhd. *niet : diet*, daß die Reime im *Horant* traditionell sind. (Vgl. Walther von der Vogelweide 103, 29, 33 *diet : niet*.)

In dem Lehnwort *dwkhws* haben wir das *Kaf* durch *k* wiedergegeben.

§ 11

Hebräisch ׳ *Jod* und Hebräisch Doppel-*Jod (Jod + Jod);* Transliteration *i* und *ii;* Transkription *j*.

Hebräisch *Jod* = *i* und Doppel-*Jod* = *ei* wird unter den Vokalen *i* und *ei* behandelt.

Anlautend (alle Beispiele): (1) *iwgnd'* 82 = *jugende;* *iwr* 84 = *jor;* *iwngn* 143 = *jungen;* *iwd[n]* 250 = *juden;* *iwst* 910 = *juśt;* *iwstirn* 879 = *juśtirn;* *iin'* 876 = *jene*.

(2) *iigtn* 35 = *jageten;* *iikhnt* 890 = *jachant;* $ii^c mrlikhn$ 840 = *jëmerlichen;* *iiḥn* 360, 482 = *jëhen*.

Wenn auf das *Jod* ein *Waw* folgt, das entweder als mhd. *u* oder *o* gedeutet werden kann, wird mhd. *j* mit einem hebräischen *Jod* geschrieben, andernfalls mit Doppel-*Jod*. Aus der Schreibung *jëmerlichen* und *jëhen* ersieht man, daß Doppel-*Jod* den Halbvokal mhd. *j* wiedergibt, da der unmittelbar folgende Vokal kein *u* oder *o* ist. Mit dem Buchstaben *Cheth* ist ein offener *ë*-Laut verbunden (siehe § 12). Hieraus folgt, daß das zweite *Jod* der ersten zwei Beispiele unter (2) kein geschlossenes *e* sein kann, sondern daß der Vokal eingefügt werden muß. Der einzige Vokal, der nicht geschrieben zu werden braucht ist *a*, also *jageten* und – mit unbetontem *a* – *jachant*.

[Man könnte auch zu anderen m. E. weniger wahrscheinlichen Erklärungen des Doppel-*Jod* kommen, wenn man annimmt, daß die Schreibung mit einfachem und doppeltem *Jod* zufällig ist. In diesem Fall würde das zweite *Jod* ein geschlossenes *e* wiedergeben und man müßte dementsprechend *jechant* (nicht in Lexer oder Benecke-Müller-Zarncke) und *jegeten* (eine md. Form, siehe die Anmerkung zum Text) lesen, vgl. *jene* 876.]

Inlautend: *min'iin* 542, 978 siehe unter *Gimel*.

Behaghels Wertung (§ 368) des *j* als „palatale Spirans" dürfte auch für die Deutung des *j* in der Cambridger Hs zutreffen. (Vgl. Bach 2, § 61, S. 62; Weinhold, § 222.)

In der Cambridger Hs wird anlautend *j* und *g* nie verwechselt. Dies ist eine weitere Stütze für die Annahme (siehe unter *Gimel*), daß anlautendes *g* als stimmlose Lenis aufzufassen ist.

§ 12

Hebräisch ח *Cheth;* Transliteration $\underline{h}$; Transkription $\underline{h}$; mhd. *h*.

Kein mhd. Buchstabe entspricht dem hebräischen *Cheth*. In dem von S. Birnbaum veröffentlichten Text aus dem Jahr 1396 wird *Cheth* nicht verwendet. In *Die Jüdisch-Deutschen Bibelübersetzungen*, herausgegeben von W. Staerk und A. Leitzmann, Frankfurt 1923, gibt es den Buchstaben $\underline{h}$, der wohl für *Cheth* steht (eine Erklärung der Umschrift fehlt leider), nur in der Umschrift von hebräischen, aber nicht von „jüdisch-deutschen" Wörtern (z. B. S. 6, Zeile 25). Es bedarf neuer Nachprüfung der Hss, ob der Buchstabe *Cheth* vorkommt.

Vorerst alle Beispiele aus dem *Horant:*

Anlautend: $\underline{h}r$ = *hër* (Bedeutung „hierher") 170, 291, 306, 336, 343, 395, 453, 535, 654, 683, 685, 754, 805, 810, 852, 864, 865, 993, 1016; $\underline{h}rmlin$ = *hermelin* 210, 973; $\underline{h}rṣ'$ = *hërze* 234, 913; $\underline{h}lm$ = $\underline{h}ëlm$ 509, 510, 888, 892.

Inlautend: $ii\underline{h}n$ = *jëhen* 360, 482; $st\underline{h}lin$ = *štehelin* 17, 381, 515, 517, 550, 800; $ṣ\underline{h}n$ = *zëhen* 356, 545, 572, 641; $z^c k\underline{h}ṣ\underline{h}n$ = *sëchzëhen* 26; $z\underline{h}n$ = *sëhen* 481, 635 ⟨624⟩; $wwlgz\underline{h}n$ = *wolgesëhen* 359; $z\underline{h}t$ = *sëhet* 293; $z\underline{h}'$ = *sëhe (= ich sëhe)* 281 (md. Paul-Mitzka, § 156 Anm. 3; Weinhold, § 348); $gš\underline{h}n$ = *geschëhen* 362, 625, 636.

Auslautend kommt *Cheth* nicht vor. Durch Auslautverhärtung wird es zu *Kaf*. Ein betonter *e*-Laut steht in unmittelbarer Nachbarschaft des *Cheth*, und zwar folgt der *e*-Laut dem anlautenden *Cheth*, während er dem inlautenden intervokalischen *Cheth* vorangeht. Dieser *e*-Laut wird mit keinem hebräischen Buchstaben bezeichnet. Da offene und geschlossene betonte *e*- Laute mit hebräischem *Ajin* oder *Jod* (siehe unter *e*) bezeichnet werden, da also nur in der Verbindung -*ech*- oder *che*- der Vokal unbezeichnet geblieben ist, hat der Schreiber offensichtlich durch das *Cheth* die Verbindung des Velars mit dem *e*-Laut ausdrücken wollen. Daß *Cheth* von der Nachbarschaft eines offenen *e* abhängt, läßt sich daraus ersehen, daß *Cheth* nur in den oben genannten Fällen vorkommt. Auslautend oder in der Verbindung *cht* findet Verhärtung statt: *Cheth* wird zu *Kaf: zḥn* 481 = *sëhen*, aber *zkh* 88 = *sach;* '*rzkh* 882 = *ersach; zikh* 637 = *sich* (Imperativ). Ein dem *Kaf* vorausgehendes offenes *e* wird immer mit *Ajin* geschrieben: *z^ckhṣḥn* 26 = *sëchzëḥen*. (*e* in *sechs* kann offen sein, siehe Zwierzina, ZfdA XLIV [1900] 311. *s* kann nach dem *ch* fehlen, vgl. Bach 2, 49 mit dem Hinweis auf DWB. ahd. *sechzên*.) Die Verbindung *kht: br^ckhtst dw* 120 = *brëchtest du* (Konj. Prät.); *r^ckhtr* 76, 97 = *rëchter; r^ckht* 428, 505 = *rëcht; w^ckhtn* 605 = *vëchten*.

Intervokalischer *h*-Laut wird als *h* – nicht als *Cheth* – wiedergegeben, wenn kein offenes *e* vorausgeht, wie die folgenden Formen des Wortes mhd. *sëhen* zeigen: *zḥn* 481 = *sëḥen*, aber *zwhn* 532 = *sohen* (Prät.).

Die Aussprache des *Cheth* muß von der des *Kaf* verschieden gewesen sein. Da *Cheth* im Auslaut zu *Kaf* wird, und da *Kaf* immer den *ch*-Laut in der Buchstabenverbindung *cht* bildet, muß *Kaf* die stimmlose Spirans wiedergeben (siehe unter *Kaf*). *Cheth* muß vom Hauchlaut *h* verschieden sein, wie die Schreibungen der verschiedenen grammatischen Formen des mhd. *sëhen* deutlich machen. *Cheth* muß offensichtlich als ein Laut, der zwischen dem Hauchlaut *h* und der stimmlosen Spirans *Kaf* (mhd. *ch*) liegt, ausgesprochen worden sein.

Ausnahmen im *Horant: br^ckh'* (mit *Kaf* statt *Cheth*) 603 = *brëche* (Konj. Prät.); *spr^ckhn* 216 = *sprëchen; ir gzikht* (500) statt des zu erwartenden *ir gzḥt* in Analogie mit *zḥt* 293 = *sëhet*. Das Wort *gzikht* kann man *gesech(e)t* mit geschlossenem *e* (siehe unter *e*) oder *gesich(e)t* lesen. Die Änderung des offenen *ë* zu geschlossenem *e* oder *i* hat die Änderung des folgenden Velars zur Folge.

Folgerungen: Ebenso wie die Labiale können die Velare mit hebräischen Buchstaben genauer nuanciert werden als mit deutschen. Darum kann der Schreiber der Cambridger Handschrift auch diese Nuancierung nicht aus einer deutschen Handschrift übernommen haben. Wenn daher der Schreiber die Aussprache seiner Umgebung phonetisch hat wiedergeben wollen, so ergeben sich hier sprachgeschichtlich zwei Probleme:

1) Man nimmt allgemein an, daß intervokalisches *h* nicht ausgesprochen wurde, obgleich die traditionelle Schreibweise mit *h* beibehalten wurde. (Behaghel, § 387; Moser 1, § 38; Bach 2, § 56; Paul-Mitzka, § 98.) In der Cambridger Hs aber wird intervokalisches *h* immer geschrieben, unter gewissen Bedingungen sogar zu *ḥ* verschärft, woraus wiederum folgt, daß der Schreiber die verschiedenartige Aussprache dieser Laute hat spezifizieren wollen.

2) Die Verbindung von offenem *e* mit einem *ch*-Laut, wie man sie in allen Dichtungen der Cambridger Hs wahrnehmen kann[17], ist in der Geschichte der deutschen Sprache nicht bekannt.

Eine Parallele zu anlautendem *Cheth (ḥ)* hat kaum bestanden, wohl aber trat im Mittelbairischen „für intervokalisches (durch Übertragung an Stelle von *h* getretenes) χ in einigen bestimmten (noch nicht genügend erklärten) Fällen vielleicht schon mhd. der Verschlußlaut *g* ein". (Moser 1, 3, § 150, Anm. 2.) „Der Einschub eines Übergangslautes *j* durch die Schreibung *g* auch für ursprüngliches *h* ... darf ... jedenfalls nur für diejenigen Maa. angenommen werden, in denen mhd. *g* intervokalischen spirantischen Charakter besaß, sofern selbst da die Schreibung *g* nicht überhaupt bloß als ein rein graphisches Zeichen der Silbentren-

---

[17] *Cheth* im Cambridger Codex, Fuks 1–40. (Die Zahlen beziehen sich auf die Seite und Zeile der Ausgabe von Fuks).
Anlautend: *ḥr* (= mhd. *hërre*) 8. 130; *ḥr* (= mhd. *hër*) 15. 67; 16. 75; 16. 82; 20. 173; 21. 195; 22. 219; 24. 256; 28. 350; 29. 376; 32. 450; 35. 35; 35. 45 (aber *hir* [= mhd. *her*] 11. 187); *ḥrdn*, *ḥrd'* (= mhd. *hërt*, nhd. *Herd*) 22. 225; 30. 401; *ḥrṣ'*, *ḥrṣn* (= mhd. *hërzen*) 20. 178; 27. 330; 27. 342; 34. 3; 34. 15; 35. 26; 36. 60b (diese Zeile ist bei Fuks ausgelassen, I. Schröbler, *ZfdA* LXXXIX [1959] 149); 36. 70; 14. 34; 14. 43; 14. 46; 37. 20; 38. 38; *ḥlfir'* (= mhd. *hëlfære*) 22. 280; *ḥr* (= mhd. *ër*) 34. 16; *ḥrn* (= mhd. *hëran* [?]) 15. 73; *ūvr ḥln* (= mhd. *verhëlen*) 25. 288.

nung anzusehen ist: Md. tritt diese Erscheinung im 14. und 15. Jahrhundert noch ziemlich häufig auf (*segen* 'sehen' usw....)..." (Moser 2, § 129, 2). Hierzu auch E. Kranzmayer, *Historische Lautgeographie des gesamtbairischen Dialektraumes*, Wien 1956, § 3. Im *Horant* ist das *Cheth* in *sëḥen* = mhd. sehen bestimmt mehr als ein „graphisches Zeichen". Obgleich Mosers Beispiele sich nicht wie im *Horant* nur auf die Buchstabenverbindung -*eg*- beschränken, liegt hier vielleicht eine gewisse Parallele vor. Bach 2, S. 67 schreibt: „Ganz vereinzelt in diesen denkmälern steht die form *si zychen* ‚ziehen' DU 32" aus dem Jahr 1315. Andere Beispiele, die er ebenda Anmerkung 5 erwähnt, können alle „durch ausgleich nach flexionsformen" erklärt werden. Für die Beispiele der Cambridger Hs (z. B. *stḥlin, ḥrs*') ist diese Erklärung unzutreffend.

Man könnte für die Schreibung von *h* und *ḥ* in der Cambridger Hs an drei Gründe denken, die hier erwähnt zu werden verdienen, ohne daß eine endgültige Lösung dieser Fragen vorgeschlagen werden soll. Entweder sind 1) intervokalisches *h* und *ḥ* im 14. Jahrhundert noch ausgesprochen worden, obgleich diese Aussprache örtlich begrenzt (innerhalb des Gebietes einer Mundart) gewesen sein mag, oder 2) die Wiedergabe des *h* und *ḥ* in der Cambridger Hs beruht auf traditioneller Schreibung des Deutschen mit hebräischen Buchstaben (dies würde die Fragestellung nur verschieben aber nicht beantworten), oder 3) die Schreibung von *h* und *ḥ* beruht auf Nachahmung des *h, j* oder *g*, das zuweilen in deutschen Hss angetroffen wird. (Auch in diesem Fall würde die Differenzierung

Inlautend: *sḥn* (= *zëhen*) 10. 166; *gsḥn* (= *geschëhen*) 27. 336; 33. 464; 34. 22; 36. 56; *gsḥ'* (= *geschëhe*) 38. 41; *zḥn* (= *sëhen*) 36. 55; *zht* (= *sëhet*) 20. 172; 25. 297; 28. 356; 29. 385; 33. 470; (aber vgl. *gziht* 26. 308 = *gesihet*?); *zḥndn* (= *sëhenden*) 27. 337; *gzḥn* (= *gesëhen*) 13. 15; 27. 333; 27. 337; 33. 463; 34. 23; 36. 65; *iiḥn* (= *jëhen*) 13. 17; ⟨36. 66⟩.

Nur einmal ist *Cheth* in der Nachbarschaft von mhd. e verwendet: *siṭḥr* 26. 305; 29. 381 (= *zëter, zëther, zetter*, vgl. I. Schröbler, *ZfdA* LXXXIX [1959] 149).

Ausnahmen: 33. 466 *hᶜlfire*, aber siehe oben *i* und *ie* = *hlfir*'. (Das Wort *hwlf*' kommt vor, siehe § 32.) In dem abecedarischen Akrostichon des *Joseph*-Gedichtes muß die 15. Zeile mit einem *Cheth* beginnen (Fuks, S. 34, Zeile 16). Der Schreiber ändert daher das Wort *ër*, das sonst in der Hs immer ᶜ*r* geschrieben wird, zu *ḥr*, siehe Ganz, Norman, Schwarz, *ZfdPh* LXXXII (1963) 87.

von *h* und *ḥ* die Aussprache und nicht nur das Schriftbild wiedergeben.) Es ist aber zu erwägen, daß es nach dem Stand der heutigen Forschung keine Parallelen in anderen mit hebräischen Buchstaben geschriebenen Handschriften gibt.

Eine von Weinhold gegebene Erklärung ist vielleicht einleuchtender. Er schreibt § 236: „Auch für *h* wird *ch* der vulgären Aussprache gemäß geschrieben, sowol zwischen Vokalen als vor *t*, zb. geschâchen..." Wie man sieht, sind die von Weinhold gegebenen Beispiele nicht nur auf die Verbindung -*ech*- beschränkt. Wenn man Weinholds Annahme auf die Sprache der Cambridger Hs anwendet, müßte man folgern, daß der Schreiber die im täglichen Leben gesprochene Umgangssprache (Weinholds „vulgäre Aussprache") und nicht die literarische Sprache, die wir aus Hss kennen, hat wiedergeben wollen. Gegen diese Folgerung bestehen m. E. keine Bedenken. Dies würde eine neue Bestätigung der oben angeführten Gründe dafür bieten, daß der Schreiber des *Horant* keiner deutschen Vorlage folgte. Die Frage des mhd. -*ch*- bedarf noch einer genauen Untersuchung. Hier soll nur auf die bekannte Stelle bei Niclas von Wyle, *Translationen* (ed. A. von Keller) S. 351 Z. 9 und den Gebrauch von Hans Sachs hingewiesen werden.

§ 13

Hebräisch ה *He*; Transliteration *h*; Transkription *h* = mhd. *h*.

Anlautend vor allen Vokalen mit Ausnahme von offenem *e* (= mhd. *ë*); *hgn'* 99 = *Hagene*; *hnt* 9 = *hant*; *ht'* 21 = *hate*; *hwrnt* 30 = *Horant*; *hwlt* 54 = *holt*; *hwfrt* 460 = *hofart*; *hi* 140 = *hi* (mhd. *hie*); *himl'* 239 = *himele*; *hild'* 89 = *Hilde*; *hilt* 95 = *helt*; *hirṣwg'* 30 = *herzoge*; *hiist* 146 = *heiśt*; *hir'* 37 = *here* (=mhd. *hêrre* oder *hërre*; in der Cambridger Hs ist das *e* in dem Wort *herre* geschlossen, s. unten).

Im Inlaut: *ghwrt* 94 = *gehort*; *wlwhn* 392 = *vlohen*; *'wnghwir'* 539 = *ungehoire*; *ghn* 65 = *gehan*; *wwrhiit* 360 = *worheit*.

Das mhd. auslautende -*ch* in Wörtern wie *sach* und *zoch* wird durch Hebräisches *Kaf* finale (ך) wiedergegeben: *zkh* 88 = *sach*; *zikh* 637 = *sich*; *ṣwkh* 369 = *zoch*.

h im Inlaut fällt aus: '*rsln* 201 = *erślan*; '*npn* 970 = *enpfan*.

§ 14

Hebräisch ד *Daleth;* Transliteration *d;* Transkription *d.*

Anlautend: *dn* 121 = *dan; d^{c}gn* 2 = *dëgen; d^{c}r* 4 = *dër; dinmrqtn* 8 = *Denemarkten; diqn* 203 = *deken; di* 9 = *di; dikh* 239 = *dich; dwrkh* 435 = *durch.*

Vor *r: drisiq* 84 = *driśik; drwngn* 491 = *drungen.*

Inlautend: *wrwwdn* 455 = *vrouden; brwdr* 20 = *bruder; gqliidt* 496 = *gekleidet; gdwn'* 492 = *gedone.*

Nach Liquiden: *gwwldiq* 400 = *gewaldik; wwildn* 85 = *wilden; hldn* 338 = *halden; ww^{c}rld'* 70 = *wërelde;* immer in den Formen der Präterita *wwld'* 66 = *wolde; wwldstw* 116 = *woldeśtu* usw.; *šwld'* 61 = *scholde; šwldstw* 125 = *scholdeśtu* usw.

Inlautendes *-lt-* kommt nur in dem Wort *'ltr* 68, ⟨554⟩ = *alter* vor. Vgl. Paul-Mitzka, § 108. *ww^{c}rd'* 42 = *wërde* (Konj. Präs.); *^{c}rdn* 331 = *ërden.*

Nach Nasalen: *lnd'* 13 = *lande; hwndn* 36 = *hunden; bzindt* 41 = *besendet; ww'lndn* 111 = *walenden; bgwnd'* 850 = *begunde;* ⟨*ww'wnd'*⟩ 856 = *wonde* (= Mhd. *wânde*); *'wndr* 35 = *under.*

Auslautend tritt immer – unbeschadet des vorhergehenden Buchstabens – Auslautsverhärtung ein: *d > t* (siehe unter *Teth*).

§ 15

Hebräisch ט *Teth;* Transliteration *t;* Transkription *t,* mhd. *t.*

Anlautend: *tq* 59 = *tak; tnbwwrn* 761 = *tanbouren; tnṣtn* 877 = *tanzten; twt* 23 = *tot; twkhtr* 90 = *tochter; twš̌n* 1 = *tutschen; twznt* 162 = *tusent;*

tr: trgn 125 = *tragen; trwq* 4 = *truk; trwrn* 236 = *truren; trwst'* 249 = *trośte.*

tw: twwng⟨*t*⟩ 402 = *twunget.*

st und *str: strq* 26 = *śtark; stnt* 526 = *śtant; stwnd'* 96 = *śtunde; stritn'* 27 = *śtriten; strwʃn* 851 = *śtrofen.*

Inlautend: *v̄tr* 98 = *vater; m^{c}gtin* 118 = *mëgetin; sitn* 448 = *ziten; lwtr* 427 = *luter; qlwʃtrn* 18 = *kloftern; twkhtr* 90 = *tochter; z^c[n]t' wwir* 305 = *sente wir.* In den Formen des Praeteritum von schwachen Verben immer *t* (mit Ausnahme der Formen *wwld',*

43

šwld', hldn, bgwnd', ww'wnd': s. oben unter *d*): *wwiint'* 840 = *weinte; znt'* 180 = *sante; dintn* 5 = *dinten; ww^{c}rt'* 58 = *wërte; qwst'* 173 = *kuste; qliit'* 269, 503 = *kleite; iigtn* 35 = *jageten*.

d wird vor *t* zu *t*: *qliit'* 269, 503 = *kleite*.

Auslautend: *'kht* 257 = *acht; r^{c}kht* 428 = *rëcht; likht* 425 = *licht; dwrſt* 352 = *durſt; hir⟨š⟩ſt* 478 = *herschaſt; gnnt* 3 = *genant*; immer als Auslautverhärtung von *d*: *lnt* 6 = *lant (lnds* 83 = *landeś; lnd'* 13 = *lande)*.

Das Präfix *ent-* erscheint immer als *en-*: *'nsprnq* 433 = *enšprank; 'nṕinq* 483 = *enpfink; 'nṕn* 970 = *enpfan; 'ngign* 324 = *engegen*. (Vgl. Weinhold, § 302.)

t als mittlerer Konsonant ist ausgefallen in *mspwwm* 158 = *maśpoum*, vgl. Paul-Mitzka, § 72.

Bei der Enklise des Pronomens *du* findet Assimilation statt: *bringstw* 126 = *bringeštu; wwirstw* 179 = *wirštu; šwltw* 74 = *scholtu; wwiltw* 500 = *wiltu*. Der Buchstabe *t* auch in Zusammenfügungen mit *ir*: *šwltir* 449 = *scholtir*.

Dem wortauslautenden *n* zugefügtes *t* findet sich in den folgenden Wörtern: *'irgnt* 70 = *irgent; nirgnt* 108, ⟨480⟩, 486 = *nirgent; nimnt* 77 = *nimant; 'imnt* ⟨841⟩ = *imant*. Aber einmal *nirgn* 951 = *nirgen*.

Am Ende des ersten Kompositionsgliedes findet sich ein „parasitisches" *t* in: *'iigntqlikh'* 24 = *eigentkliche* oder *eigenteklich*. Diese Form, die in Wörterbüchern nicht erwähnt ist, könnte auf einem Schreibfehler beruhen, vgl. *'iignlikh'* 101 = *eigenliche*. Siehe die Anmerkung zu 42. 1. 3; Bach 2, § 66.

Folgerungen: zwischen *d* und *t* wird streng unterschieden. Konsequent wird ein Wort immer mit *d* oder *t* geschrieben. Selbst nach *l* und *n* herrscht keine Unsicherheit: Im Auslaut immer *t*, im Inlaut immer *d* mit folgenden Ausnahmen: 1) *'ltr* 68, ⟨554⟩ = *alter*; 2) das Dentalsuffix aller schwachen Verben ist *t* mit Ausnahme von *wwld', šwld', bgwnd', ww'wnd'* = *wolde, scholde, begonde, wonde*.

Die Mundart, die sich aus dieser Schreibweise ergibt, ist mitteldeutsch, man könnte wegen des anlautenden *t* obersächsischthüringisch für möglich halten. (Vgl. Moser 2, § 143, 141ff. Bach 2, § 64ff.)

§ 16

Hebräisch ת *Taw;* Transliteration *ṭ;* Transkription *t.*

Der Buchstabe *Taw* kommt nur in dem hebräischen Wort *ṭiflh* 488, 586 = *tiflah* (= Kirche) und einmal in dem Wort *miṭ* 959 = *mit* vor. Dieses Wort wird sonst immer mit *Teth* geschrieben, z. B. 33, 36.

§ 17

Hebräisch ז *Sajin;* Transliteration *z;* Transkription *s.*

Anlautend nur vor Vokalen, nie vor Konsonanten, z. B. *zgn* 77 = *sagen; zkh* 113 = *sach; z^{c}gl* 242 = *sëgel; d^{c}r z^{c}lb'* 238 = *dër sëlbe; zi* 85 = *se; zikh* 15 = *sich; zilbr* 53 = *silber; zin'* 81 = *sine; ziit'* 184 = *seite; zwnd'* 83 = *sunde; zwsn* 120 = *suśen; zwil* 435 = *soil.*

Inlautend intervokalisch z. B.: *ww^{c}zn* 8 = *wësen; rizn* 15 = *risen; riiz'* 150 = *reise; 'izwld'* 90 = *isolde; bzindt* 41 = *besendet; gziln* 29 = *geselen; hwz'* 317, 364 = *huse.*

Inlautend nach stimmhaftem Konsonant: *'lz'* 2 = *alse.*

Auslautend kommt *Sajin* nicht vor. Das stimmlose auslautende *s* des Wortes *hws* 361 = *huś* wird inlautend zwischen Vokalen stimmhaft. Dies ist das einzige Beispiel für diese Erscheinung.

§ 18

Hebräisch שׂ *Sin;* Transliteration *s;* Transkription *ś*, mhd. *ş* oder *ʒ*.

Anlautend vor Vokalen nur in *smit* 156, 203, 208, 270, 496 = *śamit.*

Vor den Konsonantenverbindungen *sl-* (*sm-* kommt im *Horant* nicht vor), *sn-, sp- (spr-), st-, sw-*. Anlautend z. B.: *slwf* 665 = *ślof; sn^{c}l' qlikh'* (2 Wörter in der Hs) 857 = *śnëlekliche; spngn* 11 = *śpangen* (= Spanien); *spr* (immer abgekürzt) 40 = *śprach; sprwngn* 876 = *śprungen; stwnt* 9 = *śtunt; stng'* 17 = *śtange; swwign* 67 = *świgen; swwin* 613 = *świn.*

Inlautend vor Konsonantenverbindungen: *'spri'n* 152 = *Aśprian; bspriitt* 489 = *beśpreitet; hiist* 154 = *heiśt; wwldstw* 116 = *woldeśtu. sk* in *twsqn* 7 = *Tuśkan*, sonst wird altes *sk* immer *Schin (sch)* geschrieben.

Inlautend für mhd. ʒ oder ʒʒ, germanisch *t: grws'* 42 = *grośe;* *zws'* 252 = *suśe;* *ūwss* 646 = *vuśeś.*

Auslautend *wws* 3 = *waś;* *d^cs* 326 = *déś;* *wirs* 93 = *wirś* (= *wir ës*); *qwngs* 28 = *kunegeś;* *gwts* 145 = *guteś.*

Auslautend: *sin* gibt mhd. ʒ wieder: *ds* 356 = *daś* (mhd. *daʒ*); *zs* 372 = *saś* (mhd. *saʒ*); *bs* 32 = *baś* (mhd. *baʒ*); *his* 20 = *hiś* (mhd. *hieʒ*); '*ws* 14 = *uś* (mhd. *uʒ*); *mws* 112 = *muś* (mhd. *muoʒ*); *grws* 243 = *groś* (mhd. *groʒ*).

Die Superlativform *hwbšt'* 319 = *hubeschte* ist auffällig. Wahrscheinlich liegt hier ein Schreibfehler vor, *Sin* ist nach *Schin* ausgelassen worden. Andernfalls müßte man Assimilation annehmen, ähnlich wie *groezeste* > *groeste*.

§ 19

Hebräisch ס *Samech;* Transliteration *s;* Transkription *ś*.

Der Buchstabe *Samech* wird in dem Wort *śfir* 890 = *śafir* verwendet. Hier ist der Schreiber der hebräischen Orthographie dieses Wortes gefolgt. Vgl. die Liste der Edelsteine des Hohen Priesters, Hs fol. 20^v = Fuks 40, Zeile 14, wo das *Samech* des hebräischen Wortes *Safir* mit *Sin* transkribiert ist (vgl. J. W. Marchand, *Neophilologus* XLV [1961] 61 Anm. 5), wo aber das im Hebräischen überflüssige diakritische Zeichen über dem *Pe* auch in der Transliteration vergessen wird. Da *Samech* = *Sin* ist, muß *Samech* als stimmloses *s* ausgesprochen werden, *s^clbr* (733) = *śelber* mit *Samech*, sonst immer *Sajin*.

§ 20

Hebräisch *schin*, geschrieben שׁ; Transliteration *š;* Transkription *sch;* mhd. *sch*.

Der Schreiber kann bisweilen das diakritische Zeichen vergessen haben; außerdem erlaubt die Beschaffenheit der Hs öfters nicht, das diakritische Zeichen einwandfrei zu erkennen, z. B. das häufig vorkommende Wort *šwn'* 46 = *schone* wird immer mit *š* geschrieben, aber in Zeile 4 kann keine Entscheidung über das Vorhandensein oder Fehlen des Zeichens getroffen werden.

Anlautend *šdn* 341 = *schaden;* *š^cmn* 40 = *schëmen;* *šif'* 227 = *schife;* das Wort *sol* beginnt immer mit *š*: *šwl* 77 = *schol;* *šwln*

41 = *schulen;* *šwld'* 61 = *scholde* usw. (Paul-Mitzka, § 172 Anm. 3, Moser, I 3, § 147 Anm. 10).

Inlautend *gšḥn* 362 = *geschehen* (In Zeile 636 muß *geschehen* im Text stehen. Die Lesung *Sin/Schin* ist unsicher.); *bširm'* 379 = *beschirme;* *hwbšr* 80 = *hubescher;* *hwbšt'* 319 = *hubeschte* (s. oben unter *Sin*); *wriišlikh'* 576, 795 = *vreischliche* (vgl. Moser I 3, § 147, 4, S. 236); *wriišn* 15 = *vreischan* (diese Form findet sich nur im Reim, auch 48, 181, 832); *wriišm* 391 = *vreischam;* *wriišwmn* 260 = *vreischomen* (Reimwort = *komen*).

Auslautend: *tiš* 834 = *tisch;* *harnš* 177 = *harnasch* (Moser I 3, § 147 Anm. 37); *'wrš* 53 = *orsch,* auch 177, 212, 915 (Moser I 3, § 147, 3 Anm. 18–23).

Folgerungen: *Sajin* ist ein stimmhaftes *s*, das streng von *Sin* geschieden wird. (Vgl. Birnbaum 2, 19–20.) *Sajin* kommt nur in stimmhafter Umgebung vor, niemals im Auslaut einer Silbe oder eines Wortes. Die hebräische Schreibweise gibt also ein genaueres Bild des Lautstandes als die deutsche.

Der Buchstabe *Sin* ist offensichtlich ein stimmloses *s*, da es im Auslaut steht. Es entspricht mhd. *s* und *ʒ*, Lauten, die wahrscheinlich für unseren Schreiber identisch waren. Da *Sin* immer in den Buchstabenverbindungen *sl-, sn-, sp-, st-, sw-* steht, muß man annehmen, daß es sich auch in diesen Fällen um *s* handelt und nicht um *sch* wie für die deutsche Sprache des 14. Jahrhunderts angenommen wird (Moser I 3, § 147, 1). Der jüdische Schreiber hätte ein *sch* durch *Schin* wiedergeben können. Da er sonst die verschiedenen Nuancen der Aussprache so genau wie möglich in seinem Buchstabensystem zu charakterisieren sucht, kann man nicht annehmen, daß er in diesem Fall „versagt".[18] Wir müssen also vermuten, daß der Buchstabe *s* in der Verbindung *sl-, sn-* usw. ein stimmloses *s* bezeichnete oder ein dem stimmlosen *s* naheliegenden Laut. Wenn dies richtig ist, so würde man die folgenden Möglichkeiten in Betracht ziehen müssen: 1) Es gab noch im 14. Jahrhundert eine Aussprache des *sl-, sn-* usw., in der die Veränderung zu *schl-, schn-* usw. nicht eingetreten war (vgl. die Beharrlichkeit der Aussprache von *sp-* und *st-* in einigen

---

[18] Der von Birnbaum (1) edierte Text erklärt diese Schwierigkeit nicht, da in der Hs kein Unterschied zwischen *Sin* und *Schin* gemacht wird. Vgl. Lessiak 76 ff.; 97.

Teilen Deutschlands), oder 2) der jüdische Schreiber folgt der deutschen Schreibweise und nicht der Aussprache, während er sonst immer der Aussprache folgt, oder 3) es gab eine traditionelle Wiedergabe der deutschen Buchstabenverbindungen *sl-, sn-* usw. in hebräischen Buchstaben. Der Schreiber des *Horant* folgte dieser uns unbekannten Tradition, oder 4) die Juden, oder genauer gesagt die Juden, deren Sprache der Schreiber des *Horant* kannte, unterschieden sich in der Aussprache dieser Buchstabenverbindungen von der Aussprache der christlichen Umgebung. (Im späteren Jiddischen wird *schl-, schn-* usw. gesprochen.)

Schin gibt immer *sch* wieder; über die genaue Aussprache des Zischlautes kann nichts ausgesagt werden.

§ 21

Hebräisch צ *Zade;* Transliteration *ṣ;* Transkription *z;* mhd. *z* (germanisch *t-* oder *-tt*).

Im Anlaut eines Wortes oder einer Silbe: *ṣwrn* 855 = *zorn;* *ṣw* 8 = *zu;* *ṣiigt* 323 = *zeiget;* *ṣwkh* 271 = *zoch;* *ṣwwii* 147 = *zwei;* *gṣᶜm'* 38 = *gezëme;* *hwkhṣit* 42 = *hochzit;* *qwrṣ'* 318 = *kurze;* *'rzwg'* (in der Hs abgekürzt) 69 = *erzogen;* *hirṣwq* 78 = *herzok;* *stwlṣr* 338 = *stolzer;* *ṣwwinṣiq* 472 = *zwenzik;* *gṣirt* 773 = *geziret.*

Im Inlaut: *lwṣl* 195 = *luzel;* *zṣtn* 825 = *sazten.*

Nicht durch die hochdeutsche Konsonantenverschiebung verursachtes *z: ṣiṣiliwn* 7 = *Ziziliun;* *gṣimi⟨rt⟩* 891 = *gezimiret;* *'ikhṣikht* 283 = *ichzicht* (das Wort ist schwer lesbar 985).

Folgerungen: Das Wort *'ikhṣikht* 283 = *ichzicht* ist nicht in mhd. Wörterbüchern vermerkt. Es ist mhd. *ihtes iht* (z. B. Gottfried *Tristan* Z. 2808 und 3535, wo die Hs M *ihtsiht,* bzw. *ihsiht* hat). Wenn *ihtes iht* als ein Wort betont wird, fällt das *e* zwischen hoch- und tieftoniger Silbe aus. Der Zusammenstoß von *t* und *s* müßte wie *z* ausgesprochen werden, und dies hat der jüdische Schreiber geschrieben. Hieraus kann man wiederum folgern, daß sich der Schreiber darum bemüht hat, die Aussprache phonetisch so genau wie möglich wiederzugeben. Nur in diesem Wort findet sich im *Horant* die Buchstabenverbindung *ts* = *Zade* (*mwkhtstw* 304 = *mochtestu* ist keine genaue Parallele, da beim eventuellen Ausfall des *e* drei Konsonanten zusammenstoßen würden). Dies bietet keine ausreichende Grundlage für die Erörterung, ob eine geschriebene Vorlage des *Horant* existiert hat.

§ 22

Hebräisch צ *Zadde;* Transliteration *ṣ̌;* Transkription *tsch.*

Dieser Buchstabe kommt nur in dem Wort „deutsch" vor und zwar: *twṣ̌'* 5, 19, 45, 130, 403, 471, 722, 984; *twṣ̌n* 1, 291, 405, 729; *twṣ̌rikh'* 107 = *tutscheriche.*

§ 23

Hebräisch ל *Lamed;* Transliteration *l;* Transkription *l;* mhd. *l.*

Anlautend: *lnt* 6 = *lant; lnq* 18 = *lank; libr* 40 = *liber.*
Inlautend: *'l'* 5 = *ale; hilt* 23 = *helt; mildst'* 28 = *mildeste.*
Auslautend: *wil* 37 = *vil; wwil* 194 = *wil; lwṣl* 195 = *luzel.*

§ 24

Hebräisch מ, ם *Mem;* Transliteration *m;* Transkription *m;* mhd. *m.*

Anlautend: *mit'* 18 = *mite; mwstn* 7 = *muśten; mniq* 94 = *manik.*
Inlautend: *'im'* 5 = *ime; nmn* 28 = *namen* (= acc. sing.); *dᶜm'* 97 = *dëme; 'iim'* 203 = *eime; m[im]'* 349 = *mime; dim'* 120 = *dime; zim'* 317 = *sime.*
Assimilation: *mb > m: 'wm'* 195 = *ume; 'wmṽinq* 115, *'wm' ṽinq* 171, 232 usw. = *umevink; nm > m: 'wmwsn* 326 = *umośen* (mhd. *unmâzen*).
Auslautend: *nm* 228 = *nam; qm* 395 = *kam; wwil qwm* 681 = *wil kom.*
Wechsel zwischen auslautendem -*m* und -*n* im Suffix -*sam* (Moser I 3, § 133 Anm. 3): *lwbzm* 229, 275, 433, 619, 689, 692 = *lobesam* (immer als Reimwort); *lwbzn* 472, 560 = *lobesan* (immer als Reimwort); *ww'wnzm* 511, 1020 = *wunesam* (immer als Reimwort); *wwnzn* 69 und *ww'wnzn* 257 = *wunesan* (immer als Reimwort); *wriiṣ̌m* 391 = *vreischam* (nicht als Reimwort); *wriiṣ̌n* 15, 48, 181, 832 = *vreischan* (immer als Reimwort).

§ 25

Hebräisch נ *Nun;* Transliteration *n;* Transkription *n;* mhd. *n*.

Das auslautende *Nun* hat im Hebräischen eine andere Form als an- und inlautendes *Nun*. Da es sich phonetisch nicht von dem in anderer Stellung gefundenen *Nun* unterscheidet, haben wir nur die Umschrift *n* gebraucht.

Anlautend: *nmn* 28 = *namen; nimnt* 77 = *nimant; nikht* 312 = *nicht*.

Inlautend: *qwniq* 1 = *kunik; hndn* 23 = *handen;* '*np^{c}r* 670 (Abkürzung in der Hs) = *enpëre* (Bach 2, § 36, S. 20); *lnprtn* 6 = *Lanparten* (Dies scheint eine späte Form zu sein; man findet sie in der Hs *h* [15. Jahrhundert] der *Eneide* 226. 25.); *tnbwwrn* 761 = *tanbouren*.

Auslautend: *ūwn* 12 = *von; hn* 13 = *han; gtn* 21 = *getan*. Wechsel zwischen auslautendem *n* und *m:* vgl. unter *m*. Abfall des *n* in der ersten Person Plural, wenn das Pronomen *wir* unmittelbar folgt: *z^{c}nt' wwir* 305, 342 = *sënte wir; hit' wwir* 303 = *hete wir; qwn' wwir* 310 = *kune wir* (Moser I 3, § 134 Anm. 11 und 12).

§ 26

Hebräisch ר *Resch;* Transliteration *r;* Transkription *r;* mhd. *r*.

Anlautend: *rizn* 15 = *risen; rikh'* 30 = *riche; rwt'* 43 = *rote*.

Inlautend: *qrwn'* 4 = *krone; hirn* 13 = *heren; trwq* 17 = *truk; wwrt* 25 = *wart; ww^{c}rld'* 70 = *wërelde*.

Auslautend: *^{c}r* 3 = *ër; brwdr* 20 = *bruder;* '*dr* 84 = *ader*. Ausgleich des grammatischen Wechsels, wie oft im späten Mhd., in *ūwr lirn* 135, 192/193, 602 = *vor lirn* (Infin.); Schirokauer, *PBB* XLVII (1923) 6–7. Metathesis: nur im Wort, das als *orš* 53, 177, 212 und *ros* 947, 952, 960 vorkommt. Vgl. Paul-Mitzka, § 83; Bach 2, S. 104. Abfall des *r* nach langem Konsonanten: *numi* 216 = *nume*. Niemals md. *bit*, sondern immer *mit*.

II. Vokale

Der verschiedene Charakter des hebräischen und deutschen Vokalsystems bringt es mit sich, daß deutsche Vokale häufig nur angedeutet oder überhaupt nicht durch hebräische Buchstaben wiedergegeben werden können. Dieser Tatsache muß man bei der Deutung Rechnung tragen. Wir haben in der Transkription das Lautbild der Hs zeigen wollen. In der Transliteration ist natürlich jeder hebräische Buchstabe mit ein und demselben Zeichen wiedergegeben.

Vor der Analyse der einzelnen Vokale sollen hier einige Schwierigkeiten und Eigenheiten des Lautstandes erwähnt werden.

1) Umlaut von *o*, *u* und *ou* ist immer unbezeichnet. Das Wort *wrwwn* 64 = *vrouen* muß in Zeile 949 die Bedeutung des mhd. *fröuwen* haben. In der Transkription wird das Wort natürlich an beiden Stellen *vrouen* geschrieben. Einige Beispiele von unbezeichnetem Umlaut sind: *qwniq* 1 = *kunik*; *gwldin* 947 = *guldin*; *tuš'* 5 = *tutsche*; *v̄wrstn* 24 = *vursten*; *hwbšr* 80 = *hubescher*; *šwn'* 117 = *schone* (Adjektiv).

2) Die mhd. Diphthonge *uo* und *ie* können nicht mit hebräischen Buchstaben wiedergegeben werden, z. B. *qwn'* 22 = *kune*; *hwṗ* 246 = *hup*; *libr* 37 = *liber*; *'i* 28 = *i* (= mhd. *ie*); *dinn* 101 = *dinen*.

3) Mit Vokal anlautende Wörter beginnen in der Rechtschreibung der Hs mit dem Vokalansatz *Alef*, in der Transliteration ' geschrieben, in der Transkription ausgelassen. Beispiele: *'in* 79 = *in*; *'ist* 73 = *ist*; *'iin* 55 = *ein*; *'ignlikh'* 101 = *eigenliche*; *'ind'* 61 = *ende*; *'irn* 60 = *eren*; *'wrš* 53 = *orsch*; *'wf* 138 = *uf*; *'ukh* 65 = *uch*.

Ausgenommen sind die mit offenem *ë* anlautenden Wörter; denn offenes *ë* wird durch den hebräischen Buchstaben *Ajin* gekennzeichnet. *Ajin* wird in der Transliteration ᶜ, in der Transkription als *ë* geschrieben, z. B. ᶜ*r* 18 = *ër*; ᶜ*s* 95 = *ës*. Es ist hier hervorzuheben, daß in der Cambridger Hs das Wort *antwurt(e)* immer mit *Ajin* geschrieben ist (128, 345, 1004), *'ntwwrt'*.

§ 27

Mhd. kurzes *a*; hebräisch *Alef* oder unbezeichnet; Transliteration ' oder unbezeichnet; Transkription *a*.

1) Mhd. kurzes *a* kann mit *Alef* wiedergegeben werden oder auch unbezeichnet sein. Das mhd. Wort *gazzen* wird sowohl *gsn* 489 wie *g'sn* 494 und 520 geschrieben.

Anlautend: *'lz'* 514 = *alse;* *'l'* 5 = *ale;* *'ln* 27 = *alen* (Dat. Plur.); *'lr* 31 = *aler* (immer mit einem Superlativ verbunden); *'n* 6 = *an;* *'n'* 462 = *ane* (*'n' sln* = *ane ślan);* *'lt* 26 = *alt;* *'nqr* 159 = *anker;* *'br* 313 = *aber;* *'rm'* 454 = *arme;* *'r'* 892 = *are;* *'sprin* 49 = *Aśprian*.

Birnbaum (2, S. 14) hat erklärt, daß man *a* lesen muß, wenn auf anlautendes *Alef* kein Vokalbuchstabe folgt.

Das mhd. Wort *oder* muß ausführlicher besprochen werden. Es wird immer *'dr* = *ader* geschrieben, z. B. 91, 112, 140, 143, 305. Moser (I 1 § 73 Anm. 1) hält die Form *ader* für das Md. charakteristisch, Paul-Mitzka (§ 2, Nr. 41 Anm. 2) für ostmd., und Bach (I, Par. 7, S. 61) stellt fest: „Bei *oder* überwiegt die o-Form ganz und gar." Die Form *ader* existiert im md., wenngleich es offensichtlich schwierig ist, sie genau zu lokalisieren.

Es ist bemerkenswert, daß in dem von Birnbaum herausgegebenen jiddischen Text aus dem Jahr 1396/97 (1, 197 ff.) immer *'wdr* = *ôder* geschrieben ist (Birnbaum 2, S. 14). Da im *Horant* anlautendes *o* immer mit *'w* wiedergegeben wird (*'wrś* 53 = *orsch;* *'wbn* 410 = *oben),* so muß *'dr* wohl sicher *ader* und nicht *oder* bezeichnen.

2a) Inlautend: *lnt* 6 = *lant; hnt* 7 = *hant; hndn* 23 = *handen; stng'* 17 = *śtange; strq* 26 = *śtark; blt* 27 = *balt; lkht'* 39 = *lachte; mgt* 69 = *maget; mgtin* 600 = *magetin* (sonst $m^c gtin$, siehe unter Mhd. ë); *'rqnt* 2 = *erkant; gnnt* 3 = *genant; lnprtn* 6 = *Lanparten; dinmrqtn* 8 = *Denemarkten;* *'wngrn* 11 = *Ungarn; hwrnt* 30 = *Horant;* *'np̊ngn* 51 = *enpfangen; nimnt* 77 = *nimant; wws* 1 = *waś; gwwldiq* 400 = *gewaldik; gwwn* 28 = *gewan; btwwnq* 19 = *betwank; wwld'* 15 = *walde; wwrt* 26 = *wart; wwsr* 439 = *waśer.*

b) Mhd. kurzes *a* kann auch mit *Alef* wiedergegeben werden: *g'ṗ* 52 = *gap; ww'l^{c}r'* 79 = *walëre; ww'lndn* 111 = *walenden; ww'rf* 545 = *warf; sp'rn* 146 = *śparn; g'rb'* 421 = *garbe* (= mhd. *garwe*, vgl. Hebräisch *Beth*); *w'rb'* 421 = *varbe; gl's* 425 = *glaś; śt'ṗ* 564 = *śtap.*

c) Beispiele für die Schreibung desselben Wortes mit und ohne *Alef: g's'* 491, 531 = *gaśe; g'sn* 494, 520 = *gaśen; [g]s'* 324 = *gaśe; gsn* 489, 811; *[s]t'm* 688, *st'm* 694 = *śtam; stm* 691 = *śtam; n'mn* 320, 1008 = *namen* (Subst.); *nmn* 28, 32, 723 = *namen* (Subst.); *'spri'n* 152 = *Aśprian;* *'sprin* 182 = *Aśprian*.

d) Auch im Reim findet sich diese verschiedenartige Schreibung des kurzen mhd. *a*: *ūrn : sp'rn* 145/146 = *varn : śparn;* (aber *ūrn : gsprn* 344/345 = *varn : geśparn); gl's : wws* 425 = *glaś : waś; grs : gl's* 427/428 = *graś : glaś; [s]t'm : lwbzm* 688/689 = *śtam : lobesam* (aber *stm : lwb⟨zm⟩* 691/692 = *śtam : lobesam); wws : n's* 438/439 = *waś : naś.*

Folgerung: Inlautendes mhd. kurzes *a* kann mit oder ohne *Alef* geschrieben werden, ohne daß man annehmen muß, daß verschiedenartige Schreibung Unterschiede in der Aussprache wiedergibt.

3) Auslautendes kurzes mhd. *a* kommt im *Horant* nicht vor.

§ 28

Mhd. langes *â;* Hebräisch *Alef* oder unbezeichnet; Transliteration ' oder unbezeichnet; Transkription *a.*

1a) Anlautend: kommt im *Horant* nicht vor.

b) Inlautend (im Hebräischen im allgemeinen unbezeichnet): *wwrn* 13 = *waren; hn* 13 = *han* (Inf.); *'ikh hn* 350 = *ich han* (diese Formen stehen oft, aber nicht ausschließlich im Reim, z. B. 377, 707, 738, 992); *ht'* 21 = *hate; htn* 33 = *haten* (diese Formen kommen im Mhd. auch mit kurzem *a* vor, Weinhold, § 394); (für mit *Waw* geschriebene Formen von *han* siehe unten no. 2b); *ghn* 65 = *gehan; gtn* 21 = *getan; stn* 62 = *śtan; gn* 587 = *gan; ggn* 79 = *gegan; 'rgn* 83 = *ergan; ln* 75 = *lan; trn* 221 = *tran; gndn* 251 = *genaden;* ⟨*nhn*⟩ 578 = *nahen; wwrhiit* 482 = *warheit;* aber *ww'įn* 774 = *wafen;* und *wwįn* 904 = *wafen* (vgl. unter Mhd. *â* = Hebräisch *Waw,* siehe unter 2b).

Viele dieser Formen, insbesondere die Verben *han, gan, stan* usw. kommen meistens im Reim vor. Vgl. unter 2, wo das mit hebräischem *Waw* geschriebene mhd. *â* behandelt wird.

c) Auslautend: *gr'* 81 = *gra; br'* 81 = *bra; i'* 299 = *ja; niin'* 552 = *neina; d'* 25 (sehr oft) = *da; z'* 50 (sehr oft) = *sa.* Vgl. unten unter Folgerungen (c) und § 34 (1).

2) Mhd langes *â;* Hebräisch *Waw;* Transliteration *w;* Transskription *o.*

a) Anlautend: *p̌ingst 'wbnt* 473 = *pfingeśt obent* (in *p̌ingst ['wbn]* 1022 ist das *-t* vom Schreiber wohl versehentlich ausgelassen. Vgl. Bach I 1 § 8, S. 65: *obende); 'wn'* 350 = *one,* dies ist eine nur einmal im *Horant* vorkommende Form. *â > ô* im Md., aber vgl. Moser I 1, § 75, 2, S. 144: „Dabei ist es auffallend, daß sich das *a* gerade bei *an(e)* (ohne) im Osten wie im Westen bis zum Ende des 15. Jhs. meist hält und sich selbst bis in die zweite Hälfte des 16. Jhs. hinein vorfindet."

b) Inlautend: alle zur 3. und 4. Ablautreihe gehörenden Verben werden im Plural des Präteritums ohne Ausnahme mit *Waw* geschrieben, z. B. *qwmn* 45 = *komen*; *sprwkhn* 533 = *śprochen*; *zwhn* 393 = *sohen*; *gwbn* 423 = *goben*; *lwgn* 471 = *logen*.

Bei anderen Wörtern: *gedwht'* 581 = *gedochte*; *gwb'* 52 = *gobe*; *rwt'* 43 = *rote* (Dat. Sing.); *rwtt* 62 = *rotet* (Imperativ); *iwr* 26 = *jor*; *qimnwt'* 444 = *kemenote*, reimend auf *drwt'* 443 = *drote*; *strwſn* 851 = *śtroſen*; *wrwgn* 860 = *vrogen*; *nwkh* 141 = *noch* (= Präpos. *nach*) [aber *nwkh* 426 = *noch* = mhd. *noch*]; *hwt* 69 = *hot*; *hwst* 175 = *hośt*.

Die Schreibung von mhd. *wâ-* ist beachtenswert: *ww'wgn* 142 = *wogen*; *ww'wndn* 812 = *wonden*. Das Doppel-*Waw* = mhd. *w* wird von dem durch *Waw* bezeichneten Vokal durch ein *Alef* getrennt, so daß drei aufeinanderfolgende *Waws* vermieden werden.

c) Beispiele für die Schreibung desselben Wortes mit oder ohne *Waw*, wenn mhd. *â* unmittelbar auf mhd. *w* folgt. Bis zur Zeile 773 wird das mhd. Wort *waſen* immer *ww'wſn* geschrieben; *ww'wſn rwq* 773 = *woſen rok*; nach Zeile 773 findet man: *ww'ſn rwq* 774 = *waſen rok*; *ww'ſnt* 778 = *waſent*; ⟨*wwſnt*⟩ 877 = *waſent*; *wwſn* 904 = *waſen*; *ww'wſnt'* 887 = *woſente*.

Man kann nicht mit Sicherheit feststellen, ob im *Horant* das *a* in der letzten Silbe des Wortes *Aśprian* lang oder kurz ist. (Vgl. unten unter „Reim".) Es kommt zehnmal im *Horant* in den folgenden verschiedenen Schreibungen vor: mit *Alef*: *'spri'n* 152, und schwer lesbar 515, 781, 807; ohne *Alef* *'sprin* 49, 182, mit *Waw* *'spriwn* 20, 187, 519, 529.

d) Auslautendes mhd. langes *â* wird im *Horant* nicht durch *Waw* wiedergegeben.

Folgerungen: Man kann mit Sicherheit annehmen, daß mhd. langes *â* im Anlaut und Inlaut zu *ô* verdunkelt oder dem *ô* sehr ähnlich ausgesprochen wurde. Die Gründe für diese Annahme sind:

a) Anlautend. mhd. *â* ist immer mit *Alef Waw* geschrieben. Da anlautendes kurzes mhd. *a* mit *Alef* wiedergegeben wird, folgt, daß *Alef Waw* als *ô* zu lesen ist (vgl. Birnbaum 2, 14).

b) Inlautendes mhd. *â* wird entweder nicht bezeichnet oder mit *Alef* oder *Waw* geschrieben. Diese verschiedenartigen Schreibungen führen zu der Annahme, daß mhd. langes *â* verdunkelt ist und eine dem *ô* ähnliche Aussprache haben muß. Da mhd. *ô* immer mit *Waw* geschrieben wird, da also die Aussprache des *ô* eindeutig zu sein scheint, müßte man – da ja mhd. *â* auch mit *Waw* geschrieben wird – annehmen, daß in einigen Fällen *â* = *ô* ist. Aber das Schwanken in der Schreibung des *â* macht es wahrscheinlich, daß die Aussprache des *â* zwischen *â* und *ô* lag, so daß es dem Schreiber anheimgestellt war, welchen Buchstaben er zur Wiedergabe dieses Lautes wählen wollte.

c) Auslautend. Die Folgerung, daß auf Grund der Schreibung von anlautendem und inlautendem mhd. *â* auch im Auslaut mhd. *â* als *ô* zu deuten ist, ist verlockend, läßt sich aber nicht beweisen, weil mhd. auslautendes *â* im *Horant* immer mit *Alef* geschrieben ist. Dies gilt auch für mhd. *dô* und *sô*, Wörter die im allgemeinen mit *Alef* geschrieben sind *(d'* 25, 54 usw. = *dâ*, *z'* 50, 139 usw. = *sâ)*, aber *dw* 346, 592 = *dô*; *zw* 42, 274, 357 = *sô*; *'lzw* 465, 495, *'lz[w]* 484 = *alsô*, gewöhnlich *'lz'* 52, 70 usw. = *alse* (mhd. gibt es *alsô* und *alse*). In diesen zwei Fällen würde *ô* zu *â* geworden sein. Dies wären also Ausnahmen zu den für die im Anlaut gegebenen Beispiele. Eine Erklärung für diese Erscheinung ist schwierig. Bach 1, S. 64–65 nimmt an, daß in dem Wort *dâ* = *dô* der Vokal vielleicht „bei häufig druckschwacher Stellung verkürzt wurde" und daher mit o wiedergegeben wurde. Vielleicht könnte man annehmen, daß der inhaltliche Unterschied zwischen *sâ* und *sô* zur Zeit der Cambridger Hs nicht mehr beachtet wurde. Für *dâ* und *dô* siehe unter „Reim" § 28 a.

Auf jeden Fall ist die sich nicht nur auf Nasale beschränkende Verdunklung des *â* zu *ô* eine bairische oder md. Eigentümlichkeit. Da andere Kennzeichen des *Horant* auf das Md. weisen, kann man auch diese Erscheinung als md. auffassen. (Vgl. Weinhold, § 88, 90; Moser I 1, § 75; Bach I, § 8, S. 65f.; H. Nenmann, S. 150.

a) Der Reim als Prüfstein für die Aussprache des mhd. a und â

Der Name *Asprian* kommt mit Ausnahme von 807 nur im Reim vor und zwar reimt (1) *'spriwn* = *Asprion* auf *gtn* 20 = *getân;*

stn 187 = *štân; gn* 520 und 530 = *gân;* (2) *'spri'n* (mit *Alef*) auf *mn* 152 = *man;* und *'spr⟨i'⟩n* 515 : *'n; 'spri⟨'⟩n* 781 : *lwbezn;* (3) *'sprin* auf *wriišn* 49 und 182. Wenn mhd. *â* im Reim steht wird es durch *Waw* wiedergegeben (Nr. 1). Hierdurch wird die Folgerung, daß mhd. *â* als *ô (Aspriôn)* ausgesprochen wurde noch wahrscheinlicher. Wenn aber *Asprian* auf mhd. kurzes *a* reimt, wird es mit *Alef* oder ohne jede Bezeichnung des Vokals geschrieben (Nr. 2 und 3). In diesen Fällen müßte man daher annehmen, daß der Name *Asprian* mit kurzem oder langem *a*- ausgesprochen werden konnte.

In diesem Zusammenhang muß erwähnt werden, daß das Wort *dâ* nur im Reim auf *vrô* mit *Waw* geschrieben wird: *do : vro* (346, 592).

Im *Horant* wird selbst ein neues Wort gebildet, um einen Reim zu erhalten *qwmn : wriišmn* 259/260 = *kômen : vreischomen* statt *vreischan* oder *vreischam*.

Man könnte also glauben, daß im *Horant* auf reine Reime Wert gelegt wird. Aber genau wie im *Nibelungenlied* und späteren Heldendichtungen findet man im *Horant* eine große Anzahl quantitativ unreiner Reime auf langes mhd. *â* und kurzes mhd. *a* (H. Neumann, S. 159). In allen diesen Fällen steht der Betrachter einem neuen Problem gegenüber. Wenn langes mhd. *â* die Aussprache von *ô* hatte und kurzes mhd. *a* noch *a* ausgesprochen wurde, werden alle diese Reime unrein, z. B. *man : hân* 41/42; *dan : getân* (43/44) usw. Im *Horant* finden wir ein *Waw*, das ein mhd. kurzes *a* wiedergibt: nur in *zwm* 666 = *som, 'lzwm* 429, 569 = *alsom,* aber im Reim *'lzm : ww'wnzm* 510/511 = *alsam : wunesam.* Dies weist darauf hin, daß der Endreim auf kurzes *a* als *a* zu lesen ist. Daraus müßte man folgern, daß die Reime $\breve{a} : \hat{a}$ (= $a : ô$) zur Zeit der Niederschrift der Cambridger Hs unrein waren, daß man also auf reine Reime keinen Wert legte, sondern daß man traditionelle Reime verwertete, ohne sich über die Reimtechnik Rechenschaft abzulegen. Dies steht aber in völligem Widerspruch zu dem Ergebnis der Untersuchung über den Reim $\hat{a} : ô$.

Alle Reime im *Horant* auf mhd. kurzes oder langes *a* sind traditionell. Es gibt also zwei Möglichkeiten der Erklärung: entweder wurde kurzes *a* als *o* gesprochen und dann würden die mhd. Reime *â : a* wegen der Verdumpfung von $\hat{a} > ô$ nur quantitativ unrein sein, oder der Schreiber hat die traditionellen Reime übernommen, ohne der Tatsache Rechnung zu tragen, daß durch die Veränderung der Aussprache mhd. *â : a* keinen reinen Reim in der Sprache seiner Zeit ergibt (Ganz, *JJS* IX [1958] 55–56). Auf keinen Fall kann man also den Reim zur Lösung der Frage nach der Mundart des *Horant* verwerten. Und außerdem muß man fragen, ob die Forderung nach reinen Reimen am Ende des 14. Jahrhunderts noch bestand, aber diese Frage kann hier nicht behandelt werden.

§ 29

Die mittelhochdeutschen e-Laute

(1) Mhd. *ë*; Hebräisch *Ajin*; Transliteration ^{c}; Transkription *ë*.

Der mhd. offene *ë*-Laut wird mit *Ajin* wiedergegeben. *Ajin* steht in offenen und geschlossenen, anlautenden und inlautenden, betonten und schwachbetonten Silben, aber nie im Auslaut und nie vor Vokalen.

Anlautend: ^cs 1 = *ëś*; ^cr 3 = *ër*; ^cbr 613, 692 = *ëber*; $^crd'$ 801 = *ërde*; ^crdn 331 = *ërden*.

Inlautend: d^cr 4 (nom. sing.), 694 (dat. sing. fem.), 88 (gen. plur.) = *dër*; d^cs 90 = *dëś*; d^cm' 36 = *dëme*; d^cn 114 (acc. sing.), 21 (dat. plur.) = *dën*; ww^czn 8 = *wësen*; guw^cst (eine mitteldeutsche Form) 68 = *gewëst*; gl^cgn 23 = *gelëgen*; n^cmn 66 = *nëmen*; l^cbt 108 = *lëbet*; $ds\ l^cbn$ 113 = *daś lëben*; q^cmn 306 (vielleicht Optativ) = *këmen*; ww^crfn 875 = *wërfen*; sww^cbtn 428 = *śwëbeten*; $hirb^crg'$ 268 = *herbërge*; $\acute{s}^cmn$ 40 = *schëmen*. (Nach Schirokauer, S. 3 ff., ist der *e*-Laut in diesem Wort *ë* oder *œ* oder *e*. Im *Horant* aber ist dieses Wort kein Reimwort.)

Der Indikativ des Präteritums von *tuon* wird mit offenem *ë* geschrieben t^ct 515, 780, 849 = *tët* (ohne das *e* der Endung); *tit'* 733 = *tete* mit geschlossenem *e* ist wahrscheinlich Optativ. [Schon hier soll erwähnt werden, daß das Präteritum von *haben* nie mit offenem *ë* geschrieben wird. Der Indikativ ist *ht'* 29, 82, 83, 848 = *hate*; *htn* 33, 57, 870 = *haten*. Der Optativ ist *hit'* 665, 865 = *hete*; *hit' wwir* 303 = *hete wir*. Für die verschiedenen mhd. Formen von *tuon* und *haben* siehe Paul-Mitzka, § 175 und 180, wo auf die diesbezügliche Literatur verwiesen ist.]

Eine Unsicherheit in der Orthographie findet man in dem Wort *biderbe*, das bekanntermaßen *bidèrbe* oder *bedèrbe* betont werden kann (Paul-Mitzka, § 49, II, 6). Im *Horant* kommt vor: *bid^{c}rb'* 103 wohl = *bidërbe*; und *bidrb'* 27, wenn dies kein Schreibfehler – Auslassung des *Ajin* – ist, müßte diese Schreibung *bíderbe* betont werden.

In unmittelbarer Nachbarschaft des hebräischen Buchstabens *Cheth* wird mhd. *ë* nicht mit *Ajin* wiedergegeben, siehe unter *Cheth*.

(2) Mhd. *æ* (= Umlaut des langen *á*); Hebräisch *Ajin*; Transliteration ^{c}; Transskription *ë*.

In betonten Silben: *m^{c}r'* 185 = *mëre*; *gb^{c}rn* 282 = *gebëren* (= mhd. *gebære*); *br^{c}kh'* 603 (optat. praet.) = *brëche*; *br^{c}khtst* 120 (optat. praet.) = *brëchtest* (md. Umlaut, siehe Weinhold, § 388, 3); *ii^{c}mrlikhn* 840 = *jëmerlichen*.

Immer im Suffix mhd. -*ære*: *ww'l^{c}r'* 79 = *walëre*; *mrn^{c}r'* 215 = *marnëre*; *bwrg^{c}r'* 277, 327 = *burgëre*; *bwrg^{c}rs* 319 = *burgërs*; *bwrg^{c}rin'* 395 = *burgërine*; *zwwm^{c}r'* 388 = *soumëre*.

In unbetonter Silbe: *trwkhz^{c}sn* 816 = *truchsëśen* (siehe Paul-Mitzka, § 25).

Vielleicht gehört das Wort *š^{c}mn* 40 = *schëmen, schœmen*, das unter mhd. *ë* erwähnt ist, hierher.

(3) Mhd. *ä*; Hebräisch *Ajin*; Transliteration ^{c}; Transkription *ë*.

Mhd. *ä* kommt im Text des *Horant* sehr selten vor. Es ist daher beinahe unmöglich, die Umschrift des Schreibers genau festzulegen.

p̌^{c}rt 53, 164, 165, 177 usf. = *pfërt* (mhd. *phärit, phärt*); *m^{c}rmlin'* 431, 446 = *mërmeline* (mhd. *marmelin, mermelin, märmelin*). Noch fraglicher ist *ä* in den Wörtern: *qrist^{c}lin* 423 = *kristëlin* (mhd. *kristallin*); *š^{c}mn* 40 = *schëmen* (mhd. *schämen, schëmen, schæmen*, siehe unter mhd. *ë*). Andere Wörter, die mit *Ajin* geschrieben werden, und die vielleicht trotz anderer mhd. Schreibung hierher gehören könnten, sind unter den Ausnahmen am Ende des Abschnittes der *e*-Laute verzeichnet. Aber das Wort *gvilt* 361, 596 = *gevelt* (mhd. *gevält*) muß schon hier erwähnt werden, da *ä* in diesem

Wort einen geschlossenen Laut wiedergibt. Dadurch wird die Aussprache und die Stellung des *ä* innerhalb der *e*-Laute noch fraglicher.

(4) Mhd. *ê;* Hebräisch *Jod;* Transliteration *i;* Transkription *e.*

Man findet nur wenige, aber eindeutige Beispiele im *Horant.*
Anlautend: *'ir'* 265, 457 = *ere;* '*irn* 60, 64, 417, 512, 815 usw. = *eren;* '*irstn* 264 = *ersten;* '*i* 545, 601, 602, 670 usw. = *e* (mhd. *ê*).
Inlautend: *hir'* 37 = *here* (mhd. *hêrre*); *hirn* 13 = *heren* (nom. plur.); *hir'* 38, 72 = *here* (adj. mhd. *hêre*); *zir'* 39 = *sere;* wlihn 195 = *vlehen* (mhd. *vlêhen*); *lir'* 263 = *lere;* *git* 533 = *get;* *stit* 380 = *stet;* *qirn* 383 = *kern;* *ṣwwin'* 560, 565 = *zwene;* *ṣwwinṣiq* 257, 472 (vgl. Weinhold, § 337: *zwênzic;* Bach 1, S. 76 *zwenzig*).
Auslautend: *zi* 301 = *se;* *mi* 302 = *me* (der Reim *zi : mi* = mhd. *sê : mê* findet sich im *Horant* 301 : 302; 305 : 307; 342 : 344); *nwmi* 216 = *nume;* *nwmr mi* 438 = *numer me.*

(5) Mhd. *e;* Hebräisch *Jod;* Transliteration *i;* Transkription *e.*

In betonten, offenen und geschlossenen Silben:
Anlautend: *'ind'* 61 = *ende;* '*idln* 296 = *edelen;* '*istrikh* 426 = *estrich;* '*itn'* 3 = *etene.* Man könnte diesen Namen auch *itene* lesen.
Inlautend: *rid'* 74 = *rede;* *mirs* 221 = *meres;* *mir'* 339 (dat. sing.) = *mere;* *gign* 394 = *gegen* (Paul-Mitzka, § 41, Anm. 2, 2; Bach 2 S. 57–58; H. Neumann, S. 149); *tit'* 733 = *tete* (wahrscheinlich Optativ, siehe unter mhd. *ë*); *hit'* 665, 865 = *hete;* *hit' wwir* (Optativ, siehe unter mhd. *ë*); *mingin* 797 = *menegin;* *iigtn* 35 = *jageten,* oder vielleicht *jegeten;* vgl. § 11.
hilt 23 = *helt;* *hild'* 472 (plur. nom.) = *helde;* *hir* 220 = *her (exercitus);* *hirṣwg'* 30 = *herzoge;* *bzindt* 41 = *besendet;* *mir* 219, 242, 245 = *mer;* *qriftigs* 243 = *kreftiges;* *lingr* 261 = *lenger;* *bist'* 366 = *beste;* *hirb*ᶜ*rg'* 288 = *herberge;* *gist'* 299 = *geste.*

(6) Mhd. *e;* Hebräisch *Alef;* Transliteration ';* Transkription *e.*

Mhd. *e* wird mit dem hebräischen Buchstaben *Alef* wiedergegeben:
a) In den unbetonten Präfixen *en-* und *er-:* '*np̌ngn* 51 = *enpfangen;* '*np̌n* 970 = *enpfan;* '*rbrmn* 235 = *erbarmen;* '*rqnt* 2 = *erkant;* '*rzkh* 840, 882 = *ersach.*

b) Am Wortende und in unbetonten Mittelsilben: *iwng'* 39 = *junge;* *wwil'* 33 = *wile;* *biid'* 63 = *beide;* *ww^{c}rd'* 42 = *werde;* *bgwnd'* 859 = *begunde;* *'iin'* 15 = *eine;* *d^{c}m'* 24 = *dëme;* *'lz'* 437 = *alse;* *mwkht'* 71 = *mochte;* *min'qlikhn* 995 = *mineklichen;* *wwnqlikh* 501 = *wuneklich.*

(7) Mhd. *e;* Hebräisch nicht bezeichnet; Transliteration nicht bezeichnet; Transkription *e.*

Es ist zweifelhaft, ob ein mhd. *e* in betonter Silbe im hebräischen Text unbezeichnet gelassen wird. Die folgenden Fälle, in denen ein betontes *e* ausgelassen ist oder ausgelassen zu sein scheint, kommen im *Horant* vor; *bdqt* 162 = *bedeket.* Hier ist aller Wahrscheinlichkeit nach irrtümlicherweise vom Schreiber ein *Jod* ausgelassen worden. Denn sonst wird dies Wort immer mit *Jod* geschrieben: *diqn* 156, 203 = *deken* (infin.); *bdi⟨q⟩t* 387 = *bedeket;* *bid diqt* 783 = *bedeket* (ein Schreibfehler in der Vorsilbe); *diq'* 961 = *deke* (Substantiv), *ds* 176 = (?unbetontes *e*) *deś.*

Die verschiedenartige Schreibung von *biderbe* ist oben unter mhd. *ë* behandelt worden.

In allen anderen hierhin gehörenden Fällen fehlt ein mhd. betontes *e* nach dem mhd. Buchstaben *w* Hebräisch *ww.* Bei der Behandlung des mhd. *u, o* wird gezeigt werden, daß mhd. *u* oder *o* nach mhd. *w* im Hebräischen unbezeichnet gelassen werden kann. Im *Horant* wird das im Normalmhd. geschriebene *e* in den folgenden oft vorkommenden Wörtern nie geschrieben: *ṣwwlf* 46 = *zwelf,* und den folgenden Formen von mhd. *wellen:* *wwl'* 231, 239 = *wele;* *wwlt* 451 = *welet;* *wwln* (1. plur. praes.) 519, 520, 553 = *welen;* ⟨*wwltir*⟩ 997 = *weltir.* [Dieselbe Schreibung wird in dem Präteritum verwandt, wo der Vokal ein *o* ist, z. B. *wwldn* 188 = *wolden.*] In allen diesen Fällen haben wir in der Transkription *o* geschrieben. Im Elsässischen und Md. kommt statt *zwelf* auch *zwolf, zwulf* vor. Es ist also sehr zweifelhaft, ob unbetontes *e* wirklich ausgelassen worden ist. Wir schreiben im Text *zwolf.*

(8) Mhd. *e* in unbetonten Silben wird im Hebräischen nicht bezeichnet.

(a) Zwischen hoch- und tieftoniger Silbe.

Wenn die hochtonige Silbe auf *b*, *d* oder *g* endet, muß man annehmen, daß ein *e*-Laut *(Schwa)* gesprochen wurde, da andernfalls Auslautsverhärtung eingetreten wäre. Dieser *Schwa*-Laut wird in der hebräischen Schreibung der Hs. natürlich nicht wiedergegeben, z. B. *hwbšr* 80 = *hubescher; lwblikh* 50 = *lobelich; mildst'* 28 = *mildešte; p̌ingstn* 42 = *pfingešten; bringstw* 126 = *bringeštu*.

In allen anderen Fällen kann man oft nicht entscheiden, ob *e* an dieser Stelle eingesetzt werden muß. Wir haben *e* prinzipiell in der Transkription eingefügt, z. B. *dinstman* 76 = *dineštman; ww'lndn* 111 = *walenden; gswgnlikhen* 128 = *gezogenlichen;* daher haben wir auch in der Deklination das *e* prinzipiell eingesetzt, z. B. *qwniq* 1 = *kunik; qwngs* 90 = *kunegeš; qwng'* 37 (dat. sing.) = *kunege; qwng'* 46 (plur.) = *kunege;* und die Form *qwngin* 38 = *kunegin*.

(b) In unbetonten Vorsilben und gedeckten Endsilben.

Auch hier haben wir in der Transkription das *e* immer eingefügt mit Ausnahme der Verben, deren Stamm auf *-r* endet, z. B. *ṽrn* 145 = *varn; sp'rn* 146 = *šparn; ṽwr lirn* 135 = *vor lirn*.

Vorsilben: *btwwnq* 19 = *betwank; bqm* 274 = *bekam; gwwn* 28 = *gewan; gww^cst* 68 = *gewëst; ghn* 65 = *gehan; gtn* 21 = *getan; ṣhnt* 45 = *zehant*.

Gedeckte Endsilben: *'wndr* 12 = *under; 'wwr* 446 = *uwer; brwdr* 49 = *bruder; d^cgn* 22 = *dëgen; dintn* 23 = *dinten; wrwwn* 949 = *vrouen; mgt* 69 = *maget; 'irgnt* 70 = *irgent*.

Vor- und Endsilben: *gl^cgn* 23 = *gelëgen; bzindt* 41 = *besendet; bslgn* 158 = *bešlagen; bwwrn* 265 = *bewarn; gg^cbn* 176 = *gegëben; gziln* 29 = *geselen*.

Ausnahmen bilden: *bid diqt* 783 = *bedeket*. Schon die Trennung von Präfix und Stamm und die Verdoppelung des *d* ist ein Schreibfehler und die Zufügung des unbetonten *e (Jod)* im Präfix ist wohl der zweite; *qimnwtn* 757 = *kemenoten*.

Ausnahmen: Nicht übereinstimmend mit dem Normalmittelhochdeutschen steht in der Cambridger Hs *Ajin*, also offenes mhd. *e*, in den folgenden Wörtern: ^c*ntwwrt* 128 = *ëntwurt* (praet.); ^c*ntwwrt'* 265, 345 = *ëntwurte;* ^c*rbiit* 339 = *ërbeit;* ^c*st'* 410 = *ëste; m^cgtin* 107, 112, 127, 604, 607, 628 usw. = *mëgetin* (nur 600 fehlt das *Ajin*; dort wird *mgtin* = *magetin* geschrieben); *[l]^cs[...]likh* 851 = *lësterlich*.

Statt eines mhd. offenen *e* wird das Wort *wënec* mit geschlossenem *e* geschrieben: *uwiniq* 991 = *wenik*.

Bereits erwähnt ist, daß der Schreiber des *Horant* einmal den Vokal der Vorsilbe *be-* ausschreibt, freilich in einem Wort, in dem er noch einen anderen Schreibfehler macht: *bid diqt* 783 = *bedeket*.

Folgerungen: Mit großer Regelmäßigkeit schreibt die Cambridger Hs für normalmhd. *ë* und *œ Ajin* und für normalmhd. *ê* und betontes *e Jod*. Daraus kann man folgern, daß mhd. *ë* und *œ* ähnlich oder gleich ausgesprochen wurden. (Für die Feststellung der Aussprache des mhd. *ä* reichen die Beweise nicht aus.) Der Schreiber differenziert also zwischen offenem und geschlossenem *e*-Laut, in anderen Worten, er macht zwischen den Qualitäten und nicht den Quantitäten der *e*-Laute einen Unterschied.

Dieses Resultat scheint mit den Ergebnissen der Forschung über die *e*-Laute übereinzustimmen. Aber es ist bemerkenswert, daß die Untersuchung des Lautstandes des *Horant* nicht auf dem Reim beruht. Reime sind, zum mindesten in der mhd. Spätzeit, für die mundartliche Bestimmung des Lautwertes von zweifelhaftem Wert, da sie oft traditionell sind und von einer Mundart in die andere gewandert sein können. Man wird auf Grund der Unterscheidung der *e*-Laute im *Horant* noch einmal kritisch untersuchen müssen, wann *œ* und *ë* zusammengefallen sind, wenn dies wirklich bereits in mhd. Zeit geschehen ist. Eine ähnliche Entwicklung, wie sie in unserer Hs angedeutet ist, scheint auch in bairischen Mundarten stattgefunden zu haben. Siehe E. Kranzmayer, *Historische Lautgeographie des gesamtbairischen Dialektraumes*, Wien 1956, § 2. Vgl. auch Zwierzina, *ZfdA* XLIV (1900) 249f.; Bach 1, S. 40, 42, 65.

Die Differenzierung der *e*-Laute in der Cambridger Hs, deren Sprache md. ist, beweist wiederum, daß der Schreiber keiner handschriftlichen Quelle mechanisch gefolgt sein kann, sondern daß er niedergeschrieben hat, was er hörte, und daß er die Qualität der *e*-Laute phonetisch wiedergeben wollte. Es bleibt fraglich, ob ein Unterschied zwischen der „ganz offenen Qualität" des *æ* und der mittleren Qualität des *ë* bestand (Paul-Mitzka, § 13, Anm. 4). Es bleibt ferner fraglich, ob die Aussprache des geschlossenen *e*, das mit *Jod* geschrieben wird, dem *i*-Laut ähnlich war. Beachtenswert ist, daß geschlossenes *e* immer mit *Jod* wiedergegeben wird, während in deutschen Hss geschlossenes *e* nur manchmal mit *i* geschrieben worden ist (Bach 1, S. 42). Die Schwierigkeit, den geschlossenen *e*-Laut in hebräischen Buchstaben zu bezeichnen, mag ein entscheidender Faktor für die Schreibweise der Cambridger Hs gewesen sein.

§ 30

Mhd. *i* = Hebräisch *Jod;* Transliteration *i;* Transkription *i*.

In betonten offenen oder geschlossenen Silben wird der *i*-Laut immer mit *Jod* geschrieben. Es wird kein Unterschied zwischen langem und kurzem Vokal gemacht:

Vor anlautendem *i* befindet sich immer ein *Alef*, das andeutet, daß das ihm folgende *Jod* als Vokal zu lesen ist: '*ikh* 64 = *ich*; '*in* (acc. sing.) 579, (dat. plur.) 52, (Präposition) 70; '*im*' 7 = *ime*; '*ir* 75 = *ir*; '*irgent* 70 = *irgent*; '*ist* 89 = *iśt*; *mild*' 3 = *milde*; *mir* 281 = *mir*; *zikh* 15 = *sich*; *wil* 34 = *vil*; *spil* 35 = *śpil*; *zilber* 53 = *silber*; *bis* 58 = *biś*; *dir* 38 = *dir*; *wwir* 41 = *wir*; *bidrb*' 27 = *biderbe*; (*bid^crbe* 103 = *bidërbe*) (vgl. Paul-Mitzka, § 49, II, 6); *ritr* 148 = *riter*; *nign* 223 (Praet. Plur.) = *nigen*; *rinq* 79 = *rink*; *dringn* 253 = *dringen*; *gwwirqt* 209 = *gewirket*; *wwirt* 362 (Subst.) = *wirt*; *zi* 67 = *si*.

lip 135 = *lip*; *wwit* 56 = *wit*; *min* 37 = *min*; *zinr* 6 = *siner*; *zinn* 22 = *sinen*; *wwiz*' 73 = *wise*; *zit* 280 = *sit*; *zin* (inf.) 137 = *sin*; *wwignt* 16 = *wigant*; '*izn* 787 = *isen*; *dri* 15 = *dri* oder *drie*.

In halbbetonten und unbetonten Silben wird der *i*-Laut durch *Jod* wiedergegeben, auch in den Endsilben *-in, -iq, -lich*: *hwkhṣit* 42 = *hochzit*; *hwkhgṣit* 55 = *hochgezit*; *smit* 774 = *śamit*; *bid^crbe* 103 = *bidërbe*; *ṣuwinṣiq* 472 = *zwenzik*; *drisiq* 84 = *driśik*; *qwniq* 1 = *kunik*; *qwngin* 91 = *kunegin*; *m^cgtin* 107 = *mëgetin*; *sthlin*' 17 = *śteheline*; *gwldin* 47 = *guldin*; *bldqin* 562 = *baldekin*; *mniq* 23 = *manik*; *gwwldiq* 400 = *gewaldik*; *lwblikh* 50 = *lobelich*; *wwnqlikh* 53 = *wuneklich*.

§ 31

Mhd. *ie* = Hebräisch *Jod;* Transliteration *i;* Transkription *i*.

Der mhd. Diphthong *ie* wird niemals mit zwei hebräischen Buchstaben wiedergegeben: *di* 9 = mhd. *die*; '*i* 28 = mhd. *ie*; '*iglikhr*

562 = *ieklicher* (vgl. Paul-Mitzka, § 44, Anm.); *kni* 139 = mhd. *knie; his* 20 = mhd. *hiez; libr* 37 = mhd. *lieber; lid'* 93 = mhd. *liede; tir* 697 = mhd. *tier; qrikhn* 88 = mhd. *kriechen; dinstmn* 76 = mhd. *dienestman; šir'* 284 = mhd. *schiere; dri* 15 = mhd. *drie* oder *drî; ginq* 61 = „*gienc* (md. auch *ginc*) bleibt md. die gewöhnliche Form." (Paul-Mitzka, § 176, Anm. 3; vgl. Schirokauer, *PBB* XLVII [1923] 32ff.) Im *Horant* kommt die oberdeutsche Form *gie* nicht vor.

Man kann aus der Schreibung *Jod* = *i* für mhd. *ie* nicht schließen, daß der Schreiber des *Horant* den nur schwer mit hebräischen Buchstaben wiederzugebenden Diphthong *ie* phonetisch nicht hat bezeichnen wollen; denn zu seiner Zeit hatte vielleicht in seiner Umgebung Monophthongierung stattgefunden. Diese Frage kann auch nicht durch die Betrachtung der Reime auf -*ie*- gelöst werden: 453/454 *nit : dit* = mhd. *niet : diet;* 465/466 *dit : šit;* 789/790 *dit : š⟨it⟩* = mhd. *diet : schiet;* 139/140 *qni : hi* = mhd. *knie : hie,* denn in diesen traditionellen Reimen kann sich die Aussprache im Laufe der Jahrhunderte geändert haben. Daß die Reime übernommen worden sind, kann man aus Weinhold, § 244, 2 ersehen.

§ 32

Mhd. *i* und *ie* = Hebräisch *Waw;* Transliteration *w;* Transkription *u.*

Mhd. *iemer, niemer* usw. werden in der Cambridger Hs immer mit *Waw* geschrieben, also (alle im *Horant* vorkommende Fälle): '*wmr* 140, 225, 376 = *umer; nwmi* 216 = *nume; nwmr mi* 438 = *numer me; nwmr* 210, 436, 562, 573, 784, 820, 973, 1027.[19] Vgl. Moser, I 1 § 66, 2 (S. 109, 113), der darauf hinweist, daß „Mhd. *ie* bei eingetretener Verkürzung *i* im 13. Jahrhundert von Nasal zu *ü* gerundet worden zu sein ... scheint", und zwar im „Al. und besonders md. sehr häufig, schwäb. und ofr. seltener im 14. und 15. Jahrhundert..." Im Md. kommt auch *ommer* vor.

---

[19] Im *Horant* findet man *nwmr* nur in der Formel *di numer bešer* (*schoner* 436, 573) *mochte(n) sin;* daher muß 210 emendiert werden: statt *bistn* lies *bisr.*

Bach 1 § 19, 6, S. 88 und 46 schlägt vor, *u* in *ummir, numir* als *ü* zu lesen, nimmt aber an, daß *ü* zu *i* entrundet wird.[20]

In der Cambridger Hs ist die Wiedergabe des Mhd. *ie* durch *Waw* mit einer einzigen Ausnahme auf die oben erwähnten Beispiele beschränkt.[21] (Fuks, S. 5, Zeile 58 *blimen* ist ein Lesefehler für *blwmn* = *blumen*.) Daher bietet die Schreibung dieser Wortgruppe keine Grundlage für die Feststellung der Aussprache des mhd. *ie*. Vielleicht könnte man zu der Annahme neigen, daß der jüdische Schreiber hier deutsche – wahrscheinlich md. – Schreibgewohnheit nachahmt.

§ 33

Mhd. *ei*; Hebräisch *Jod Jod*; Transliteration *ii*; Transkription *ei*. Mhd. *ei* wird immer mit Doppel-*jod* wiedergegeben.

'*iin* 1 = *ein;* '*iin*' 64 = *eine;* '*iinn* 160 = *einen;* '*iins* 553 = *eineś;* '*iinr* 66 = *einer;* '*iim*' 161 = *eime;* '*iign* 127 = *eigen;* *niin*' 552 = *neina;* *qliidr* 399 = *kleider;* *hiiśt* 146 = *heiśt;* *ṣwwiiq* 616 = *śweik;* *wriiśn* 181 = *vreiśchan;* *ṣiigt* 323 = *zeiget;* ᶜ*rbiit* 339 = *ėrbeit*.

Mhd. *ei* < *agi ziit*' 665 = *seite;* *gziit* 369 = *geseit;* *miid*' 648 = *meide;* *liit*' 508 = *leite;* *liitn* 516 = *leiten*.

ṣwwii 529 = *zwei*.

§ 34

Die mittelhochdeutschen o- und u-Laute

(1) Mhd. *o* und *u;* Hebräisch *Waw;* Transliteration *w;* Transkription *o* oder *u*.

---

[20] Es ist beachtenswert, daß im Lateinischen ein ähnlicher Wechsel stattfindet: kurzes *u* wird kurzes *i*, zum Beispiel, lacrumae 〉 lacrimae, optumus 〉 optimus, intumus 〉 intimus. Siehe R. Coleman, „Some Allophones of Latin /i/", *Transactions of the Philological Society*, Oxford 1963, 80–104.

[21] *mwt* Fuks, S. 19. 144 = *mut* = *mit*. Über dem *Waw* ist ein mir unverständlicher Punkt. Die anderen Fälle in der Cambridger Hs sind: '*wmr* Fuks 6. 80; 17. 103; 27. 344; '*wmr mi* 26. 306; '*wmr mir*' 33. 465; 21. 206/7; *nwmr* 20. 184; 21. 186; 30. 405; 38. 41; 38. 42; *nwmr mi* 28. 347; *nwmr m*〈*ir*'〉 29. 372. Das Wort *hwlf̄*' = *hulfe* 4. 18; 14. 36; 14. 39; 23. 247 ist mitteldeutsch. Das *Waw* gibt hier ein *u* und kein *i* wieder.

Da das hebräische *Waw* sowohl *o* als auch *u* bezeichnen kann, muß man sich bei der Deutung dieser Vokale mehr oder minder willkürlich entscheiden.

Mit gewissen in Regeln zu fassenden Ausnahmen wird mhd. kurzes und langes *o* und kurzes *u* immer als *Waw* und nie mit einem anderen hebräischen Buchstaben wiedergegeben. Daher werden diese mhd. Vokale in diesem Paragraphen zusammen behandelt. Mhd. langes û dagegen kann auf verschiedene Weise durch hebräische Buchstaben bezeichnet werden und soll daher in den folgenden Paragraphen besonders besprochen werden.

Wenn *o* oder *u* am Anfang eines Wortes steht, wird es mit einem vorhergehenden *Alef* geschrieben. Das *Alef* deutet nur an, daß das ihm folgende *Waw* als Vokal auszusprechen ist. Beispiele: 'wrš 53 = *orsch*; 'wbn' 255 = *obene*; 'wkh 10 = *och* (s. Paul-Mitzka, § 10, Anm. 3); 'wngrn 11 = *Ungarn*; 'wn 4 = *unde*; 'wndr 8 = *undr*; 'wrlwṗ 226 = *urlop*.

Beispiele für langes und kurzes inlautendes *o*: šwn' 4, 10 = *schone*; qrwn' 4, 9, 12 = *krone*; twt 23 = *tot*; hwkhgṣit 55 = *hochgezit*; trwst' 249 = *troste*; hwrt' 492 = *horte*; hwh' 344 = *hohe*; bwtn 44 = *boten*; lwblikh 50 = *lobelich*; v̄wn 11 = *von* (niemals *van*); v̄wr 173 = *vor*; bwdm' 254 = *bodeme*; hwf 294 = *hof*; hwrnt 36 = *Horant*: gbwrgn 298 = *geborgen*; dinwkh 302 = *denoch*; mwkht' 71 = *mochte*; šwl 77 = *schol*; šwldn 207 = *scholden*; wwitwlt 16 = *witolt*; ṣiṣiliwn 7 = *Zizilion* (oder *Zezilion*).

Beispiele für kurzes inlautendes *u*: iwng' 39 = *junge*; mwgn 262 = *mugen*; ww'wnzn 257 = *wunesan*; qwrṣ' 33 = *kurze*; stwndn 35 = *stunden*; hwndn 36 = *hunden*; mwnt 174 = *munt*; twsqn 7 = *Tuśkan*; mwrwnq 149 = *Morunk*.

Beispiele für auslautendes *o* und *u*: wrw 199 = *vro*; dw 346, 592 = *do*; zw 42, 274, 357 = *so* (für die Schreibung d' = *da* und z' = *sa*, vgl. mhd. langes *â*, Folgerung c); 'lzw 465, 495 = *also*; 'lz[w] 484 = *also*; gewöhnlich wird dieses Wort 'lz' 52, 70, 252 usw. = *alse* geschrieben; du 120 = *du*; šwltw 74 = *scholtu*; šwldstw 125 = *scholdestu*; nw 62 = *nu*; ṣw 8 = *zu*; ṣw stwrt 92–93 = *zu śtoret*.

Wenn kurzes oder langes betontes *o* oder *u* direkt auf den mhd. Buchstaben *w* folgt, würden – da mhd. *w* mit Doppel-*waw* geschrieben wird – 3 *Waw* hintereinanderstehen. Dies wird immer vermieden. Zwei verschiedene Schreibweisen werden verwendet:

a) Zur Abgrenzung des Vokales von dem vorhergehenden Konsonant *w* wird ein *Alef* zwischen diese Buchstaben eingeschoben *(ww'w)* oder

b) der Vokal wird ausgelassen. Selbstverständlich läßt sich keine Regel für die verschiedene Schreibweise feststellen, die oft in ein und demselben Wort variiert. Es muß hier bemerkt werden, daß in der von S. Birnbaum herausgegebenen Handschrift keine Beispiele hierfür vorkommen.

Beispiele für Doppelschreibungen: *ww'wlqn* 247 = *wolken*, aber *wwlqn* 609; *ww'wnzm* 511, 1020 = *wunezam*, *ww'wnzn* 257, 269 = *wunesan*, aber *wwnzn* 69; *ṣww'wr* 754 = *zewor*, aber *ṣwwr* 363; *ww'wnqlikh* 270, 326, 960, 1024 = *wuneklich*, *ww'wn'qlikhn* 278 mit einem nach den allgemeinen Schreibregeln nicht vorkommenden *Alef* zwischen *n* und *q*, aber *wwnqlikh* 53, *wwnqlikh'* 274 usw. (*wwiqlikh* 371 ist offensichtlich ein Schreibfehler für *wwnqlikh* oder *ww'wnqlikh*).

Langes mhd. *ô*: *ww'w* 1005 = *wo*. Für weitere Beispiele siehe unter mhd. *â*, da mhd. langes *â* in der Cambridger Hs oft mit *Waw* geschrieben wird, also in aller Wahrscheinlichkeit zu *ô* verdumpft war.

Der Vokal *o* oder *u* wird nach Doppel-*waw* des öfteren ausgelassen, z. B.: *wwrdn* 199 = *worden* (Part. Prät.); *wwrdn* 51 = *wurden* (Prät.); *wwrd'* 117 = *wurde*; *wwndrs* 82 = *wunderś*; *wwndrn* 144 = *wundern*; *twwng⟨t⟩* 402 = *twunget*; *ᶜntwwrt'* 189 = *ëntwurte*.

Der Vokal wird nie geschrieben in den häufig vorkommenden Wörtern *wwl* 43, 51, 65 usw. = *wol* und den verschiedenen Formen von Mhd. „wollen". Zum Beispiel: *wwld'* 131 = *wolde*; *wwldn* 188 = *wolden*; *wwlt* 451 = *wolet*; ⟨*wwltir*⟩ 997 = *woltir*; *wwldt* 365 = *woldet*; *wwl'* 231 = *wole*; *wwln* 519 = *wolen*. Da das *o* (oder *u*) nach Doppel-*waw* nicht bezeichnet zu werden braucht, so kann man die Formen des Präteritums ohne weiteres wie die Normalform mit *o* lesen. Aber man kann nicht entscheiden, ob das *o* auch in die Präsensformen eingesetzt werden muß. Da ein *e* in betonter Silbe fast immer mit hebräischen Buchstaben bezeichnet wird (vgl. *e*-Laute § 30, 7), so deutet die Auslassung des Vokals und die Gleichheit der Schreibweise vielleicht darauf hin, daß hier ein *o* zu lesen ist. Diese Vermutung wird durch das folgende Beispiel verstärkt: *wwrdn* 199 = *worden*; *wwrden* 51 = *wurden*;

aber w^erdn 71 = wërden (Infin.) und ww^erd' wwir 42 = wërde wir. Der Schreiber macht also einen graphischen Unterschied zwischen wu- und wo- einerseits und wë- andererseits. Aber die Qualität des e in wellen ist nicht eindeutig für unseren Text festlegbar. Wir haben überall ein o eingesetzt. Wegen der Unsicherheit dieser Interpretation darf man von diesen Formen nicht auf eine bestimmte Mundart der Hs schließen (Weinhold, § 421–423, Schirokauer, S. 31).

Die mhd. Vorsilben ver- und zer-, ze- werden immer mit *Waw* geschrieben und nie mit dem zugehörigen Verb verbunden. Da eine Entscheidung über den Lautwert dieses *Waw* unmöglich ist, haben wir in der Transkription für v̄wr- vor und für ṣw- zu eingesetzt. Die Form zer- mit r am Ende kommt im *Horant* nicht vor. v̄wr lirn 135 = vor lirn; v̄wr lwrn 95 = vor lorn; v̄wr nm 109 = vor nam; v̄wr zwkh' 169 = vor suche; v̄wr' gn 466 = vore gan; 'wm' vinq 171 = ume vink; ṣw stwrt 92/93 = zu storet. H. Neumann (S. 148) führt aus, daß die Vokale dieser Vorsilben nicht als Kriterium für eine Mundart angesehen werden können.

(2) Mhd. langes û; Hebräisch *Waw*; Transliteration w; Transkription u.

Anlautend: 'ws 14 = uś; 'wf 138 = uf.

Inlautend: hws 295 = huś; trwrn 236 = truren; lwt' 252, 608 = lute, aber lwwt' 248; lwtr 427 = luter, aber lwwtr 270; twznt 305 = tusent.

Auslautend kommt mhd. langes û nicht vor, wenn man nicht annimmt, daß in den Wörtern nw 62 = nu und dw 175 = du Vokaldehnung stattgefunden hat. (Vgl. Paul-Mitzka, § 2, Nr. 7 und § 23 Anm. 2.)

(3) Mhd. û; Hebräisch Doppel-*waw*; Transliteration ww; Transkription ou oder u.

zwwr 136 = sour (mhd. sûr); lwwtr 270 = louter (mhd. lûter), aber lwter 427 = luter; lwwt' 248 = loute (mhd. lûte), aber lwt' 252, 608 = lute; lzwwr' 419 = lasoure (mhd. lasûr); tnbwwrn 761 = tanbouren (mhd. tanbûr(e), tanbur; tampour Lexer s. v.) (vgl. aber bwzwnn 762 = busunen); v̄wwst 837 = vuśt (mhd. vust).

Folgerungen: Der Diphthong *ou* oder *au* wird immer mit den zwei hebräischen Buchstaben *Waw-Waw* geschrieben. Hybride Formen wie *tnbwwr* deuten vielleicht auf eine gewisse Unsicherheit der Schreibweise bei selten vorkommenden Ausdrücken hin, wobei es unentschieden gelassen werden muß, ob der Schreiber den mhd. Diphthong *ou* oder den aus mhd. langem *û* hervorgegangenen neuhochdeutschen Diphthong *au* phonetisch umschreiben wollte. Aber die Schreibweise von den bekannten Wörtern *zwwr* 136 = mhd. *sûr*, nhd. *sauer*, die Doppelschreibung *lwtr* 427 und *lwwtr* 270 = mhd. *lûter*, nhd. *lauter* und *lwt'* 252, 608, *lwwt'* 248 = nhd. *laut*, legt es nahe an die Diphthongierung des mhd. *û* zu *au* zu denken (s. Birnbaum 2, S. 15). Die Doppelformen und die hybriden Schreibungen weisen auf eine gewisse Unsicherheit der Aussprache hin, eine Unsicherheit, die zur Zeit der Entstehung des Neuhochdeutschen als natürlich anzunehmen sein dürfte. Alles dies würde gut in die Zeit der Entstehung unserer Hs passen, und zwar besonders in das md. Gebiet. Aber es ist wohl unmöglich, aus der Verschiedenheit der Schreibweise die Aussprache zu erschließen.

Hieraus ergibt sich die **Aufgabe des Herausgebers**: Er könnte mechanisch in allen erwähnten Fällen *ou* oder *au* oder sogar *ū* in die Transkription einsetzen und auf diese Weise einen normalisierten Text schaffen, oder aber er könnte die Verschiedenartigkeit des handschriftlichen Textes so genau wie möglich wiederzugeben versuchen. Dies haben wir getan, obgleich wir uns dessen bewußt sind, daß dieser Entschluß starker Kritik unterworfen werden kann. Wir glaubten, auch in der Transkription das Bild der Hs darstellen zu müssen, selbst wenn die Transkription dadurch der Transliteration sehr nahe gerückt wird.

§ 35

Mhd. Diphthonge ou und uo

(1a) Mhd. *ou*; Hebräisch Doppel-*waw*; Transliteration *ww*; Transkription *ou*.

'wwgn 590 = *ougen*; *bwwm* 445 = *boum*; *hwwbt* 81 = *houbet*; *šwwn* 478 = *schouen*; *šwwtn* 276 = *schouten*; *zwwm^{c}r'* 388 =

soumëre; glwwbn 365 = *gelouben,* aber *glwbn* 369 (Transkription *gelouben*).

Das Wort *wrwwn* 64 = *vrouen* wird immer mit Doppel-*Waw* geschrieben und muß daher sicher = *vrouen* gedeutet werden. Für die Schreibweise dieses Wortes in der thüringisch-sächsischen Kanzleisprache, siehe Bach 1, S. 80: „vor vokal steht meist *ow* ...: *vrowen/vroven* ..., fast immer *vrowen* ..., selten diphthong und *w*: *vrouwen/wrouwen* ..."

Zu erwähnen wäre hier noch die Schreibung *minlwws* 96 = *Menelouś*.

(1b) Mhd. *ou;* Hebräisch *Waw;* Transliteration *w;* Transkription *ou* oder *o*.

Unter (1a) ist bereits die Schreibart *glwbn* 369 = *gelouben* vermeldet. Außerdem wird ein *Waw* für mhd. *ou* in den folgenden Fällen geschrieben: *'wrlwṗ* 222 = *urlop* (mhd. *urloup*); *qwfmn* 322 = *kofman;* *'wkh* 29 = *och,* mhd. *ouch, ôch, och* (s. Paul-Mitzka, § 10 Anm. 3); *'wnglwb⟨iq⟩* 363 = *ungelobik;* *zwkht* 1012 = *suchet* (mhd. *suochet*) im Reim mit *grwwkht* 1011 = *geruochet (?)*.

(2a) Mhd. *uo;* Hebräisch *Waw;* Transliteration *w;* Transkription *u*.

Birnbaum 2, S. 16 hält es für möglich, daß in der von ihm herausgegebenen Hs von 1396 das dem mhd. *uo* entsprechende *û* „für den Schreiber ein *ü*, bezw. *i* war. In späterer Zeit ist dieser übergang jedenfalls tatsache geworden." In unserer Hs von 1382 findet sich kein Zeichen für einen derartigen Übergang. Es läßt sich nicht ermitteln, ob dieses dem mhd. *uo* entsprechende *Waw* als Diphthong oder Monophthong ausgesprochen wurde. Einige Beispiele: *trwq* 4 = *truk;* *brwdr* 20 = *bruder;* *hwṗ* 246 = *hup;* *gwts* 326 = *guteś;* *grwst'* 589 = *gruste;* *ūwss* 646 = *vuśeś;* *stwnt* 9 = *śtunt;* *mwstn* 7 = *muśten*.

(2b) Dreimal findet man im *Horant* ein Doppel-*Waw* an einer Stelle, wo man im Mhd. ein *uo* erwartet: *vwws* 285 = mhd. *vuoz;* *grwwss* 592 = mhd. *gruozes;* *grwwkht* 1011 = mhd. *geruochet,* im Reim mit *zwkht* 1012 = mhd. *suochet* (vgl. *vwss* 646 = *vuśeś,* nicht im Reim).

Da die Reime in der Hs im allgemeinen rein sind, muß die Frage gestellt werden, ob man durch Reiminterpretation auf die

Aussprache des mhd. *uo* schließen kann. Man muß von der Schreibweise der Hs ausgehen und nicht den mit hebräischen Buchstaben geschriebenen Text in den erschlossenen mhd. Dialekt umsetzen, wie es H. Neumann getan hat (S. 159). Im *Horant* gibt es fünf in Betracht kommende Reime: *gnwk : gtrwq* 211 : 213 = *genuk : getruk; hwn : twn* 365 : 366 = *hun : tun;* ⟨*gwt*⟩ : *gmwt* 968 = *gut : gemut*. Da in den Reimwörtern die Vokale mit nur einem hebräischen *Waw* erscheinen, kann man die Aussprache des Vokals nicht erschließen. Doch finden wir *vwws : grws* 285 : 286 = *vuś : gruś* und *grwwkht : zwkht* 1011 : 1012 = *geruchet : suchet*.

Vgl. die Reime mit verschiedener Schreibung in den übrigen Gedichten der Cambridger Hs: *grwws : bws*, Fuks 14. 37/39 = *gruś : buś* (mhd. *gruoz : buoz*); *lwwt : mut*, Fuks 18. 124/125 = *lut : mut* (mhd. *luot : muot*). Alle anderen mhd. Reime mit *-uo-* sind mit einem *Waw* geschrieben. Ausnahme *lwwt : wlwwt*, Fuks 25. 292/294 = *lut : vlut* (mhd. *luot : vluot*).

Folgerungen: Die Verschiedenheit der Schreibweise des mhd. *uo* in der Cambridger Hs ermöglicht es nicht, Schlußfolgerungen über den Lautwert des *Waw* oder des Doppel-*Waw* zu ziehen. Selbst wenn wir annehmen, daß die meisten traditionellen Reime auch im *Horant* trotz vielleicht veränderter Aussprache rein sind, können wir nur zu der Schlußfolgerung kommen, daß sowohl *Waw* als auch Doppel-*Waw* in gewissen Fällen als *u* oder *uo* oder *ou (au)* ausgesprochen werden kann. Die Untersuchung des Buchstaben *Waw* führt also zu keinem Resultat. Selbst wenn man die Reime des *Horant* in deutsche Reime mittelalterlicher Dichtung umsetzt, bleibt es dem Untersucher überlassen, ob er sie in eine mhd. oder eine md. Mundart verwandeln will. Daher haben wir die Schreibart des Hs auch in der Transkription so weit wie möglich nachgeahmt und *Waw* immer mit *u* wiedergegeben, selbst in den drei oben erwähnten Fällen, in denen die Hs Doppel-*Waw* aufweist.

§ 36

Mhd. *ö, ü, oe, üe, iu* und *öu, eu*

(1) Die mhd. Umlaute *ö, ü, oe* werden mit *Waw* geschrieben, ohne daß der Umlaut bezeichnet wäre. In der Transkription ist der mhd. Umlaut nicht angegeben.

Einige Beispiele:
- mhd. ö: *mwkht'* 65 = *mochte; mokhtst* 122 = *mochtest.*
- mhd. ü: *'wbr* 306 = *uber; qwniq* 1 = *kunik; ūwrstn* 24 = *vursten; hwbšr* 80 = *hubescher; zwnd'* 83 = *sunde; lwṣl* 146 = *luzel; 'wbl* 134 = *ubel; brwni'* 772 = *brunje.*
- mhd. oe: *šwn'* 4 = *schone* (mhd. *schœne*); *šwnr* 90 = *schoner* (Kompar.); *gdwn'* 492 = *gedone; hwrn* 258 = *horen; wrwlikh* 953 = *vrolich (šwn'* 4 = mhd. *schœne* reimt auf *qrwn'* 4 = *krone).*

(2) Mhd. *üe;* Hebräisch *Waw;* Transliteration *w;* Transkription *u* aber auch *Waw Jod;* Transliteration *wi;* Transkription *ui* oder *oi.*

Mhd. *üe: grwn'* 774 = *grune; snwr'* 159 = *śnure; qwn'* 2 = *kune; qwnst'* 99 = *kunśte; zwsn* 120 = *suśen; grws* (Optat. 3. pers. sing.) 332 = *gruś; ūwrt* 1006 = *vurt; 'ikh ūwr'* 1005 = *ich vure;* aber *ikh ūwir* 337 = *ich vuir* (mhd. *ich vüere); ww'wiln* 613, 693 = *woilen* (mhd. *wüelen); gstwl'* 477, 814, 976, und wohl auch in den schwer lesbaren Stellen 825, 833, 838 = *geśtule,* aber *gstwil'* 56, 414, 760, 896 = *geśtoile* (mhd. *gestüele).* Es ist unmöglich festzustellen, ob es sich bei diesen vereinzelten Schreibungen mit *-wi-* um den Versuch handelt, mhd. *üe* wiederzugeben, oder ob der Buchstabe *i* nach *Waw* ein Zusatz „zur Kennzeichnung der Länge" ist. Dies wäre „noch in viel höherem Grade eine ausgesprochen md. (und ndd.) Erscheinung, die sich vom nördlichen Teil des Mfr. (Rip.), wo sie bereits im 12. Jahrh. auftaucht..., über das ganze md. Gebiet ausbreitet... Noch seltner bleibt die Anwendung dieser Zeichen in den Denkmälern des Omd." (Moser I 1, § 9; Bach I, § 31. 4a, S. 123.) Wenn das *i* nur als Kennzeichnung der Länge diente, würde die Schreibweise *wi* eine Nachahmung des md. *ui* sein.

(3) Mhd. *iu;* Hebräisch *Waw;* Transliteration *w;* Transkription *u.*

twūl 864 = *tuvel; twūls* 378 = *tuveleś; twš'* 19 = *tutsche; twšn* 1 = *tutschen; twšrikh'* 107 = *tutscheriche* (in zwei Wörtern 403); *'wkh* 992 = *uch* (mhd. *iuch* = md. *uch* [Weinhold, § 474]).

(4) Mhd. *iu;* Hebräisch *Waw Jod;* Transliteration *wi;* Transkription *oi.*

hwit' 225 = *hoite; gbwits* 267 = *geboiteś; zwil* 435 = *soil; zwil'* 431 = *soile* (= mhd. *sûl* und *siule*); *'wnghwir'* 517 = *ungehoire; lwit'* 309 = *loit'*, aber einmal *lwwt'* 481, wohl ein Schreibfehler; denn mhd. *iu* wird nur in der Verbindung mit *w* als *Waw Waw* wiedergegeben. Daher haben wir in der Transkription *lwwt'* zu *loite* emendiert; *'wir* 605 = *oir*, vgl. unten (5).

(5) Mhd. *iuw;* Hebräisch *Waw Waw;* Transliteration *ww;* Transkription *ou, uw* und *oi*.

rwwn 83, 377 = *rouen; trww'* 291 = *truwe; lwwt'* 481 = *loite* (vgl. oben *lwit'*; an diese Schreibung ist die Transkription von *lwwt'* angepaßt).

Mhd. *iuwer* wird im *Horant* mit einer Ausnahme *'ww-* geschrieben. Die folgenden Formen kommen vor: *'wwr* 225 = *uwer; 'wwrs* 660 = *uwerś; 'wwrn* 281 = *uwern; 'wwr'* 41 = *uwere*. Die einzige Ausnahme ist *'wir* 605 = *oir*.

Mhd. *iuwer*, md. *uwer* (Weinhold, § 480, Bach 2, S. 152). Zur Erklärung der Schreibung *'ww* statt des zu erwartenden *'www* ist daran zu denken, daß der Schreiber drei aufeinanderfolgende *Waw* vermeidet. (S. oben § 34, 1.) Die verschiedenartige Orthographie, in der mhd. *iu* in hebräischen Buchstaben geschrieben wird, erscheint auch in den von Bach 1, S. 70–73 erwähnten Dokumenten: *tuvels, luiti, truwe* („... für mhd. *iuw* durchweg *uw* oder *u* erscheint"). FR (südöstliches Gebiet) hat immer *u*, aber „im MR (nordwestliches Gebiet) steht ... neben *u* meist die Schreibweise *ui*" (S. 71). Diese geographische Trennung der Schreibweise, die man in der Kanzleisprache wahrnehmen kann, könnte sich leicht in literarischen Texten verwischen. Aus der Orthographie der Cambridger Hs könnte man folgern, daß der Schreiber vielleicht deutsche Sprachgewohnheit nachahmt (vgl. oben § 32), oder daß die Vielseitigkeit der Orthographie auf Unsicherheit beruht, wie sie zu Zeiten der Wandlung der Aussprache nicht überraschend wäre.

(6) Mhd. *öu* oder *eu;* Hebräisch *Waw Waw;* Transliteration *ww;* Transkription *ou*.

Mhd. *vröude* wird in hebräischen Buchstaben *wrwwd'* 34, 57 und *wrwwdn* 123, 173, [255], 455 geschrieben. Das Präteritum des Verbums: *wrwwt'* 758 = *vroute*. Der Umlaut bleibt in der Cambridger Hs unbezeichnet.

§ 37

Schlußfolgerungen

Für die deutsche Sprachgeschichte sind die folgenden charakteristischen Züge des orthographischen Systems unserer Hs besonders beachtenswert: streng wird unterschieden

(a) zwischen stimmlosem und stimmhaftem *s*;

(b) zwischen stimmlosem und stimmhaftem *f*.

Da dieser Unterschied anscheinend in keiner deutschen Hs bezeichnet wird, beweist unsere Hs nicht nur die Richtigkeit der von Philologen angenommenen Lenierung des *f* in der Entwicklung des Deutschen, sondern auch, daß dieser phonetische Unterschied der *f*-Laute noch im 14. Jahrhundert bestand.

(c) zwischen stimmhaftem und stimmlosem *h*.

Außerdem wird noch ein dritter Laut, der zwischen stimmhaftem *h* und stimmlosem *ch* liegt, mit einem hebräischen Buchstaben wiedergegeben, der im lateinischen Alphabet kein Äquivalent hat, und der daher in deutschen Hss nicht erscheint.

(d) zwischen offenem und geschlossenem *e*-Laut.

Im allgemeinen werden die Unterschiede zwischen den *e*-Lauten in deutschen Hss nicht genau wiedergegeben, insbesonders nicht in mhd. Hss des 14. Jahrhunderts.

Die sagen- und literargeschichtlichen Probleme

Als bald nach dem Ende des Zweiten Weltkrieges sich die Nachricht verbreitete, in Cambridge liege eine jiddische *Kudrun*, die über ein Jahrhundert älter sei als das in der Ambraser Handschrift erhaltene Epos, ließ sich erhoffen, jetzt werde mehr Licht fallen in die trotz aller Bemühungen immer noch sehr dunkle Vorgeschichte des *Kudrun*-Epos, denn ein jiddisches Heldengedicht, im 14. Jahrhundert niedergeschrieben, würde notwendigerweise auf einer früheren deutschen Quelle fußen müssen.

Das gespannt erwartete Erscheinen des Textes brachte leider alsbald eine große Ernüchterung. Sofort war klar, daß hier für die frühe germanische Heldensage so gut wie nichts zu holen war. Abgesehen von dem Namen Etene, der eindeutiger denn je bewies, Hetel im *Kudrun*-Epos sei eine Ausweichform – was man natürlich längst gesehen hatte – bereicherte der *Dukus Horant* unsere Sagenkenntnis nur zu einem sehr geringen Grade.

Ist der Gewinn auf germanischem Boden gering, so ist er auf engerem deutschem höher einzuschätzen. Ehe wir jedoch die verschiedenen Probleme, die sich ergeben, kurz besprechen, seien einige allgemeine literarische Bemerkungen über den Gesamtbestand der Handschrift vorangestellt.

Die Sprache aller sechs Gedichte des Kodex ist mittelhochdeutsch (siehe Lautstand); ob sie schon jüdisch gefärbt ist, läßt sich auch mit literarischen Mitteln nicht feststellen. Daß man sich im späteren Mittelalter in jüdischen Kreisen zur deutschen Profanliteratur hingezogen fühlte ist bekannt. Diese späteren Gedichte, seien sie nun aus dem Artuskreise oder aus der Heldensage übernommen, sind nicht mehr rein deutsch. Ob man die Sprache dieser späteren Gedichte nun jiddisch oder, wie Landau wollte,[1] 'Hebrew-German' nennt, spielt in dem vorliegenden Falle keine Rolle, denn hier handelt es sich ganz sicher um deutsch.

---

[1] L. Landau, *Hebrew-German romances and tales and their relation to the Romantic literature of the Middle Ages. Part I: Arthurian Legends* (*Teutonia*, Heft 21), Leipzig 1912.

Hätten wir nur den *Dukus Horant*, könnte man meinen, dies sei ein besonderer Fall und man habe sich ausnahmsweise damit begnügt, ein deutsches Gedicht in aschkenasische Schrift umzusetzen. Die anderen Texte in der Handschrift verbieten eine derartige Annahme.

Die Fabel vom Löwen mag deutsch sein. Daß sie von einem Juden im 14. Jahrhundert in Ägypten geschrieben wurde und Anspielungen enthält auf zeitgenössische ägyptische Zustände wird keiner ernst nehmen[2] und ist schon mit Recht von Schröbler abgelehnt worden. Die Fabel ist in 35 guten höfischen Reimzeilen abgefaßt, flott erzählt und zeigt noch einen größeren Prozentsatz dreihebig klingender Verse (25 stumpf, 12 klingend), als man in einer Dichtung des 14. Jahrhunderts erwarten würde. Selbst wenn die Fabel schon gereimt vorlag, was man durchaus nicht anzunehmen braucht, muß man zum mindesten damit rechnen, die vorliegende Version sei von einem Schreiber Abraham überarbeitet worden, denn er verewigt sich am Ende im beweisenden Reim auf 'gram'.

Die übrigen vier Gedichte am Anfang der Handschrift sind dagegen sicher jüdischer Herkunft. Das erste ist zu fragmentarisch, als daß man sich ein literarisches Urteil erlauben könnte. Es läßt sich jedoch noch feststellen, daß es sich um ein Gedicht über Moses handelt. Der Verfasser könnte ein Schreiber Isak sein. Das Gedicht ist in höfischen Reimpaaren abgefaßt.

Das zweite handelt vom Garten Eden, wieder in höfischen Reimpaaren und weit besser erhalten. Das Ende, in normales Mittelhochdeutsch umgesetzt, lautet: 'Isak der schribære der uns dise mære und dise rede kunt tet den nemet alle in iuwer gebet.'

Das dritte Gedicht, in einer vierzeiligen Strophe abgefaßt, in der das erste Paar stumpf, das zweite klingend reimen, behandelt einen legendarischen Stoff über den jungen Abraham, wiederum in fließendem Mittelhochdeutsch, und wiederum erscheint ein Schreiber Isak am Ende. Die Darstellung ist höchst lebendig und mit frischem Humor gewürzt. Vom rein literarischen Standpunkt betrachtet, dürfte dies das beste Gedicht in der Sammlung sein.

---

[2] Fuks xxiv/xxv; vgl. Schröbler, *loc. cit.*, S. 138f.

Das vierte Gedicht, *Joseph der Gerechte*, besteht aus 38 zweizeiligen Strophen. Es ist erwiesenermaßen eine Originalkomposition von einem jüdischen Dichter, denn die Anfangsbuchstaben der ersten Reimpaarzeilen ergeben ein auf dem hebräischen Alphabet beruhendes Akrostikon.[3] Hier haben wir also mit völliger Sicherheit einen Text vor uns, der von Anfang an von einem Juden nicht nur in deutscher Sprache konzipiert, sondern außerdem von demselben Juden zu einer hebräischen akrostischen Spielerei verwendet wurde.

Die ersten drei Gedichte der Handschrift sind also höchstwahrscheinlich von einem Schreiber Isak verfaßt, zum mindesten von ihm überarbeitet, im vierten fehlen leider Angaben, und das fünfte – die Fabel vom sterbenden Löwen – könnte von einem Schreiber Abraham verfaßt worden sein. Wir haben es hier also zu tun mit einer deutschsprachigen Literatur, in der jüdische Stoffe von Juden für ein jüdisches Publikum zubereitet werden. Trotz des jämmerlichen Zustandes der Handschrift und der Schwierigkeiten, die sich aus der aschkenasischen Umschrift ergeben, läßt sich sagen, daß die Verfasser Reim- und Verstechnik des Mittelhochdeutschen im allgemeinen nicht schlechter beherrschten als andere Dichter der nachklassischen Zeit. Es ist nicht Sache dieser Ausgabe, den weiteren Folgerungen nachzugehen, die sich aus diesen durch ihr literarisches Geschick etwas überraschenden frühen deutsch-jüdischen Gedichten ergeben. Hier genügt die Feststellung, daß es im 14. Jahrhundert – wohl verstanden als *terminus ad quem*, denn nichts hindert uns, manches von diesen Gedichten noch in das späte 13. Jahrhundert zu versetzen – jüdische Kreise gab, in denen gut gebaute deutsche Verse jüdischen Inhalts vorgetragen wurden.

Der *Dukus Horant*, von demselben Schreiber wie die anderen Gedichte geschrieben, führt gänzlich aus jüdischem Leben und jüdischen Begebenheiten heraus. Hier haben wir die Abschrift oder Niederschrift – für beide Arten der Überlieferung lassen sich Argumente beibringen –, in denen absichtliche Änderungen durch einen späteren Schreiber nur in recht beschränktem Maße ange-

---

[3] P. Ganz, F. Norman, W. Schwarz, „Zu dem Cambridger Joseph", *ZfdPh*, LXXXII (1963), 86–90.

nommen werden können.⁴ Wo die Handschrift geschrieben wurde, können wir nicht mit Bestimmtheit angeben; es wird sich doch wohl um eine Niederschrift in Deutschland handeln, und die Handschrift wurde irgendwie nach Ägypten verschlagen. Ehe wir uns etwas näher mit den verschiedenen Problemen, die sich beim *Dukus Horant* ergeben, befassen, sei eine Inhaltsangabe des Gedichtes vorangestellt.

Der elternlose Jüngling König Etene gebietet über viele Länder. Sein Stammland ist Deutschland, doch gehorchen ihm auch Italien, Dänemark, Spanien, Ungarn und Frankreich. Ihm dienen drei Riesen, die in einem Walde wohnen: Witolt, der mit einer zwölf Klafter langen Stange ficht, sein Bruder Asprian und Wate von den Griechen. Sein vertrautester Ratgeber ist Herzog Horant von Dänemark. Als Etene sechzehn Jahre alt ist, schlägt Horant vor, er möge heiraten und rät, auf Pfingsten ein großes Fest anzuberaumen, um die Vasallen zu befragen. Unter anderen kommen zwölf Könige und die drei Riesen. Das Fest dauert zwölf Tage. Am Ende bittet Etene seine Vasallen um Rat. Ein alter Herzog schlägt die Tochter des Königs von Frankreich vor; Etene versetzt, ihr Vater sei sein Lehensmann, und es wäre deshalb eine unebenbürtige Heirat. Hierauf meldet sich ein alter *wallære* zum Wort. Er preist Hilde von Griechenland, die schöner sei als Isolde von Irland und Ilion (= Helena) von Troja. Ihr Vater jedoch, der wilde Hagen, dem zwölf Könige dienten, sei so stark wie zwölf Männer und nicht gewillt, seine Tochter irgendeinem Freier zu überlassen. Etene entschließt sich, den Versuch zu wagen und bittet Horant, die Werbungsfahrt zu unternehmen. Mit seinem süßen Gesange würde er die Prinzessin gewinnen. Nach anfäng-

---

⁴ So das hebräische *tiflah* für „Kirche" und der Vers 51. 7 „nu kome uns dër zu troste an diseme tage hoite, dër di juden uf dëme mer erloste", die sich etwas komisch ausnehmen im Munde von Horant. Außerdem wohl auch der Titel. Vgl. Leonard Forster, „Ducus Horant", *German Life and Letters* XI. (1958) 281 und Ph. Wackernagel, *Das deutsche Kirchenlied* (Leipzig 1864ff.) II. 515: „In Gottes namen faren wir seiner genaden begeren wir" usw. Vgl. auch Gottfried von Straßburg, *Tristan* (ed. Bechstein) 11535ff.: „si stiezen an und fuoren dan. mit hoher stimme huoben s'an und sungen eines unde zwir: ‚in gotes namen varen wir', und strichen allez hinewart."

licher Weigerung, sein Leben bei dem wilden Hagen aufs Spiel zu setzen, willigt Horant ein. Er verlangt zweihundert wohlausgerüstete Ritter als Begleiter; außerdem seinen Bruder Morunk und die drei Riesen. Dazu ein wunderbar ausgestattetes Prachtschiff und 30000 Mark Gold. Die drei Riesen werden befragt und erklären sich bereit. Nachdem alle Vorbereitungen getroffen worden sind, empfiehlt Etene Horant Gott, die Anker werden gelichtet und Horant stimmt den Reisesegen an. Nach 28 Tagen kommen sie in Hagens Hauptstadt an. Horant reitet allein in die Stadt um Unterkunft zu suchen. Ein reicher Bürger kann ihm nicht alles bieten, was er zu brauchen vorgibt, und er verweist ihn an einen noch reicheren. Diesem erzählt er, er und seine Mannen seien von König Etene vertrieben; er bittet um Herberge für sich und seine zweihundert Begleiter, und außerdem benötige er 30000 Mark Gold, die er nach seiner Rückkehr vergüten werde. Alles und noch mehr wird Horant von dem schwerreichen Bürger zugesagt. Hierauf reiten der Kaufmann und Horant zum Strande. Von den Riesen ist der Gastgeber nicht sonderlich erbaut. Horant wird von der Hausfrau und ihren Jungfrauen empfangen. Die Wirtin führt ihn in dem Gebäude herum. Sie kommen auf einen Hof mit einer Linde, und unter der Linde befindet sich ein prachtvoll verzierter Sitz. Vom Hof gelangt man in einen herrlich ausgestatteten großen Saal. Im Hause entspringt eine Quelle, die, in goldene Rohre eingefaßt, in eine Küche führt und von dort durch des Bürgers Schlafzimmer in einen Baumgarten. Horant bittet den Bürger, bekannt machen zu lassen, er sei bereit, Geld und Gut an die Armen zu verteilen. Aus „hoffart" läßt Horant alle Pferde mit goldenen Hufeisen beschlagen, doch nur mit einem Nagel, so daß sie leicht abfallen und von der Bevölkerung aufgehoben werden können.

Die Fremden bleiben 28 Tage, bis zum Pfingstabend. Hagen gibt zu Pfingsten ein großes Fest und alle Welt stellt sich ein. Die Königin geht mit reicher Begleitung in die Kirche, Horant und seine Begleiter befinden sich unter der zuschauenden Menge. Die Riesen wollen auf die Griechen einschlagen, um mehr Platz zu machen, was von Horant verboten wird. Doch schleudert Witolt einen ungenannten Herzog, der Horant zu nahe kommt, über 10000 Mann hinweg. Die junge Königin kommt vorbei. Ihr voran gehen 300 Jungfrauen, und zwei Könige gehen ihr zur Seite. Sie tragen je einen Stab, und auf den Stäben sitzen zwei künstliche Pfaue, die mit ihren ausgespreiteten Rädern Schatten spenden. Dann folgen Hagen und noch zehn Könige. Hagen erschrickt sehr über die drei Riesen.[6] Hilde sieht Horant freundlich an, neigt das Haupt zum Gruß und macht sich Gedanken über den stattlichen Fremden. Nach der Messe grüßt sie ihn wiederum und geht ins Schloß zurück. Horant, erfreut über den Gruß, begibt sich unter die Linde in dem Gehöft des Kaufmanns und fragt die drei Riesen, wie ihnen die Königin gefalle. Alle sind gewillt, sie zu erkämpfen, doch Horant ist fest überzeugt, er werde sie mit seinem Gesang gewinnen. Als er zu singen beginnt, setzen sich die Vögel lauschend auf die Zweige der Linde, und die Wildschweine geben ihr Wühlen auf. Die Königin hört den Gesang von einer Zinne, und schickt die Tochter eines Herzogs zu Horant, um ihn zu sich zu bitten. Reicher Lohn und eine Schlafgesellin werden versprochen. Horant schlägt jeglichen Lohn aus, weigert sich, die Königin aufzusuchen und verlangt, sie möge zu ihm kommen. Die Königin muß sich wohl oder übel dazu bequemen. Sie sitzt unter der Linde, Horant kniet vor ihr und singt. Wiederum fliegen die Vögel auf die Linde, die Wildschweine stellen das Wühlen ein, und es scheint, daß Tiere aus dem Walde kommen. (Die Königin wiederholt ihr Angebot.[7]) Horant lehnt ab, da er selber reich genug sei. Hierauf gibt ihm die Königin einen goldenen Ring mit einem eingefaßten Stein, der zauberkräftig ist. (Der Stein macht den Träger hieb- und stichfest.) Jetzt bringt Horant Etenes Werbung vor. Etene singe noch besser als er, und sie würde in Deutschland eine mächtige Königin. Hierauf macht die Königin Horant ein Heiratsangebot, das er ausschlägt, denn er sei nicht hochgeboren genug und sei außerdem glücklich verheiratet. Er verspricht, ihr zu dienen und für sie zu singen, falls sie die Werbung Etenes annehme. Der Königin ist es recht, da sie sein Singen nicht entbehren will. (Nach dem Feste will sie mit Horant auf und davon.) Sie verspricht, zu ihm zu kommen.

[6] Zwischen folio 65 und 66 könnte ein Blatt fehlen und somit zwölf oder dreizehn Strophen. Doch käme man zur Not, was den Text betrifft, auch ohne Lücke aus.
[7] Nicht völlig Sicheres in Klammern.

Die Königin geht zum Fest. Horant und seine Riesen und Mannen waffnen sich und reiten durch die Stadt. Ihre Pferde haben goldene Hufeisen an, nur mit einem Nagel befestigt, so daß sie bald abfallen und von den Armen und Fahrenden aufgelesen werden. Witolt und Asprian gehen zu Fuß, jagen der Bevölkerung mit ihren ungeschlachten Kunststücken Furcht ein, und die Gassen leeren sich. Beim Fest werden sie gut bedient. Ein Löwe nimmt ein Brot von der Riesen Tisch, und Witolt tötet ihn durch einen Faustschlag. Der Wärter des Löwen klagt, Witolt verspricht ihm dieselbe Behandlung, worauf sich der Wärter bei Hagen beklagt, der nicht gesonnen ist einzuschreiten.

Ein Turnier wird abgehalten. Horant wappnet sich, tjostiert gegen einen griechischen Fürsten (dessen Pferd und Sattelzeug ihm als Siegesbeute zufallen?[8]). Er verschenkt seine Beute an einen armen Spielmann, der vor Hagen reitet und die Freigebigkeit Horants lobt. Hagen wünscht Horant zu sprechen, empfängt ihn freundlich, weiß sowohl seinen Namen wie sein Land und bietet ihm große Reichtümer. Horant gibt sich und seine Mannen als von Etene vertrieben aus und erklärt sich bereit, ein Lehen von Hagen anzunehmen. Er verspricht, am folgenden Tage wieder beim Fest zu erscheinen und verabschiedet sich von dem König. Hierauf geht er in seine Herberge zurück, sitzt eine Weile unter der Linde bis zum Pfingstabend und beschaut dann den Saal im Hause des Bürgers (der anscheinend für einen Empfang hergerichtet wird. Die Frau des Bürgers erscheint).

Auf den letzten zwei Seiten sind nur noch einige Wörter zu entziffern, die nicht weiterhelfen, und hiermit bricht das Fragment ab, doch ist erwägenswert, die Handlung schreite folgendermaßen fort: Horant hat dem König versprochen, er komme morgen wieder an den Hof (82. 5). Das kann jedoch sehr gut List sein. Bis zum Abend des Pfingsttages sitzt er vergnügt unter der Linde (82. 6). Dann erscheint die junge Hilde zu einem Fest – der König ist wohl nicht eingeladen – und während dieses Festes findet die Entführung statt. Man darf sich nicht zu viel von dem Versuch versprechen, den weiteren Fortgang des *Dukus Horant* feststellen

---

[8] Folio 78 und 79 sind weitgehend unleserlich. Es ist möglich, daß er sein eigenes Pferd verschenkt.

zu wollen. Weder der Verlauf der Hildesage mit ihrem ursprünglich tödlichen Ausgang noch Entführung und Rückentführung im Stile des *König Rother* lassen sich für diese etwas leicht hingeworfene Erzählung wahrscheinlich machen. Hätte man eine einigermaßen gut durchkomponierte Dichtung vor sich, wäre man geneigt anzunehmen, die eingestreuten Motive und Andeutungen würden in den späteren Handlungsverlauf eingebaut werden; der erhaltene Text ist jedoch eine Überarbeitung, in der sich manches Ungereimte eingeschlichen hat,[9] so daß man nur mit großem Vorbehalt wagen darf einen möglichen Schluß anzudeuten. Immerhin würde man mit der Wildheit Hagens rechnen, mit der unbändigen Kampflust der Riesen, besonders Witolts, vielleicht mit kämpferischer Auszeichnung Horants, mit einem teuer erkauften Sieg über die Griechen und als Schlußeffekt eine herrliche Hochzeit Etenes und Hildens. So mag es auch gewesen sein. Zum mindesten aber müßte man doch eigentlich eine Entwicklung erwarten, in der den Riesen Gelegenheit geboten würde, ihr Mütchen zu kühlen. Das würde einen Kampf bedingen, und dieser könnte sich zwischen Kaufmannshalle und Schiff entsponnen haben. Verfolgung zur See durch Hagen ist möglich, braucht aber nicht angenommen zu werden. Zwar heißt der griechische König „Hagene der wilde", und anfangs möchte man wirklich meinen, nach den Bemerkungen Horants, es würde ein gefährliches Unterfangen sein, auf Brautwerbung nach Griechenland zu fahren. Von der Wildheit ist jedoch nichts zu spüren, obwohl man es diesem etwas unbekümmerten Dichter durchaus zutrauen kann, uns plötzlich einen harten und tyrannischen Vater vorzustellen. Dann würde die Handlung etwas anders verlaufen als oben geschildert.

Es besteht jedoch wenig Grund für die Vermutung, die so freigebig verschenkten goldenen Hufeisen würden eine spätere Parteinahme vieler Griechen für Horant verursachen, noch dürfen wir glauben, der reich begabte Spielmann würde zu gegebener Zeit – wie die Spielleute so oft in dieser Art Literatur – entscheidend auf Horants Seite eingreifen. Auch der hieb- und stichfest machende Stein im Ring dürfte ein blindes Motiv sein. Wir müssen uns

---

[9] Die Frage eines früheren Horantliedes wird unten S. 127ff. weiter erwogen.

daher weithin auf das beschränken, was erhalten ist. Mißt man dem Titel irgendwelche Bedeutung bei – und die Hauptperson in dem erhaltenen Fragment ist zweifelsohne Horant –, so bleibt nicht viel für Etene zu tun übrig. Er erhält die Braut, Horant wird belohnt, und eine derartige Weiterführung bleibt das Wahrscheinlichste in dieser anspruchslosen Dichtung.

Langwieriger Ausführungen bedarf es nicht, um zu erweisen, daß wir es hier mit einer Geschichte zu tun haben, die weitgehend auf einer Verquickung von Hildesage und Rothersage beruht. Die Namen stammen zum größten Teil aus der Hildesage, die Handlung, abgesehen von dem Gesang Horants, weist weit mehr Ähnlichkeit mit dem *König Rother* auf. Es ist wahrscheinlich, daß Hilde, wie sie versprochen hat, sich ein zweites Mal zu Horant begibt, vielleicht, um einem Feste beizuwohnen, das von Horant in dem großen Saale des Bürgers veranstaltet wird. Bei dieser Gelegenheit fand dann wohl auch die Entführung statt.

Wie hat man sich das Verhältnis der vorliegenden Handschrift zu ihrer unmittelbaren Quelle vorzustellen? Die Frage ist von grundlegender Bedeutung. Sieht man in dem Text eine grobe Verballhornung einer in der Vorlage metrisch einwandfreien, lebendig und konsequent erzählten und straff durchgeführten Handlung, so sind damit im Grunde alle Wege zur Quelle verbaut, denn die vielen, unumgänglich notwendigen Änderungen würden ein ganz anderes Werk schaffen, von dem man nie und nimmer würde beweisen können, es habe je bestanden.

Unsere einzige Handschrift ist im allgemeinen sauber und zuverlässig. Daß sie selbst eine Abschrift einer schon in aschkenasischer Kursive geschriebenen Vorlage ist, können wir nicht beweisen. Die Nachträge, die hie und da erscheinen, würden eine solche Vermutung nahelegen, und bei Sammelhandschriften ist Abschrift das Gegebene. Wir kämen somit auf in aschkenasischer Schrift erhaltene deutschsprachige Gedichte, vor 1382 niedergeschrieben. *Joseph Hatzadik* lag des hebräischen Akrostichons wegen von vornherein schriftlich vor. Was für dieses Gedicht sowie wohl auch für die von Isak und Abraham signierten Gedichte gilt, ist jedoch nicht notwendigerweise auch auf den sicher ursprünglich deutschen Kreisen entstammenden *Dukus Horant* übertragbar.

Doch auch beim *Dukus Horant* kann man mit großer Zuversicht annehmen, es handle sich um Abschrift eines schon in aschkenasischer Umschrift vorliegenden Gedichts. Ob diese ursprüngliche aschkenasische Niederschrift allerdings auf einer deutschschriftlichen Quelle beruht oder frei nach einem nie genau fixierten, mündlich umlaufenden Gedicht niedergeschrieben wurde, ist weder beweisbar noch wäre es zeitlich festzulegen. Während wir bei *Joseph Hatzadik* mit aller Bestimmtheit behaupten können, es handle sich von Anfang an um schriftliche Fixierung, ist dies ja bei Gedichten aus der deutschen Heldensage ein unlösbares Problem. Wir wissen, daß die Quellen der erhaltenen Heldensage sämtlich ursprünglich schriftlose Dichtung waren, die jahrhundertelang mündlich überliefert wurden. Die sehr frühe Niederschrift vom *Hildebrandslied* und die nicht ganz so frühe Niederschrift vom *Finnsburglied:* das sind unerhörte, völlig untypische Glücksfälle. Daß die von Karl dem Großen angeregte Sammlung – wenn die Nachricht überhaupt stimmt – sich nicht erhalten hat, ist durchaus nicht verwunderlich. Schriftliche Festlegung, und dann fast immer Umarbeitung erfolgte zumeist spät, und von manchen Gedichten, die wir nur aus Anspielungen kennen, müssen wir annehmen, sie seien verschwunden, ehe ein Liebhaber sie aufschrieb oder aufschreiben ließ.

Das grundlegende Problem ist: wie wurde unserem Schreiber oder seinem aschkenasisch schreibenden Vorgänger und Glaubensgenossen die Vorlage bekannt? Lag ihm also eine deutsche schriftliche Quelle vor oder hatte er das Lied vortragen hören und schrieb es dann aus dem Gedächtnis nieder? Ein aus dem Gedächtnis aufgezeichnetes Lied würde verständlich machen, wieso, um nur ein schlagendes Beispiel anzuführen, das Motiv von den goldenen Hufeisen doppelt erscheint, wobei das erste Vorkommen dann hinweggedeutet werden müßte; es würde uns in den Stand setzen, eine ideale Horantstrophe anzusetzen und an Hand dieser Strophe der nach späteren Gepflogenheiten starken metrischen Zerrüttung Einhalt zu gebieten durch Zusätze, Auslassungen, Umstellungen und die sonstigen, frischgemuten Herausgebern bekannten Handhaben. All dies allerdings nur unter der oben erwähnten Voraussetzung, die unmittelbare Quelle sei besser und straffer gewesen. Das aber läßt sich mit den vorhandenen Mitteln weder beweisen noch auch wahrscheinlich machen.

Die höfische Dichtung bedient sich, mit einigen Ausnahmen, des höfischen Reimpaares; die Heldendichtung, obwohl sie auch gelegentlich zu der höfischen Form greift, bevorzugt Strophenbau. Literaturfähig wird die Strophe zuerst beim Nibelungendichter. Wie sehr dieser Dichter Schule machte, ist ersichtlich von seinen Nachahmern, die seine Strophe, manchmal leise abwandelnd, übernahmen: *Waltherepos, Kudrun, Ortnit, Wolfdietrich, Albharts Tod, Rosengarten-Dichtungen*. Andere Heldenepen gehen ihre eigenen Wege, so *Virginal, Goldemar, Eckenlied* und *Sigenot*, die sich alle derselben kunstreichen 13zeiligen Strophe bedienen. Für sich steht die Rabenschlachtstrophe.

Die Horantstrophe, bislang nicht unter den epischen Strophenformen überliefert, nähert sich der Rabenschlachtstrophe, ist aber nicht so kunstvoll gebaut. Ihr fehlt der Zäsurreim, der einzig und wohl zufällig in der dritten Strophe des Liedes *(krone : schone)* erscheint, und das zweite Paar der Strophe kann sowohl stumpf wie klingend ausgehen, wobei stumpfer Ausgang weit überwiegt (an die 200 stumpf, etwas über 40 klingend). Einmal folgen fünf klingende Abverse aufeinander (77. 1–5: *śprungen : sungen; schouen : junkvrouen; biten : [riten]; vliśe : wiśe; geziret : gezimiret*). Klingender Ausgang in erster Strophenhälfte findet sich nur 51. 7: *troste : erloste* und dreimal *singen : dringen*. Die zwei ersten Strophen veranschaulichen den Gebrauch der Strophe:

Ëś waś in tutschen richen   *ein kunik wit erkant,*
ein dëgen alse kune,   *Etene waś ër genant.*
ër waś milde unde schone,
ër truk dër eren krone.
ime dinten gewaldeklichen   *ale tutsche lant,*
Lanparten unde Pulen   *śtunt gar an siner hant.*
Zizilion unde Tuśkan
muśten ime wësen under tan.   oder: *muśten íme wësen únder tán.*

Zum Vergleich sei eine Rabenschlachtstrophe angeführt (*Deutsches Heldenbuch* ed. Martin II, 237):

Als sich der Bernære   *des goldes underwant,*
urloup nam der mære   *von vrouen Helchen ze hant*
und neic gezogenlichen
allen disen hôhen vrouwen richen.

Man möchte fast meinen, die Rabenschlachtstrophe mit ihrer gelängten letzten Zeile und ihrem Zäsurreim habe sich aus einer einfacheren, der Horantstrophe ähnlichen Form entwickelt. Diese schöne Form beherrscht der Rabenschlachtdichter vorzüglich, was man von dem Horantdichter nicht behaupten kann. Man muß sehr weitherzig sein in der Annahme mehrsilbiger Senkungen, um viele der Verse in die Standardform zu pressen. Es erübrigt sich, weitere Beispiele anzuführen, sie finden sich auf jeder Seite des Textes. Die meisten dieser Unebenheiten wären leicht zu beheben; ob man aber dadurch dem Originale näher käme ist noch sehr die Frage, denn es handelt sich hier um eine recht primitive, unterliterarische Kunst, wie sich auch zur Genüge aus Reimen, Wortschatz und Formelschatz belegen läßt.

Diese metrische, Lachmannschen Regeln zuwiderlaufende „Anspruchslosigkeit" kann sich aber auch gut aus älterer deutscher Dichtung vererbt haben. Mehrsilbige Senkungen sind in der frühmhd. Dichtung keine Seltenheit, und auch noch in klassischer Zeit ist französischer alternierender Rhythmus nicht so unbedingt verbindlich, wie man nach unseren zurechtgestutzten mhd. Ausgaben meinen sollte. Erst bei den Epigonen, bei Konrad von Würzburg z. B., ist strenge Alternation im allgemeinen die Regel. Die frühmhd. geistlichen Dichter von der zweiten Hälfte des 11. Jahrhunderts an haben diese freieren Füllungsprinzipien wahrhaftig nicht erfunden. Sie waren mit der uns leider unüberlieferten weltlichen Dichtung, voran der Heldendichtung, die pergamentfern und pietätvoll vererbt wurde, vertraut, und als sie begannen, selbst zu dichten und zuerst biblische Stoffe wie *Genesis* und *Exodus*, in denen viel Handlung lebte, in deutsche Verse kleideten, wobei sie ganz bewußt Gegenstücke zur weltlichen Dichtung schaffen wollten, bedienten sie sich derselben Technik, die sie in ungeschriebenen deutschen Texten vorfanden. In diesen war die freiere Füllung zu Hause, in diesen lebte sie von höherer Dichtung wenig beeinflußt weiter, und wenn wir im *Dukus Horant* ein Beispiel dieser Art haben, was durchaus nicht ohne weiteres abzuweisen ist und was sehr viel für sich hat, so ist es überhaupt sinnlos, den Text metrisch verbessern zu wollen.[10]

---

[10] Hierzu ist zu vergleichen, was Andreas Heusler, *Deutsche Versge-*

Die Reime bewegen sich in den überlieferten Bahnen der Heldenepik, und es herrscht eine sehr große Reimtypenarmut. Der Typus *-an*, der natürlich unbedenklich auf *-ân* reimt, kommt 128mal vor, was über ein Viertel aller Reime im Fragment ausmacht. Den nächsthäufigen Typ auf *-în* finden wir 70mal, dann *-ich (-îch)* 37mal und *-ant* 21mal, so daß diese drei Typen zusammen mit *-an* über die Hälfte der Reime ausmachen. Sehr fällt auf, daß *-uot* (80. 7: *gut : gemut*) und *-ôt* (76. 1: *not : brot*) nur je einmal vertreten sind.

Der Wortschatz zeigt ähnliche Armut, was ganz besonders bei den Adjektiven auffällt. Immer wieder erscheinen *rich* (69mal), *schone* (48mal), *kune* (32mal), *lieb* (31mal), *gros* (24mal und viermal *groskreftig*[11]), *stolz* (23mal), *wuneklich* und *wunesam* (21mal), *junk* (18mal). *hubesch* erscheint einmal auf Horant bezogen, einmal auf den alten *wallære*, sonst nur für die zwei Kaufleute in Hagens Hauptstadt.

Am auffälligsten macht sich aber diese poetische Armut bemerkbar in den Wiederholungen, die meist gruppenweise erscheinen. Braucht der Dichter einmal eine Redewendung, so findet er häufig nicht leicht wieder von ihr hinweg.

41. 2: *stunt gar an siner hant;* 41. 3: *stunt gar an siner hant.*
41. 3: *dér kunik von Ungarn was ime under tan;* 41. 4: *die heren vome lande waren ime ale under tan.*
42. 5: *vil liber here min.* In der Form, oder *vil liber here* oder *liber here min* sehr häufig. Vgl. 42. 6; 44. 2; 45. 4; 49. 4; 53. 6; 54. 4 usw.
43. 2: *Witolt mit dér stangen unde sin bruder Asprian;* vgl. 47. 4.
45. 5: *ér sprach 'mir wërde dene das schone mëgetin, ader ich mus vor lirn das lëben min';* vgl. 49. 3. *schone mëgetin* auch 45. 6; 46. 2; 46. 4; 47. 1; 49. 3; 49. 4.
47. 2: *nu stant uf, liber here, ich wil wogen minen jungen lip, ader ich bringe uch von dën krichen das wundern schone wip;* vgl. 48. 3.

---

schichte, 1925–29, vorbringt; vgl. besonders Band I, 44ff. und Band II, 520–552.

[11] Ob *groskreftig* ein Wort ist wie nhd. „großmütig" usw. sei dahingestellt. In der Hs. erscheint es immer getrennt.

46. 3: *da ëntwurt ime gezogenlichen.* Vgl. 49. 3; 52. 5; 55. 6; 67. 6. Auch sehr häufig mit anderen Verben; *gezogenlich* ist ein Lieblingswort des Dichters.
48. 4: *dër śtolze kunik Etene.* Vgl. 50. 6.
48. 5: *orsch unde pfërt unde harnasch.* Vgl. 50. 4.
47. 5 und 50. 1: Beschreibung des Schiffes.
50. 6: *grośkreftigeś her.* Vgl. 51. 5; 56. 6 (reimt immer auf *mer*).
51. 2 und 51. 4: *dër riche got von himele.*
53. 1: *ër waś ein hubescher man* (der erste Kaufmann); 53. 6: *dër hubesche kofman;* 54. 3. Von dem zweiten noch reicheren Kaufmann 54. 7, und 54. 5: *ër iśt der aler hubeschśte man.*
53. 1: *nu mugetir horen wi ër śprach.* Vgl. ähnlich 56. 5 und 57. 5. Das Typische bei diesem Dichter ist, daß diese sattsam bekannte Formel gehäuft erscheint und dann nicht wieder.
53. 4: *wene wir sint von tutschen landen her vor triben. unś iśt deś guteś luzel beliben;* vgl. 81. 5.
54. 2: *mochteśtu unś geborgen driśik tusent mark goldeś ader me, di sënte wir dir her widere, alse wir këmen uber dën wilden se;* vgl. 55. 5.
58. 1: *ir eśte woren von golde rich;* 58. 3: *daś waś von golde rich;* vgl. noch 59. 1; 59. 4.
58. 2: *gap lichten schin;* 58. 3: *von lichten kriśtëlen;* 58. 5 und 64. 4: *goben lichten schin.*
58. 5: *śtunt ein śpigelglaś;* 58. 6: *alse ein śpigelglaś.*
60. 4: *uch gezëme, śtolzer wigant, daś uch dinten ale tutsche lant.* Ähnlich 81. 3, wo die Bemerkung auch besser in den Handlungsverlauf hineinpaßt.
60. 6: *sin herschaft wolde ër lośen schouen beide man unde vrouen.*
61. 1: *och wolde ër lośen schouen sin tohter lobelich, daś nirgent in dër wërelde lëbete ir gelich;* 61. 3: *di wolde ër lośen schouen sin tohter lobelich, daś nirgent in dër wërelde vant man ir gelich.*
61. 3: *unde di kunegin zu dër tiflah scholde gan;* 61. 4: *da di kunegine zu dër kirchen scholde gan.*
62. 4: *Witolt dër ungehoire* erscheint hier zum ersten Male und dann sofort wieder 63. 3; 63. 4; 63. 6.
63. 1: *ër get sa wuneklich, ër mak wol sin ein vurśte rich;* 65. 2: *unde śtet alse wuneklich, ër mak wol sin ein vurśte rich.*

65. 1: *si blikte ime under di ougen,   si sach in gutlichen an*;
65. 4: *si gruśte in mit iren ougen,   si sach in gutlichen an*.
65. 1: *si neik gezogenliche   Horant dëme edelen vurśten riche;*
65. 4: *si neik gezogenliche Horant dëme jungen man*.
67. 2: *si kam gezogenlichen;* 67. 3: *si śprach gezogenlichen;* 67. 4: *da śprach gezogenlichen;* 67. 6: *da ëntworte ir gezogenlichen;* 68. 3: *si kam gezogenlichen;* 69. 4: *ër knite gezogenlichen;* 71. 5: *ër śprach gezogenlichen;* 72. 2: *da śprach gezogenlichen;* 72. 4: *da gink si gezogenlichen*. Für eine frühere Häufung, vgl. oben unter 46. 3.
71. 2: *vil śtolze kunegin*, und an derselben Stelle im Vers auch 71. 3 und 71. 5.
73. 2: *in sine lichte brunje*. Dies ist das erste Mal, daß das Wort vorkommt; es wird dann auch gleich wiederholt. 73. 4: *in eine brunje lobesan*.
80. 3: *ër saś uf sin roś so schone;* 80. 4, an derselben Versstelle: *da reit ër so schone*.
80. 3: *dër gobe alse riche;* 80. 5: *sa riche gobe;* 80. 6: *dër gobe alse riche;* 80. 8: *dër richen gobe din;* 81. 3: *sa riche gobe*.

Alle Schilderungen sind hölzern und stereotyp; sie sind formelhaft und weit und breit zu belegen. Das überaus Prächtige königlichen Gebarens und Lebens wird andauernd und naiv betont, und alles ist ins Superlativische gesteigert. Die Kaufleute sind sympathisch gezeichnet, benehmen sich wie große Herren und werden fast zu individuellen Gestalten. Hier wäre es vielleicht erlaubt zu vermuten, der letzte Bearbeiter sei Städter gewesen und wollte sich bei wohlhabenden Bürgerfamilien mit seiner Dichtkunst beliebt machen. Nimmt man an, die Dichtung sei in Städten vorgetragen worden, so würde ein solcher Vortragsort auch am ungezwungensten erklären, wieso die Dichtung unter Juden bekannt wurde.

Verglichen mit anderen einer breiten Masse angepaßten Werken – man denke an *Salman und Morolf* – ist der *Dukus Horant* äußerst dezent. Das einzige Zugeständnis an einen etwas derberen Volkshumor – und dieser Humor ist ganz bewußt übertrieben – sind die ungeschlachten Riesen; mehrmals hören wir von der Furcht, die von ihnen erregt wird, sowohl unter der Bevölkerung wie bei dem reichen Kaufmann, dem Löwenwärter und König Hagen selbst.

Die Rangordnung auf der Seite der Entführer ist völlig klar. Der Befehlshaber ist der Titelheld Horant, nach ihm kommt sein Bruder Morunk, darauf Wate von den Griechen und zum Schluß Witolt und Asprian. (Die zweihundert prächtig ausgerüsteten Ritter, die Horant als Begleitung verlangte, spielen überhaupt keine Rolle.) Dies ist aus 47. 3f. ersichtlich, wo Horant den Bruder Morunk, Wate, Witolt und Asprian verlangt; 49. 2 bittet Etene Wate, Witolt und Asprian, sich der Unternehmung anzuschließen, und sie versprechen es ihm (49. 3ff.) in derselben Ordnung. 61. 8ff. kleiden sich die Helden, um dem Kirchgang der Königin zuzuschauen in derselben Reihenfolge und ebenso 73. 1ff., wenn sie sich zur Teilnahme am Fest vorbereiten.

Wenn der *wallære* die schöne Hilde preist, meint er, sie sei noch schöner als Isolde von Irland und Ilion[12] (natürlich Helena) von Troja. Über die erstere hat er weiter nichts zu vermelden, doch weiß er von der Zerstörung Trojas und erwähnt Menelaus und Paris. Wir haben keinen Grund, ihm zu mißtrauen, wenn er sagt (44. 7): *alse wirs im lide haben gehort*, und wir dürfen vermuten, der Horantbearbeiter des 13. Jahrhunderts habe in seinem Repertoire ein Lied von der Zerstörung Trojas bereit gehabt.

Wie verhält sich nun der *Dukus Horant* zu dem, was wir in der *Kudrun* und im *König Rother* erfahren? Etene und Hetel sind Weisen (*Kudrun* 209: *Hetele was ein weise*). Die Eltern Etenes werden nicht erwähnt. In der *Kudrun* kommt der Vorschlag, der König solle heiraten, von vielen *(Kudrun* 210: *Dô rieten im die besten, er solde minne pflegen, die im ze mâze kœme)*, im *Dukus Horant* ist es Horant selbst. Hierauf folgt in der *Kudrun* sofort die Erwähnung Hildes von Irland durch Morunk, während im *Dukus Horant* zuerst von einem ungenannten Herzog eine unebenbürtige französische Königstochter vorgeschlagen wird, und erst dann, von einem weitgereisten und unbekannten *wallære* Hilde von Griechenland. Morunk schlägt vor, Horant zu besenden, *dem ist wol erkant alle site Hagenen hât er wol gesehen* (*Kudrun* 214). Der Sänger ist aber keineswegs ohne weiteres geneigt, diese Fahrt auf sich zu nehmen. *Daz mac sich niht gevüegen, sprach Hôrant. ze boten rîtet niemen in daz Hagenen lant. des wil ich mich selbe*

---

[12] Verwechslung mit *Ilium* ist anzunehmen.

nimmer vergâhen. den man dar gesendet, den heizet man da slahen oder hâhen (*Kudrun* 228). Auch im *Dukus Horant* ist die Bereitwilligkeit nicht sehr groß: 46. 3f.: *here, scholde ich da mite gewinen ale tutsche lant, die wolde ich ale beliben lan, e ich mich dër reise wolde undersťan. ich kene vil wol Hagene, ër isť gar ein ubel man. scholde ich durch dër meide wilen minen lip vor lirn dan, mir wurde zu sour daś schone mëgetin. di rede scholtir losen sin.* Etene verspricht Horant die dänische Krone; in *Kudrun* 206 lesen wir: *Ze Tenemarke herre was Waten swesterkint, Hôrant der biderbe. der verdiente sint an Hetelen dem künege, daz er im der krône wol ze tragene gunde. er gaps dem helde volliclîch ze lône.*

Mit der Beschreibung des wunderbar ausgerüsteten Schiffes 47. 5 und 48. 1 wäre die ähnliche Beschreibung *Kudrun* 265–268 zu vergleichen und mit dem Versprechen Etenes an Horant 48. 5: *waś du eineś hośt gëgért dër wirśtu zwei von mir gewërt* (vgl. 56. 2, wo der reiche Kaufmann sagt: *waś ir eineś bedurfet dëś scholt ir vire han*) *Kudrun* 281. 4: *des Fruote einez wolde, der künic in ietslîchs wol drîzic werte*. In der *Kudrun* dauert die Fahrt 36 Tage, im *Dukus Horant* 28. In der *Kudrun* jedoch kommen die Helden an den Hof Hagens, ehe sie die Königstochter zu Gesicht bekommen. Im *Dukus Horant* sieht Hagen die Fremden zwar auf dem Wege zur Pfingstmesse, doch das Stelldichein mit der Tochter geht dem Empfang am Hofe voraus. Die Kaufmannslist, die ja auch in der *Kudrun* nicht ursprünglich sein kann,[13] fehlt; Horant und die Seinen geben sich von Anfang an als von Etene Vertriebene aus, und die Handlung wird dadurch konsequenter. In der *Kudrun* fragt Hagen Horant und Irolt aus, und er bietet ihnen dann Lehen in seinem Reiche an (*Kudrun* 310ff.). Diese Szene treffen wir auch im *Dukus Horant;* sie befindet sich aber nach dem Pfingstempfang durch Hagen und nach der Absprache zwischen Horant und Hilde. Von Pfingsten hören wir in der *Kudrun* nichts, und was wir im *Dukus Horant* zu wissen bekommen, klingt recht verworren. Etene beruft seine Mannen zu Pfingsten, das Schiff wird bald darauf fertiggestellt, 28 Tage dauert die Seereise, weitere 28 Tage vergehen in der griechischen Hauptstadt, und dann ist

---

[13] Sie stammt nicht aus dem *Salman und Morolf*, sondern aus dem *Tristan*. Vgl. H. Schneider, ZfdA LXIV (1927), 298.

plötzlich wieder Pfingsten. Man könnte annehmen, ein Jahr sei inzwischen verflossen. Davon steht nichts im Texte, und es ist viel wahrscheinlicher, der Verfasser habe sich weiter keine Gedanken darüber gemacht. Fest stand für ihn, daß große Hoffeste gewöhnlich zu Pfingsten stattfanden. Das wußte er aus seiner Bekanntschaft mit dem höfischen Epos und vielleicht aus dem Tierepos, und das genügte ihm.

Horant sowohl wie Morunk besuchen die Königstochter heimlich in der *Kudrun* (394. 4: *dâ was manne niemen wan er unde Morunc der junge.*), und bei dem Besuch der Königstochter im *Dukus Horant* scheinen auch nur Horant und Morunk zugegen zu sein.[14] Nach dem Singen gibt Hilde von Griechenland Horant den Ring mit dem Zauberstein (70. 2), und auch Hilde von Irland bietet Horant einen Ring an, den er allerdings nicht annehmen will *(Kudrun* 398. 3f.: *si gap im ab ir hende, nicht goldes was so guotes. si sprach: ich lône iu gerne, des bin ich iu vil williges muotes).* Von dem Gürtel, den Horant dann erbittet, weiß unser Gedicht nichts.

Das Stelldichein muß verständlicherweise ganz im geheimen abgemacht werden. In der *Kudrun* ist *ein gevüeger kamerære* erbötig (*Kudrun* 392), im *Dukus Horant* wird das Ganze von einer Herzogstochter eingefädelt (66. 6ff.). Von dem Kämmerer hören wir nur: *er warp ez tougenlichen* (*Kudrun* 393), im *Dukus Horant* ist die Szene breit ausgemalt.

In beiden Gedichten folgt die stellvertretende Werbung dem Gesang auf dem Fuße, selbstverständlich unter dem Siegel der Verschwiegenheit *(Kudrun* 402: *Er sprach: und melde uns niemen, vil schœne magedîn, so sagete ich dir gerne, wie uns der herre mîn von im scheiden lieze, dô er uns her sande, durch dînen willen, vrouwe, ze dînes vater burge unde lande. Dukus Horant* 70. 4: *mohte éś vor holen sin.* (Der Text ist wieder verderbt.) 71. 5 verspricht Horant, der Königin zu allen Zeiten zu dienen und vor ihr zu singen. Sie gibt nach, da sie seinen herrlichen Gesang nicht entbehren kann (72. 1). Dasselbe Motiv findet sich in der *Kudrun*, hier aber von der Frau ausgesprochen *(Kudrun* 405: ... *ich wolde*

---

[14] Vgl. 69. 1. Der Text ist an dieser Stelle leider etwas lückenhaft, so daß man nicht ganz sicher sein kann, ob Horant seinen Bruder bei sich behält oder ihn fortschickt. Das erstere ist das wahrscheinlichere.

im ligen bî, ob du mir woldest singen den âbent und den morgen).
71. 2 behauptet Horant, Etene singe viel besser als er, und die *Kudrun* übertreibt dieses Motiv 406: *Er sprach zer schœnen Hilden: vil edelez magedîn, mîn herre tägelîche hât in dem hove sîn   zwelve, die ze prîse vür mich singent verre.   swie süeze sî ir wîse, doch singet aller beste mîn herre.*

Die Übereinstimmungen, die sich zwischen *Kudrun* und *Dukus Horant* haben feststellen lassen, sind nicht der Art, uns zu der Annahme zu zwingen, der Verfasser des *Dukus Horant* habe je von dem *Kudrun*-epos gehört. Beide Dichtungen bringen Älteres, und wir sind berechtigt, manche Übereinstimmung auf diese ältere Quelle zurückzuführen. Die ferne Schöne, der finstere Vater, das Gefährliche der Unternehmung, die anfängliche Abneigung der Getreuen, das Abenteuer auf sich zu nehmen: das und noch manches mehr sind Gemeinplätze überall auf der Welt in Entführungsgeschichten. Man kann sie ohne weiteres als dem *Kudrun*-dichter und dem *Dukus-Horant*-Verfasser bekannt voraussetzen.[15] In dem besonderen Falle, der uns hier angeht, möchte man vermuten, die folgenden Sondermotive hätten sich in der Quelle beider Gedichte vorgefunden: die zwiespältige Stellung Horants, der ursprünglich ein unabhängiger Fürst gewesen zu sein scheint, möglicherweise die enge Verbundenheit zwischen Horant und Morunk, das Ringangebot (wofür sich allerdings auch anderwärtig Beispiele finden lassen), die Rühmung der Sangeskunst des Königs, eine Rolle für Wate. Nicht alle diese Motive sind gleich alt in der Geschichte, worüber weiter unten zu vergleichen ist.

Was verbindet nun den *Dukus Horant* mit dem *König Rother*? Zunächst einmal der große Herrscher im Westen,[16] der um die

---

[15] Reiches Material, vorzüglich angeordnet, findet sich bei Friedmar Geissler, *Brautwerbung in der Weltliteratur*, Halle 1955, XX - 260 S. Vgl. ferner Theodor Frings und Max Braun, Brautwerbung. 1. Teil *(Berichte über die Verhandlungen der Sächsischen Akademie der Wissenschaften zu Leipzig,* Phil.-hist. Klasse. 96. Band, 1944/48. 2. Heft, Leipzig 1947, 148 S., wo sehr viel slawisches Material zusammengetragen und verwertet worden ist.

[16] Daß dies am besten auf staufische Verhältnisse paßt, leuchtet ohne weiteres ein und ist nicht ernstlich zu bestreiten. Dadurch darf man sich aber nicht verleiten lassen, den *König Rother* in die Zeit Kaiser Heinrichs VI. zu versetzen, wie letzthin versucht worden

Tochter des großen Herrschers im Osten freit, die glanzvolle Hafenstadt, deren Name zwar nicht genannt wird, unter der man sich aber nichts anderes als Konstantinopel vorstellen kann; sodann die Riesen. Im *König Rother* allerdings ist Asprian weit wichtiger als Witolt mit der Stange. *König Rother* 704 und 750 wird ihm der Königstitel beigelegt, und Witolt ist einer seiner Gefolgsleute.[17]

Ein ähnliches Verhältnis finden wir auch in der *Thidrekssaga*, wo König Nordian vier Söhne hat. Alle sind Riesen und nach Nordians Tod gibt Osantrix (=Rother) Aspilian die Königswürde.[18]

ist von Klaus Siegmund, *Zeitgeschichte und Dichtung im „König Rother"*, Berlin 1959.

[17] *König Rother* 704 (immer zitiert nach *König Rother*. Nach der Ausgabe von Theodor Frings und Joachim Kuhnt besorgt von Walter Flämig. Zweite Auflage. Halle 1961): *iz ist der kuninc aspriant vnde bringit riesinische man.* 750: *Do vorte der kuninc asprian   mit ime zvelf sine man.   Da under hette her einin riesin vreisam.   Des moste man groze hote han.   Der gien gebunden alse ein levve   unde was der aller kunisten eine . . .* 766: *Er was uresliche gemot   witolt hiez der helit got. Vreislich* und *vreissam* werden ständig gebraucht im *König Rother* von den Riesen genau wie im *Dukus Horant*.

[18] Henrik Bertelsen, *Þiðriks saga af Bern*. Kopenhagen 1905–11. I. 48: Nordian konongr er nu i siolande ok a fiora sunu. æinn hæitir Avæntroð en .ii. Etgæir ok enn .iii. Asplian. fiorðe Viðolfr. aller ero þæir risar. at afle ok æðrli. Ok þa er Norðian konongr fær bana sott ok Osanctrix konongr spyrr hans anlat til sanz. þa stæmnir hann svnum hans afund viðr sik ok lætr þa sværia ser æiða. ok siðan gæfr hann asplian enom ællzta brœðr þeira konongs nafn.

Übertragung der Thidrekssaga ins Deutsche: Fine Erichsen, *Die Geschichte Thidreks von Bern* (Thule, Band XXII), Jena 1924. Ein unveränderter Abdruck erschien 1942. Die Übersetzung ist gut und hat Schwung. Dem Übersetzer lag es weniger daran, eine philologisch völlig genaue Übersetzung zu liefern als ein Buch, das jeder mit Vergnügen lesen könne, und das ist ihm in hervorragender Weise geglückt. Erichsen gestattet sich ab und zu Freiheiten indem er ausläßt, kürzt oder zusammenzieht, von seinem Standpunkt aus gerechtfertigt. Doch fällt auf diese Art so manche Kleinigkeit weg, die der Quellenforscher unter Umständen gebrauchen kann. So übersetzt Erichsen, Seite 98, die oben angeführte Stelle wie folgt: „König Nordian auf Seeland hatte vier Söhne: Edgeir, Aventrod, Widolf mit der Stange und Aspilian. Sie waren alle Riesen an Kraft und Wesensart. Und nach König Nordians Tode setzte König Osantrix Aspilian als Herrscher ein und verlieh ihm die Königswürde über das ganze Reich, das sein Vater vor ihm gehabt hatte."

Die unbändige Wildheit, die dazu führt, daß Witolt sowohl im *König Rother* wie in der *Thidrekssaga* nur bei Kampfhandlungen unbehindert von seinen schweren eisernen Ketten herumlaufen darf, findet sich nicht im *Dukus Horant*. Wohl aber ist er „Witolt mit der stangen", so wie er auch im *König Rother* als „Witolt mit der stangen" erscheint.[19] Die *Thidrekssaga* nennt ihn *Viðolfr mittumstangan*,[20] was auf eine deutsche Quelle zurückgehen muß, von der der Verfasser unseres Gedichtes auch gehört hatte. Von der Verwandtschaft Asprians und Witolts lesen wir im *König Rother* nichts. In der *Thidrekssaga* sind sie zwei von vier Brüdern. Dieser Zug der Verwandtschaft, durch den *Dukus Horant* bestätigt, ist daher auch der gemeinsamen deutschen Quelle zuzuweisen. Es könnte sein, daß Wate im *Dukus Horant* unter die Riesen eingereiht wird, weil der Verfasser von mehr als zwei Riesen wußte, die Namen ihm aber nicht geläufig waren, und ihm die Überlieferung bekannt war, die Wate zum Riesen stempelte.

Im *Dukus Horant* tötet Witolt den Löwen durch einen Faustschlag (75. 5), im *König Rother* dagegen wird er von Asprian an die Wand geworfen.[21] Nehmen wir nun an, der Löwe im *Dukus Horant* stamme aus einem Rotherlied, so haben wir eigentlich keine Veranlassung, dem Ursprung dieser Geschichte weiter nachzugehen; trotzdem wird es sich lohnen, wenn wir uns kurz mit dieser Frage beschäftigen.

Vielfach hat man den Bericht über den Langobarden Peredeo bei Paulus Diaconus[22] angezogen. Dieser Peredeo tötete im Zirkus bei einem Kampfspiel einen Löwen. Der Hinweis verdankt sein

---

[19] *König Rother* 2157. Allerdings nur an dieser Stelle, denn 4310f.: *Die turlichen bulslage Gaf widolt mit der stangin* ist es natürlich nicht Epitheton. Gewöhnlich ist er *der helit got* oder *der kone man*.

[20] Zuerst I. 49 (und dann öfter): *ok firir þui er hann kallaðr viðolfr mittvmstangan*.

[21] *König Rother* 1142ff.: *Asprian begreif ene mit der hant Vnde war[f] ene andes sales want daz her alzebrach*.

[22] Paulus Diaconus, *Historia Langobardorum* (MGH SS rerum Langobardicarum et Italicarum saec. VI–IX), ed. L. Bethmann et G. Waitz, Hannover 1878, II, 30: *Adfirmant aliqui, etiam Peredeo... Constantinopolim directus esse ibique in spectaculo populi coram imperatore leonem mirae magnitudinis occidisse*.

Entstehen lediglich dem Bestreben, Rother dem Langobardenkönig Rothari (und der Geschichte von König Authari und Theudelinda) gleichzusetzen; er ist mit Recht von de Vries abgelehnt worden.[23] Mehr Beachtung verdient, trotz de Vries, die Erschlagung eines Löwen durch Kreuzfahrer in Konstantinopel im Jahre 1101. Schon Wilken[24] machte auf die Löwenepisode im *König Rother* aufmerksam und verglich sie mit dem historischen Ereignis. Allerdings sah die Wirklichkeit etwas anders aus, was zumeist übersehen wird. Den Kreuzfahrern war vom Kaiser Alexius die Lebensmittelzufuhr abgeschnitten, da sie sich weigerten, nach Kleinasien überzusetzen. Nach dreitägigem Hunger brachen sie am vierten Tage mit Waffengewalt in das Kloster Cosmudium ein, und dort töteten sie einen gezähmten Löwen.[25] Die Parallele befriedigte de Vries nicht; er zog vor, an *Wolfdietrich A*, Strophe 38, zu erinnern: *do gap man im durch liebe brot in sine hant: swelch hunt im aber daz zucte, den warf er an die want.* Hunde, meinte er, die bei der Tafel herumschnupperten, seien verständ-

---

[23] Jan de Vries, „Rother en Wolfdietrich", *Neophilologus* V (1920) 124.
[24] Friedrich Wilken, *Geschichte der Kreuzzüge*, Leipzig 1813, II, 123 f. und Beylagen 22 ff. B. Symons (*Grundriß der germanischen Philologie* III, 721) wollte die langobardische Geschichte mit dem Kreuzzugsereignis in Verbindung setzen: „... die Anekdote von der Erschlagung des zahmen Löwen durch Asprian, obgleich vermutlich langobardischen Ursprungs, kann neu belebt worden sein durch die Kraftprobe eines Ritters auf dem Kreuzzuge, den der Herzog Welf von Baiern im Jahre 1101 unternahm." Das ist viel zu ausgeklügelt und gänzlich unwahrscheinlich. Von einer „Kraftprobe" ist übrigens nirgends etwas überliefert.
[25] *Alberti Aquensis Historia Hierosolymitana, Recueil des Historiens des Croisades, Historiens Occidentaux* IV (Paris 1879). 561, Liber VIII, Capitulum iv (auch bei Migne, *Patrologia Latina* 166, 607): „Imperator emendi et vendendi illis licentiam interdixit; et statim penuria necessariorum vitae per triduum in populo facta est. Videntes autem Longobardi Regis iram, et contradictionem necessariorum vitae, et sic famis angustiam in populo fieri, subito universi, tam equites quam pedites, armis induuntur, ad portam et muros majoris palatii civitatis, in ligonibus, uncis ferreis malleisque, conferuntur, ad locum qui dicitur ad Sanctum Argentum: ubi in duobus locis infringentes et intrantes, in primis juvenem de sanguine ipsius Imperatoris peremerunt, deinde leonem domitum, qui erat gratus in palatio Imperatoris, occiderunt."

licher als Löwen, und das Motiv müsse ursprünglich auf Hunde bezogen worden sein. Verständlicher schon, doch durchaus nicht so wunderbar und romantisch; es ist ja gerade das Außergewöhnliche, dem wir auf Schritt und Tritt in Werken begegnen, die im Orient spielen. De Vries wollte nicht behaupten, es liege hier ein direkter Einfluß vom *Wolfdietrich* auf den *König Rother* vor,[26] obwohl dies durchaus im Bereich des Möglichen liegen würde, denn Berhter und seine Söhne im *König Rother* gehen sicher auf Berhtung und seine Söhne im *Wolfdietrich* zurück.[27]

Es ist wohl zur Genüge erwiesen worden, daß wir keinen Grund haben, irgendwelchen Einfluß von einem Wolfdietrich-Lied auf den *Dukus Horant* anzunehmen; unser Gedicht verdankt die Szene der Quelle des *König Rother*. Dies läßt sich auch erhärten durch 76. 1: *eš tēt mir grose not. dēr lewe nam mir hi min brot* und *König Rother* 1281f.: *Herre iz tete mir michil not. Mer nam din berwelf min brot.* Dieser brotfressende Löwe wird nicht zweimal unabhängig erfunden worden sein.[28]

Witolt schleudert einen griechischen Herzog *uber zehen tusent man, e ēr zu dēr erden i bekam* (63. 4); ein sonst nicht weiter erwähnter Spielmann berichtet an König Constantin Widolt werfe alle, die ihm in die Quere kämen, in die Luft, und er selber sei von ihm über vier Mann geschleudert worden.[29] Kaum zu vergleichen ist, daß Witolt seine Stange zwölf Klafter tief in die Erde stößt (74. 2) und daß der Riese Grimme zwölf Klafter weit

---

[26] „Onmiddellijke invloed van den *Wolfdietrich* is natuurlijk niet te bewijzen, zelfs al is er de keus der woorden overeenstemming aan te toonen. Ook van elders kon de *Rother*-dichter deze voorstelling hebben gehaald, en wij doen voorzichtiger met aan te nemen, dat het samengaan van beide gedichten hier toefallig is". De Vries, loc. cit. 125.
[27] Vgl. Hermann Schneider, *Die Gedichte und die Sage von Wolfdietrich*, München 1915 und *Germanische Heldensage* I², 1962, 344ff. und die 350 und 533f. angeführte Literatur.
[28] Vgl. auch *König Rother* 1140f.: „*Her nam den knechten daz brot. her teten over deme dissge groze not.* Es ist bemerkenswert, daß *not : brot* der einzige Reim auf *-ôt* ist im ganzen Gedicht.
[29] *König Rother* (Handschrift H) 1718ff.: *Dohc warf her mich over ver man Daz mine woze Die erden nie neberotin.* Handschrift E hat: *Doch warf er mich vber virzech man. Daz die mine fvze Rvrten die erden vnsvse.*

springt (*König Rother* 2163).³⁰ Zu erwähnen wäre jedoch ferner die Art, wie Witolt mit seiner Stange umgeht: *ër śwank si ume daś houbet sin rëchte alse ëś were rutelin* (74. 3) und die Art, wie ein Angriff Widolts auf die Griechen *König Rother* 1709 f. beschrieben wird: *Dar gaf einer daz foter mit der lengistin roten.*

Der König Constantin sieht Widolt an und bemerkt (*König Rother* 951 ff.): *Da stet ein vnde tredet Der gezeme wole inder helle deme tuuile zo eime gesellen.* Hiermit ließen sich vergleichen 56. 7: *diś sint dëś leidigen tuveleś kint, uś dër hele sint si ale komen*, 64. 1: *ëś sint uś dër helen dëś ubeleś tuveleś gesehen,* und 76. 2: *dër tuvel uś dër helen hot uch her getragen.*

Die von Rother erwiesene Freigebigkeit ist zugleich politische Klugheit. Dies wird besonders klar und unmißverständlich herausgestellt bei der breit erzählten Geschichte vom vertriebenen Grafen Arnolt (*König Rother* 1385 ff.) und seinen Getreuen. *Der beste covfman* (*König Rother* 1395) verweist ihn an Dietrich-Rother, und dieser beschenkt ihn königlich. Zum Überfluß überhäufen Rothers Mannen Arnolt ihrerseits mit Geschenken. Der Graf begibt sich hierauf zu Constantin und preist die *milte* Rothers. Hier wäre heranzuziehen die Szene, in der Horant den armen Spielmann nach dem Turnier beschenkt (80. 1 ff.). Auch dieser begibt sich zum König, lobt den edlen Spender, und diese Szene führt zum Gespräch zwischen Hagene und Horant. Ob das Geschenk Horants allerdings zu positiver Parteinahme des Spielmanns führte, so wie Arnolt später Rother hilft, wissen wir nicht. Nötig ist eine solche Annahme nicht.

Der Vergleich der allgemeinen Handlung und ähnlicher Stellen in der *Kudrun* und dem *Dukus Horant* konnte nicht erweisen, der Verfasser unseres Gedichtes habe die *Kudrun* gekannt. Genauso liegen die Dinge beim *König Rother*. Aus den angeführten Beispielen läßt sich zwar Bekanntschaft mit einem Rothergedicht eindeutig feststellen, doch besteht nicht der geringste Grund an-

---

³⁰ In beiden Fällen allerdings soll Aufmerksamkeit erregt werden. Rother-Dietrich will die junge Königin in ihrer Kemenate besuchen, und Berchter versucht, die Aufmerksamkeit der *merkere* und der Bevölkerung abzulenken. *König Rother* 2165 ergreift Grimme *einin vngeuogen stein*, was sich vergleichen läßt mit den zwei Steinen, die Asprian reibt um Feuer zu erzeugen (74. 4).

zunehmen, der Verfasser des *Dukus Horant* habe je von dem uns heute vorliegenden *Rother*-epos gehört.

Für ein Rotherlied bietet uns der Marner im 13. Jahrhundert, fast hundert Jahre nach der Abfassung des *König Rother*, ein einwandfreies Zeugnis, wenn er sagt:[31]

> *Sing ich den liuten mîniu liet,*
> *sô wil der êrste daʒ*
> *wie Dieterich von Berne schiet,*
> *der ander wâ künc Ruother saʒ:*

In einigen Fällen benutzt der *Dukus Horant* Motive, die weder im *König Rother* noch in der *Kudrun* vorkommen. Vergleichende Berichte zu den so verschwenderisch angebrachten goldenen Hufeisen werden in der Anmerkung zu 60. 2 vermerkt. Eine deutsche Parallele hat sich bislang nicht finden lassen. Bei der Reise nach Konstantinopel im Jahre 1027 war Bischof Wernher von Straßburg dabei, der für den Kaiser Konrad II. um die Hand der Tochter des oströmischen Kaisers Constantin IX. anhalten sollte. Weder brauchen wir eine verlorene deutsche Quelle anzunehmen noch ist es nötig, dem Verfasser französische oder lateinische Kenntnisse zuzumuten. Derartige Begebenheiten sprachen sich sicher herum und lagen sozusagen auf der Straße.

Der *Dukus Horant* hat gleich zwei reiche Kaufleute, der zweite noch reicher als der erste. Horant erbittet ein Darlehen von 30000 Mark Gold oder mehr (55. 5). 100000 werden ihm angeboten; überdies will er alle Mannen Horants beherbergen und versichert, es mache ihm nichts aus, wenn die Gäste zehn Jahre blieben (56. 1)! Da Horant selbst genügend Geld und Gut mitgebracht hat, wird nicht recht klar, wozu er dieses Geld braucht. Nach 55. 3: *wir sint von tutschen landen her vor triben   uns ist des gutes luzel beliben* könnte man meinen, Horant wolle das Geld nur borgen um zu beweisen, wie schlecht es ihnen gehe. Vielleicht darf man vermuten, dies sei eine etwas täppische Huldigung eines reichen städtischen Gönners, und dies würde uns auf eine Stadt

---

[31] Am leichtesten zugänglich in Karl Bartsch, *Deutsche Liederdichter des 12. bis 14. Jahrhunderts*[4], 1900 und öfters, 231.

führen, die Schiffahrt betrieb obwohl nicht notwendigerweise eine Seestadt.

Wenn Hilde von Griechenland sich am Pfingsttage zur Messe begibt, von dreihundert Jungfrauen begleitet (64. 2), lesen wir (64.3–5):

> *nëben dër kunegine zwene kunege rich,*
> *di trugen riche kleider di woren beide gelich.*
> *iklicher truk einen baldekin,*
> *dër numer beśer mochte sin.*
>
> *ider man truk uf siner hande einen śtap rot guldin,*
> *dar ufe sośen zwene pfaben di goben lichten schin.*
> *si haten ir gevidere geśpreitet*
> *unde uber di junkvroue geleitet.*
>
> *si goben ir schaten da si hine scholde gan.*
> *si śtunden rëchte alsom si lëbeten uber dër kunegine wol getan.*
> *noch dër schonen junkvrouen Hilde*
> *gink ir vater Hagene dër wilde;*

Weder im König Rother noch in der *Kudrun* findet sich irgend etwas Vergleichbares, und wir stoßen hier auf eine dritte Quelle, das verlorene Herbortlied.

Nach der *Thidrekssaga*, die hier, wie gewöhnlich, norddeutsche Quellen ausschreibt, will Dietrich von Bern freien. Man rühmt ihm Hilde, die Tochter des König Artus von Bertangen. Er schickt seinen Neffen Herbort, der für ihn werben soll. Herbort dient eine Zeitlang bei König Artus und wird schließlich Mundschenk. Die Prinzessin hat er bislang nicht gesehen. An einem hohen Festtage begibt sie sich zur Kirche. Herbort steht am Wege um sie zu sehen.[32] Über ihrem Haupte wird etwas hochgehalten, das zwei Pfauen ähnlich ist, um sie vor der Sonne zu schützen. Sie geht in die Kirche, ohne Herbort zu bemerken.[33] Er folgt, weiß ihre Aufmerksamkeit auf sich zu lenken, und es gelingt ihm,

---

[32] Bertelsen II. 50f.: *oc þann sama dag skal ganga hilldr til kirkiu. oc nu gengr herburt a leið firir hana oc vill nu sea hana*

[33] Bertelsen II. 51: *oc uppi yuir hennar hofði uar sua vm buit at sem uppi væri ivir henni .ij. pafuglar oc var þeim sua hatt halldit með sinum umbunaði at þat skygir henni við solar hita.*

einige Worte mit ihr hinter der Kirchentür zu wechseln, nachdem sie schon in der Kirche durch Anlachen eine Bekanntschaft angebahnt haben.[34] Herbort sagt, er müsse des längeren mit ihr reden, um sich seines Auftrages zu entledigen. Hilde begibt sich zu ihrem Vater und erbittet Herbort als Dienstmann. Er bringt seine Werbung vor, und Hilde will wissen, was für ein Mann Dietrich sei. Schließlich fragt sie ihn, ob er Dietrich an die Wand zeichnen könne. Herbort zeichnet nun ein Bild Dietrichs und sagt: *So sieht er aus, groß und furchtbar, und in der Wirklichkeit ist er noch entsetzlicher.*[35] Hilde will ihn nicht und fragt nun ihrerseits Herbort, warum er nicht für sich selbst werbe. Er willigt ein, und sie fliehen zusammen. Der weitere Verlauf ist für uns unwichtig.

Daß Hilde in der Kirche ihre Vertraute und Begleiterin zu Herbort schickt, um ein Treffen zu verabreden, liegt in der Natur der Geschichte, und wir brauchen dies nicht mit der Herzogstochter in Verbindung zu setzen, die im *Dukus Horant* die Botschaft überbringt, das Anlachen in der Kirche jedoch könnte man vergleichen mit der Freundlichkeit, mit der Hilde Horant vor und nach dem Kirchgang grüßt (65. 1ff.);

> *da die junge kunegine ... Horant alse nahen kam,*
> *si blikte ime under di ougen, si sach in gutlichen an.*
> *si neik gezogenliche*
> *Horant dëme edelen vursten riche.*
>
> *si gedochte in ireme mute 'here got, wër iśt diser man?*
> *ër get sa rëchte schone unde iśt sa wol getan*
> *unde śtet alse wuneklich.*
> *ër mak wol sin ein vurśte rich.*
>
> *da gink si zu der tiflah. da daś amt waś getan,*
> *da sach man di junge kunegine zu dër herbërge gan.*
> *Horant śtunt da unde sine man.*
> *di kunegine ..... sach in aber an.*

[34] Bertelsen II. 52: *oc nv lær hon til hans oc hann til hœnnar igegn.*
[35] Bertelsen II. 56: *oc nu skrifar hann a steinueginum andlit mikit oc rœðilekt. oc nu mællti han. frv se her nu andlit þiðrex konungs af bern. oc sua hialpi guð mer at andlit þiðrex konungs er nu miklu rœðilegra.*

si gruśte in mit iren ougen, si sach in gutlichen an.
si neik gezogenliche Horant dëme jungen man.

Die Herbortfabel ist auch zum Teil in den *Biterolf* eingegangen.[36] Was uns dort erzählt wird, hilft nicht weiter. Eine Brücke wäre vielleicht, daß Herbort wie Horant aus Dänemark stammt, und wir wollen uns merken, daß er verlauten läßt, er wohne mit seiner Hildburg – wie sie hier heißt – am Rhein. Wir dürfen vermuten, der Verfasser des *Dukus Horant* kannte eine Herbortgeschichte, aus der er sich die Pfauen und die Werbung durch die Jungfrau holte.

Die hier vorgeschlagene teilweise Abhängigkeit des *Dukus Horant* von einem nicht überlieferten und nur in groben Umrissen aus der *Thidrekssaga* und dem *Biterolf* zu erschließenden Herbortlied kann nicht mit derselben Sicherheit angesetzt werden wie die Verbindungen und Fäden, die zu einem älteren Hildelied und einem älteren Rotherlied führen. Daß das Herbortlied bestanden hat, daran ist nicht zu rütteln. Es muß seinerzeit sehr bekannt und sehr beliebt gewesen sein; der eigentliche Gudrunteil der *Kudrun* entnahm ihm *Ormanie, Hildeburg, Ludwig* und *Hartmut*. Da der *Biterolf*, wo diese Namen aus dem Herbortlied erscheinen, nach der *Kudrun* gedichtet ist, kann die *Kudrun* Namen und Geschichte nicht aus dem *Biterolf* erhalten haben. Überdies erwähnt die *Klage* 2215f. am Hofe Etzels *Hildeburg diu schanden vri*. Sie ist eines *richen fürsten kint, geborn von Normandi*. Ein Herbortlied bestand demnach vor dem Ende des 12. Jahrhunderts. Es ist nicht anzunehmen, daß der pfauenartige Aufputz und das jungfräuliche Heiratsangebot, das sofort auf einen Heiratsantrag im Namen eines Dritten folgt, zweimal unabhängig erfunden und verbunden wurden. Unsere Überlieferung von Werken dieser bescheideneren

---

[36] Über die Herbortsage vgl. Hermann Schneider, *Germanische Heldensage* I² (1962) 328f. und die dort angeführte Literatur. Hinzu kommt Th. Frings, *Herbort. Studien zur Thidrekssage* I (Berichte über die Verhandlungen der Sächsischen Akademie der Wissenschaften. Phil.-hist. Klasse 95. Band. 1943. 5. Heft). Reiches Material aus aller Welt für das Thema des sich anbietenden Mädchens bei Friedmar Geissler, *Brautwerbung in der Weltliteratur*, Halle 1955, 35–43. In keinem der von Geissler angeführten Beispiele wirbt der Umworbene zuerst für einen anderen.

Literatur ist jedoch höchst lückenhaft, und es wäre sehr wohl möglich, daß beide Motive getrennt in zwei uns nicht überlieferten Dichtungen vorkommen. Müßten wir dann annehmen, daß zwei verschiedene Dichter sich dieser zwei Motive bedienten? Das ist sehr unwahrscheinlich, und bei dem gegenwärtigen Stande unserer Kenntnis bleibt Ableitung aus einem Herbortlied das Gegebene.

Ein Motiv hat sich bislang nirgends aufspüren lassen: die Zumutung des Mannes, das Mädchen möge sich zu ihm verfügen. Colditz möchte dies als „spezifisch jüdisch" auffassen und unmöglich in der „höveschen" mittelhochdeutschen Literatur, so wie er auch bei der Anleihe, die Horant bei dem Kaufmann macht, an jüdische Verhältnisse denkt.[37] Sowohl der reiche Kaufmann wie auch der Besuch Hildes sind tief in der Handlung verwurzelt. Die Annahme von Colditz wäre nur möglich, wenn man sich entschlösse, einen jüdischen Autoren für den *Dukus Horant* verantwortlich zu machen. Würde ein jüdischer Autor, der für Juden dichtete, einen allgemein bekannten, leicht verbrämten christlichen Reisesegen zitieren, und noch dazu einen, der für Kreuzfahrer gedichtet wurde und das Grab Christi erwähnt? Würde er so unbefangen von der Kirche und dem kirchlichen Amt sprechen? Um zu erweisen, das Gedicht stamme von einem Juden, müßte man schon schwerere Geschütze auffahren.

Und sind mhd. Gedichte immer so *hövesch?* Ist es etwa *hövesch,*

---

[37] Siegfried Colditz, Das jiddische Fragment vom Herzog Horand in seinem Verhältnis zum Gudrunepos und der König Rother (*Mitteilungen aus dem Arbeitskreis für Jiddistik*. 2. Band. F. 12. Juli 1960): „Spezifisch jüdisch, das sei abschließend bemerkt, dürfte 55. 5ff. sein, wo Horand bei einem reichen Kaufmann eine Anleihe aufnimmt, und 67. 6ff., an welcher Stelle die Königstochter zu Horand kommen soll, wenn sie einen Wunsch erfüllt haben möchte. Diese Zumutung widerspricht völlig der in allen mhd. Dichtungen verkündeten ‚hövescheit', und ist nur aus der Stellung der Frau im Judentum erklärbar. Ihre Rolle ist seit altersher eine dienende. Sie ist vom öffentlichen Leben ausgeschlossen, ist auch in der Religionsausübung dem Manne nicht gleichgestellt und verpflichtet, diesem zu gehorchen. Der Unterschied zwischen Mann und Frau, der auch in den jüdischen Gesetzen seinen Niederschlag findet, wird von den Juden religiös-ethisch begründet, also aus dem Willen Gottes und aus der Stellung der Frau zu diesem Willen, wobei der Sündenfall eine bedeutende Rolle spielt."

wenn Siegfried im *Nibelungenlied* androht, er werde seine Frau verbläuen, falls sie wieder einmal unnötigerweise den Mund aufmacht und aus der Schule plappert? Und wenn er dem reichen und mächtigen König Gunther anempfiehlt, unter gegebenen Umständen ebenso zu verfahren? Gewiß, das stammt aus einer älteren, derberen Quelle, und der Dichter hat vergessen, es auszumerzen. Es kann ihn also nicht sonderlich bedrückt haben.

Ist die Art etwa höfisch, mit der Willehalm seiner königlichen Schwester, der Schwiegertochter des großen Karl, vor ihrem eigenen Gemahl und allen Dienstmannen die Krone abreißt, sie an den Zöpfen herumzerrt und Anstalten trifft, ihr das Haupt abzuschlagen? Oder die Art, wie er vor allen Leuten auf ihr unehrbares Liebesleben anspielt? Das stammt natürlich wiederum aus einer älteren, diesmal französischen, Quelle. Aber hatte Wolfram es nötig, diese Szenen aus der *chanson de geste* so kraß zu übernehmen und auszugestalten?

Wenn derartige Vorkommnisse in der sicher höfischen Dichtung möglich sind, dürfen wir uns nicht wundern, ab und zu in dieser unterliterarischen Unterhaltungsliteratur auf unhöfisches Benehmen zu stoßen. Ist die unverschämte Art, mit der sich Morolf im *Salman und Morolf* vor der Königin benimmt, etwa höfisch?

Warum Horant sich allerdings so benimmt ist eine ganz andere Frage, die man sich vorzulegen hat. Es könnte zusammenhängen mit der Tatsache, daß sein Hauptquartier in dem weitläufigen Gebäude des reichen Kaufmanns untergebracht ist, daß die Linde, der altberühmte Liebesbaum, hier sicher eine Rolle spielt, daß wir wahrscheinlich damit zu rechnen haben, ein großes Fest werde in eben diesem Gebäude abgehalten werden und daß die Entführung von diesem Orte aus, und dann wohl von einem Treffpunkt unter der Linde, vor sich gehen werde. Wir könnten mit gutem Gewissen annehmen, Horant wolle die Königstochter vertraut machen mit der Umgebung, aus der er vorhabe, mit ihr zu entfliehen. Und all dies könnte sehr gut aus einer deutschen Quelle übernommen worden sein.

Ehe wir nun zum Schluß noch versuchen, Ursprung und Entwicklung des *Dukus Horant* etwas genauer festzulegen und das Werk so in die deutsche Literaturgeschichte einzubauen, müssen wir uns mit den Namen befassen.

Namen sitzen, wenn auch häufig in verderbter Form, sehr fest in der Dichtung. Dichterische Handlung ist unvermeidlich an Namen gebunden; sie sind das Gerüst, um das sich die Handlung aufbaut, und es ist daher selbstverständlich, daß man bei Namengleichheit oder Namenähnlichkeit in verschiedenen Dichtungen nach literarischen Zusammenhängen Ausschau hält.

Abgesehen von Gruppenbenennungen wie Volk, zwölf Könige, Hofgesellschaft kommen folgende Personen anonym vor:

1) ein alter Herzog, der Etene die französische Königstochter vorschlägt;
2) ein *wallœre*, der die richtige Braut weiß;
3) ein byzantinischer (?) Herzog, der von Witolt angegriffen wird;
4) eine Herzogstochter, die Vertraute der Prinzessin Hilde;
5) ein griechischer Fürst, der gegen Horant tjostiert;
6) der Löwenwärter;
7) der Spielmann, den Horant reich beschenkt;
8) ein reicher Kaufmann;
9) ein noch reicherer Kaufmann;
10) die Frau des Kaufmanns.

Den meisten von ihnen fallen typische Rollen zu. Abweichend von *Kudrun* und *König Rother* ist es ein unbekannter und unbenannter *wallœre*, der auf die ferne Schöne verweist: im *König Rother* fällt diese Rolle dem Grafen Luppolt zu, der eine der wichtigsten Personen im Epos ist, in der *Kudrun* wird Hilde von Morunc erwähnt, womit nicht gesagt sein soll, daß im ursprünglichen Hildelied und Rotherlied auch benannte Personen für diese Funktionen in Betracht kamen. Die Vertraute der Hilde, im *Dukus Horant* eine Herzogstochter, ist im *König Rother* eine Dienerin namens Herlint, in der *Kudrun* ist es ein auch unbenannter *gevüeger kamerœre*. Besonders fällt auf, daß sowohl der reiche Kaufmann, der Horant Unterkunft gewährt, sowie seine Frau, unbenannt bleiben. Beide sind erst spät als handelnde Personen in die Geschichte hineingekommen. Im *König Rother* hütet ein Kaufmann gegen Belohnung – er erhält einen Mantel – die Schiffe des Grafen Luppolt. Benannt ist er nicht, noch stellt ihn sich der Dichter als reich vor.[38] Der reiche Kaufmann und seine Rolle waren wohl eine Zutat des zweiten *Dukus-Horant*-Dichters.

Von benannten Personen stammen sechs aus dem Hilde-Umkreis, nämlich Etene, Hagene, Hilde, Horant, Morunk und Wate, zwei, Asprian und Witolt, aus der Rother-Geschichte. Die Riesennamen geben zu weiteren Bemerkungen keinen Anlaß.[39] Von den anderen Namen scheiden Hagene und Hilde sofort aus. Sie vermögen uns keinerlei Auskunft zu geben. Morunk ist kein alter Name in der Heldensage, doch gibt zu denken, daß er in der *Kudrun* in ähnlicher Stellung wie im *Dukus Horant* erscheint, obwohl ihm hier wie dort keine wichtige Rolle zugewiesen ist. Verwandtschaft von Horant und Morunc kennt die *Kudrun* nicht.[40] Wer annehmen möchte, der Dichter des *Dukus Horant* hätte die *Kudrun* gekannt, fände in dem Namen und in der etwas schattenhaften Rolle des Morunc eine willkommene Stütze. Vieles jedoch steht einer solchen Annahme entgegen, und es bleibt unbedenklicher, dem Morunc eine Statistenrolle in einem Hildelied zuzubilligen. Verbleiben Etene, Horant und Wate, und ihnen müssen wir uns jetzt zuwenden.[41]

[38] *König Rother* 206 ff.
[39] Im *König Rother* findet sich meist Asprian, doch erscheinen Aspriam 764 (reimt auf „man") und 1280 (reimt auf „getan"), Aspriant 704 (reimt auf „man"), was sicher nur Schreiberausweichungen sind. Die *Thidrekssaga* hat gewöhnlich Asplian doch auch Aspilian. Name und zum Teil Rolle stammen wohl aus Frankreich und finden sich vermutlich schon im ältesten rheinischen Rotherlied. Vgl. H. Schneider, *Germanische Heldensage*[2], Berlin 1962, 325f. – Für Witolt hat der *König Rother* 27mal Widolt, zweimal Witolt, und je einmal Widol und Witoldt, was sicher Verschreibungen sind. Das Fragment E hat nur Witolf (viermal) und einmal den Akkusativ Witolfen, was mit der *Thidrekssaga* übereinstimmt, in der wohl verschiedene Schreibungen vorkommen, das *f* jedoch völlig fest sitzt. Es wird also schon in dem in Deutschland mündlich umlaufenden Rotherlied verschiedene Formen für den Namen gegeben haben.
[40] Dem Morunc wird in der *Kudrun* zu Anfang Nîfland zugeteilt und er kommt aus Friesen. Später ist er Markgraf von Waleis. Doch findet sich auch *Kudrun* 1552. 2: „da tuon die Tene Hôrant unde Môrunc." Nach dem *Dukus Horant* muß Morunk ein Däne sein.
[41] Wir behandeln die Namen vorerst soweit wie möglich rein als Namenmaterial. Die Rollen, die wir den drei Gestalten zuschreiben möchten, werden unten gesondert behandelt.

Der Ausfall des Anfangskonsonanten in Etene ist rätselhaft, und wir können vorläufig keine überzeugende Lösung dieses Rätsels vorschlagen. In Hagene, Hilde und Horant – und auch sonst in Wörtern mit h-Anlaut – sitzt das „h" vollkommen fest; nicht ein einziges Mal erscheinen diese Namen ohne „h". Umgekehrt verhält es sich bei Etene: nicht ein einziges Mal kommt der Name mit h-Anlaut vor. Gäbe es nun noch andere Geschichten, in denen ein Charakter namens Etene eine Rolle spielte, könnte man erwägen, ob eine solche Geschichte nicht etwa aus einem ziemlich westlich vom Rhein gelegenen Gebiet stammen dürfte, unter Umständen sogar aus französischem Sprachgebiet, wo mit einem h-Abfall zu rechnen wäre. Wir kennen keine solche Geschichten, und es ist höchst unwahrscheinlich, daß es je welche gab. In der Hildesage aber konnte Etene nur im Zusammenhang mit Hagene, Hilde und Horant (oder Herrant?) vorkommen, und bei denen gab es nie einen h-Ausfall. In stabreimende Zeit kann eine derartige Form selbstverständlich nicht zurückreichen, doch auch in der Reimdichtung wird sie nicht gar zu alt sein. Man sträubt sich, rein zufällige Entstehung anzunehmen. Hier besitzen wir wahrscheinlich einen Schlüssel, der uns weiterführen könnte, doch wissen wir vorläufig nicht, was sich mit diesem Schlüssel aufschließen ließe.[42] Auch das auslautende -e, das sehr fest sitzt, ist nicht aus älterem Material zu belegen. Wir wissen keine Erklärung. Könnte die Form durch „Hagene" beeinflußt sein?

Für den Namen Hetin selbst haben wir im Deutschen frühe Zeugnisse. Schon Jakob Grimm befaßte sich mit der Etymologie

---

[42] Herr Hans-Peter Althaus verweist uns auf Wolfgang Jungandreas, *Die Gudrunsage in den Ober- und Niederlanden. Eine Vorgeschichte des Epos*, Göttingen 1948, 94f. Jungandreas befaßt sich mit den Formen Hortlant, Ortlant, Nortlant. B. Symons in der zweiten Auflage seiner *Kudrun* und Bruno Boesch in der dritten Auflage, Tübingen 1954, führen alle Formen unter *Kudrun* 204. 4 an. Beide setzen Nortlant = Dänemark in den Text. Folgende Formen erscheinen in der *Kudrun*: *Hortlant* (11), *Hortriche* (3), *Horlant* (4), *Horriche* (1), *Ortlant* (6), *Nortlant* (4). Jungandreas verweist auf anlautenden h-Abfall in Flandern und will die Form *Ortlant* so erklären. Sicher ist, daß die Form „Heten" durch Flandern gezogen sein muß, und anlautender h-Abfall ist dort durchaus möglich. Aber warum dann nicht auch Agene, Ilde und Orant?

des Namens.⁴³ J. Schatz sammelte später die oberdeutschen Beispiele.⁴⁴ Hetin erscheint im *Salzburger Verbrüderungsbuch* im Jahre 784, und einem Mönch *Hetinus* aus Moosbach im Elsaß begegnen wir im 9. Jahrhundert.⁴⁵ An Kompositen haben wir um 800 einen *Wolfhetin* in Salzburg. Auch im 9. Jahrhundert kommt dort ein *Wolfhetin* vor.⁴⁶ Eine Regensburger Urkunde vom Jahre 792 überliefert einen *Mardhetin presp.*⁴⁷ Dies kann man als einen weiteren Hinweis dafür ansehen, der Name *Hetin* gehe auf eine Form *hedin* zurück, die „Pelz, Hülle" bedeutete. Eine solche Deutung, die schon von Jakob Grimm befürwortet wurde, paßt natürlich ausgezeichnet in die von Panzer vertretenen Märchentheorien und die Abstammung der Hildesage und aller möglichen anderen Sagen vom Goldenertypus.⁴⁸ Wenn nun Schatz aber meint, das Auftreten des einfachen Namens *Hetin* sei sicheres Zeugnis für Bekanntschaft mit der Hildesage seitens der hochdeutschen Namensgeber und -träger und beweise ferner lebendige Kenntnis in Süddeutschland sowohl vor wie nach der hochdeutschen Konsonantenverschiebung dieser aus nördlicheren Gegenden eingewanderten Sage, so ist dieser Schluß keineswegs zwingend. Man sucht gewöhnlich nach mindestens zwei Namen, die, irgendwie verbunden, in einer Familie erscheinen. Nun dürfte es nicht allzuhäufig vorgekommen sein, daß in Verbrüderungsbüchern zwei Familienmitglieder neben-

---

⁴³ Jakob Grimm, Allerhand zu Gudrun, *ZfdA* II (1842) 2 handelt über ahd. *Wolfhetan, Pernhetan*. Das letztere ist allerdings ahd. nicht belegt und wohl nach nordischen Formen erschlossen.

⁴⁴ J. Schatz, Ein Zeugnis zur Hildesage, *ZfdA* L (1908). 341ff. Vgl. ferner Andreas Heusler, Heldennamen in mehrfacher Lautgestalt, *ZfdA* LII (1910). 97, wo die Namen ohne weitere Bemerkung verzeichnet werden. Heusler verweist statt dessen auf die Ausführungen von Schatz und auf G. Baesecke, *Der Münchener Oswald*, (1907) 284.

⁴⁵ *Reichenauer Verbrüderungsbuch*, ed. Paul Piper, 244. 8.

⁴⁶ *Salzburger Verbrüderungsbuch* 67. 25.

⁴⁷ Thomas Ried, *Codex chronologicus-diplomaticus episcopatus Ratisbonensis* (Regensburg 1816) I, 7. no. 8.

⁴⁸ Friedrich Panzer, *Hilde-Gudrun*, Halle 1901, *passim* und besonders 307f. Vgl. Andreas Heusler, *Hoops Reallexikon* II. 520 unter Stichwort „Hetel": „So viel ist klar, daß die Sage nichts mit der Goldenerfabel zu tun hat", einer Meinung, der wir uns beruhigt anschließen. Hinzuzuziehen wäre ferner noch Jakob Grimm, *Deutsche Mythologie*⁴ II (Berlin 1876) 916f.

einander standen und dann außerdem noch Namen aus der Heldensage trugen. Ein einzelner Name kann nichts besagen. Selbst wenn er ursprünglich aus der Sage stammt, kann die Namengebung in einer anderen Landschaft stattgefunden haben, und der Name ist dann aus Gründen, die uns jetzt entgehen, gewandert; er kann auch schon vor der Sagenbildung bekannt und beliebt gewesen sein. Wenn wirklich die ursprüngliche Bedeutung „Pelz, Hülle" gewesen sein sollte, so ist das unter Umständen schon beweiskräftiger, obwohl man auch in einem solchen Falle durchaus berechtigte Einwendungen vorbringen könnte.[49]

Weit schwerer wiegt eine Tatsache aus der Geschichte der Wanderung der germanischen Heldensagen, die hier vorweggenommen sei. In der Frühzeit wandern, soweit wir in der Lage sind, dies zu ermessen, Heldensagen im allgemeinen nicht von

---

[49] Nachdem Schatz, *ZfdA* L (1908). 342f. den von Müllenhoff angemerkten Ortsnamen *Heteninga* (Wartmann, *Urkundenbuch der Abtei St. Gallen* II. nr. 713. 757) vom Jahre 897 und 909 erwähnt hat, will er auch *Hetining* als Grundlage für den Namen des Dorfes *Hötting*, unweit von Innsbruck, ansetzen. Als früheste Form kann er allerdings erst *Sigewin de Heteningen* aus dem Jahre 1163 anführen. Des weiteren zieht er den Bergnamen *Frau Hitt* an und die mit diesem Namen verbundene Sage (Gebrüder Grimm, *Deutsche Sagen* [Berlin o. J.] no. 233, *Frau Hütt*). In den Gedichten von C. von Lutterotti (Innsbruck 1854) heißt der Sohn der Frau Hitt auch noch *Hogn!* So finden sich *Hetin, Hilti* (das zu *Hitt* geworden ist!) und *Hogn* = Hagen vereint in der Innsbrucker Gegend. Hieraus schließt Schatz: „Nun ist es in der Tat höchst merkwürdig, daß wir hier die drei Namen der alten Hildesage vereinigt finden an einer Stelle, an welche die Hildesage in ihrer ursprünglichen Form durch die ersten deutschen Ansiedler mitgebracht worden ist. Der Zusammenhang zwischen beiden Sagen kann vielleicht erst durch eine erschöpfende Behandlung der Versteinerungssagen erwiesen werden, aber es ist nicht nur möglich, sondern recht wahrscheinlich, daß wir es hier mit einer zwar verblaßten und verwischten, aber lebendigen und ununterbrochenen, mehr als tausendjährigen Sagenform zu tun haben." Kritik erübrigt sich. Vgl. noch die von Bruno Boesch besorgte dritte Auflage von B. Symons, *Kudrun*, Tübingen 1954, xixf. und die dort angegebene weitere Literatur. Da die Form *Hetin* als Ortsnamenform in die Landnahmezeit zurückgehen müßte, würde die Hildedichtung in Oberdeutschland in eine ferne Zeit entrückt werden, was auch für Boesch aus „allgemeinen Erwägungen höchst fraglich" erscheint.

Norden nach Süden. Die Wielandsage ist kaum in sehr früher Zeit in Oberdeutschland bekannt; es kann nicht als sicher ausgemacht werden, daß sich in Oberdeutschland Spuren der festländisch-anglischen Finndichtung vorgefunden hätten. Doch hat man um das Jahr 700 einen alemannischen Herzog am Bodensee, Huohhing = Hocing und seinen Sohn Hnabi = Hnæf, was annehmen läßt, die Finnsage sei doch vielleicht in früher Zeit nach Oberdeutschland gedrungen, obwohl es durchaus möglich ist, dies sei von England aus und nicht vom festländischen Angeln geschehen. Hier handelt es sich wohlvermerkt um zwei in anglischer Sage eng verbundene Namen.[50] Fest steht: der alte Name *Hetin* war in der deutschen Dichtung bekannt.[51] Dafür bürgt der *Dukus Horant*. Sehr bekannt allerdings nicht, soweit wir in der Lage sind, dies zu beurteilen, ebensowenig wie die Ausweichform *Hetel* je

---

[50] Vgl. Andreas Heusler in Hoops, *Reallexikon* II. 505f. unter „Hengest". Den diesbezüglichen Text findet man in Thegans Leben Ludwigs des Frommen, § 2: „Godefridus dux genuit Huochingum, Huochingus genuit Nebi, Nebi genuit Immam, Imma vero genuit Hiltigardam, beatissimam reginam", wo Hildigard sich möglicherweise mit der altenglischen Hildeburh, in der Sage *Hoces dohtor*, vergleichen ließe.

[51] Friedrich Panzer wollte die Sage gar in sehr früher Zeit bei den merowingischen Franken ansetzen. Vgl. *Hilde-Gudrun* 438: „Thatsächlich aber muß die Sage viel länger schon den deutschen Stämmen bekannt gewesen sein, als die angeführten Nachweise vermuten lassen; sie [die Gelehrten] haben nämlich übersehen, daß der Name des Haupthelden der Hildesage unter den Franken bereits im 6. Jahrhundert als Personenname bezeugt ist: *Chedinus* heißt der Feldherr König Childeberts II., der 590 einen Theil des fränkischen Heeres gegen die Langobarden nach Italien führte, Gregor v. Tours *Hist. Franc.* X. 3. Wenn aber je ein Name, so zeugt dieser, dessen appellativer Sinn in dieser frühen Zeit noch verstanden sein muß, für wirkliche Bekanntschaft mit der Sage." Wir können uns dieser Beweisführung nicht anschließen. Mit einem vereinzelt erscheinenden Namen läßt sich nur dann etwas beweisen, wenn man erhärten kann, dieser Name sei zuerst von einem Dichter verwendet worden. Wenn Panzer dann die Lokalisierung des Kampfes zwischen Hagen und Hetel auf dem Wülpensande den Niederfranken zuweisen will, so ist dagegen sagengeschichtlich nichts einzuwenden. Von den Niederfranken wandert die Sage dann schließlich nach Oberdeutschland. Damit kann man jedoch keine gerade Linie von Chedinus zum Wülpensande beweisen.

außerhalb der mhd. *Kudrun* in der Literatur zu finden ist. Was nun die spätere Form *Hetel* anbelangt: Bei Mone wird sie schon aus dem 8. Jahrhundert nachgewiesen, allerdings nie in Verbindung mit anderen Namen der Sage.[52] In einer von Friedrich Wilhelm angezogenen Obermünsterer Urkunde,[53] die nach Thomas Ried aus dem Jahre 1151 stammt, befindet sich unter dreizehn Zeugennamen (*Rûtpreht* kommt anfangs zweimal vor) als fünfter *Hettil*. Sowohl der Namensform nach als auch aus anderen Gründen möchte Wilhelm die Urkunde wesentlich früher und nicht nach 1120 setzen. Er folgert: „Wir können jetzt, glaube ich, sicher sagen, daß zur Zeit, als der Pfaffe Konrad sein Rolandslied schrieb, in Regensburg und Umgebung ein Gedicht bekannt war, das die Hildesage behandelt. Hagen, Hettel, Hilde, Wate und Horant werden darin vorgekommen sein. Der Name des Entführers der Hilde wird schon damals *Hettel*, nicht *Hetten* gelautet haben." Nachdem ihm der Name *Gudrun*, dort wo er erscheint, seiner Häufigkeit wegen nicht ganz so beweiskräftig für Sagenkenntnis ist, fährt Wilhelm fort: „Mit dem Namen *Hettil* ist das anders. Er ist unlöslich mit der deutschen Hildesage verbunden. Er beweist wirklich etwas." Dieser Meinung kann man auf keinen Fall beipflichten. Ein einzelner Name kann nur unter ganz besonderen Umständen etwas beweisen. Hier sollte man die Bemerkung des Altmeisters Hermann Schneider beherzigen, der bei den Literaturangaben zu den Namen der Hildesage kurz und bündig bemerkt: „Namenbelege aus Urkunden (die man zum Teil sehr überschätzt hat:..." Und damit können wir den Namen *Hetin* in der deutschen Literatur außerhalb des *Dukus Horant* vorläufig auf sich beruhen lassen.

In den nordgermanischen Quellen ist der Name immer Heðinn, außerdem begegnen wir dem *Hjaðningavíg*. Saxo Grammaticus bietet *Hithinus*. Zur Form der Namen ist nichts weiter zu bemer-

---

[52] F. J. Mone, *Untersuchungen zur Geschichte der teutschen Heldensage*, 1836, 84.
[53] Friedrich Wilhelm, Ein wichtiges Regensburger Zeugnis für die Hildesage im 12. Jahrhundert, *PBB* XXXIII (1908) 570–572. Die Urkunde findet sich auch schon bei Thomas Ried, *op. cit.* I. 222. no. 239.
[54] Hermann Schneider, *Germanische Heldensage* I², Berlin 1962, 371.

ken. Im Altenglischen überliefert der *Widsith* die Form *Henden*, für die von allen Herausgebern, abgesehen von Kemp Malone, *Heoden* eingesetzt wird. Heoden läßt sich auch erschließen aus dem *Heodeninga scop* des *Deor*. Kemp Malone versucht eine etwas abenteuerliche Rettung des handschriftlichen *henden*, das er dem *Hendil* (*l* aus *n* durch Dissimilation) des Saxo Grammaticus gleichsetzt und einem aus Ammianus Marcellinus[55] *hendinos* abgeleiteten gotischen **hindins* = König zuweist. Für ihn bedeutet das altenglische *henden* damit „König". Da er aber trotzdem an der Identität des Glommenherrschers mit dem Heðinn des Nordens und dem deutschen Hetel festhält, spielt diese Frage für unsere Zwecke weiter keine Rolle. Genau wie im Deutschen sind auch die Belege im Englischen für Heoden spärlich.[56]

Auch bei dem Sänger finden sich in der Überlieferung zwei verschiedene Namen, nur daß hier die nordische und altenglische Form (Hjarrandi, Heorrenda), obwohl als Name (Herrant) früh und gut belegt, nicht in der deutschen Dichtung vorkommt. *Kudrun* sowohl wie der *Dukus Horant* bieten dieselbe Form, und hier muß man entweder annehmen, der *Dukus Horant* habe die Form aus der *Kudrun* oder aber: beide schöpfen aus gemeinsamer Quelle. Daß die Gestalten irgendwie zusammengehören, ist nicht zu bezweifeln; lautlich kann man sie nur mit größter Schwierigkeit vereinigen.

Panzer faßte Horant als eine Partizipialbildung auf, und dies bestärkte ihn in seiner Meinung, es handle sich um einen Über-

---

[55] Kemp Malone, *Widsith*² (*Anglistica* XIII), Kopenhagen 1962, 81f. *Hendil* ist bei Saxo (VIII. iii. 12, Zeile 2) einer von sieben Königen, von dem nichts weiter berichtet wird. *hendinos* bei Ammianus Marcellinus XXVIII, v. 14.

[56] Vgl. G. Binz, Zeugnisse zur germanischen Sage in England, *PBB* XX (1895) 195. Auf Seite 196 versucht Binz auf Grund von im *Liber Vitae* (ed. Stevenson, Surtees Society no. 2. 110) nebeneinander erscheinenden *Haitele* und *Helkene* zu erweisen, daß *Heitele* = Hetel und *Helkene* = niederfränkischem oder niederdeutschem Hildeken zu werten seien und bemerkt: „beide Namen zusammen geben also ein sicheres Zeugnis für eine spätere, nicht auf altenglischer Tradition, sondern auf fremdem Einfluß beruhende Verbreitung der Hildesage." Diese Folgerung wäre auch dann noch abwegig, wenn sich wirklich beweisen ließe, die englischen Formen seien Hetel und Hilde gleichzusetzen.

namen. Diesen Namen stellen Detter und Heinzel und nach ihnen Kögel[57] zu mhd. *herren* und *hurren*, ahd. *hirlîh* „hastig, jäh, stark". Nun ist jedoch *hurren* im mhd. nicht besonders gut belegt (siehe bei Lexer), und *herren* ist überhaupt erst aus *hurren* erschlossen. Jungandreas[58] folgert ein urgermanisches Wort, dem er die Bedeutung „Sänger" (der Tönende) beilegt; er verbindet es mit altn. *hjarri*, altenglisch *heorr*: „Türangel" (= die Kreischende). Der Name Horant kommt vom Anfang des 12. Jahrhunderts an in oberdeutschen Urkunden vor. Müllenhoff[59] weist einen *Horant de Puosencheim*, der vielleicht schon vor 1102 vorkommt, in einer Tegernseer Urkunde nach, einen *Horant de Porterhus* zwischen 1102 und 1150 und einen *Horant de Harde* um 1150 in einer Chiemseer Urkunde. Wenn Müllenhoff jedoch hieraus schließt, man müsse nach dem Alter des ersten Nachweises mit der Verbreitung der Hildesage in Oberbaiern schon in der zweiten Hälfte des 11. Jahrhunderts rechnen, so regen sich doch berechtigte Zweifel. Richard Müller[60] war in der Lage, *quidam homo nomine Horandus* anzuführen, der dem Klosterneuburger Stift einen Grundbesitz schenkt. Die Gabe wird unter anderem bezeugt von Graf Gebehard von Bengen, der 1144 bereits verstorben war. Weiterhin führt Müller an: *Irmigardam uxorem Horandi cum filiis suis ...... Horant*. Eine genaue Zeitbestimmung ist nicht beizubringen, doch nach Müller fällt die Urkunde um 1150. Aus dem späten 13. Jahrhundert kann Edward Schröder[61] aus fränkischen Urkunden einige Horant belegen. Weitgehende Folgerungen knüpft Hellmut Rosenfeld[62] an das unbezweifelte Vorkommen des Namens Horant in Tegernseer Urkunden des 12. Jahrhunderts. Mit seiner Etymologie (*Horand* aus *Hôch-rand*) brauchen wir uns nicht näher zu befassen. Für Rosenfeld gilt es als ausgemacht, daß der *Dukus*

---

[57] *PBB* XVIII (1894) 553, und Rudolf Koegel, *Geschichte der deutschen Literatur* I. 1 (Straßburg 1894) 169f.
[58] *op. cit.* 203.
[59] Karl Müllenhoff, Zeugnisse und Excurse zur deutschen Heldensage, *ZfdA* XII (1860).
[60] Beiträge zur Kunde der mhd. Literatur in Österreich, *ZfdA* XXXI (1887) 82ff.
[61] Wieland der Schmied, *ZfdA* LIII (1912). 333.
[62] Die Kudrun: Nordseedichtung oder Donaudichtung?, *ZfdPh* LXXXI (1962). 289–314.

Horant auf unsere *Kudrun* zurückgeht. Nach ihm hieß der Sänger in der Hildedichtung, die früh in Bayern bekannt war, Herrand aus Harirand, und er folgert: „Die einzig plausible Erklärung ist, daß der Kudrundichter den in der Hildedichtung vorgefundenen Namen *Herrant*, der auch im mittelalterlichen Baiern üblich und ungemein häufig ist, bewußt in den nur im Tegernseer Bereich üblichen Namen *Horant* umänderte, wohl in Anspielung auf eine ihm bekannte Persönlichkeit dieses Namens."

Bei Hetin fand sich eine jüngere Ausweichform im Deutschen, bei Horant gab es allerdings die etymologisch entsprechende Form sehr häufig als Personenname in Deutschland, obwohl dieser Name nie mit der Dichtung irgendwie verbunden war. Bei Wate bestehen gewiß Schwierigkeiten in der Entwicklung der verschiedenen Rollen, die ihm in der Dichtung zufallen, der Name ist jedoch eindeutig. Das altenglische Wada und das deutsche Wate lassen sich ohne weiteren Umschweif aus dem Verbum „waten" deuten.[63] Im Norden ist er unbekannt. Die Form Vaðe in der *Thidrekssaga* ist von dem Sagamann leicht dem Norwegischen angeglichen.

Ehe wir uns nun noch kurz mit der Entwicklungsgeschichte der Hildesage beschäftigen, müssen wir noch einen raschen Überblick geben über die verschiedenen Rollen, die den Charakteren zugeteilt werden.

Die nordische Entwicklung geht ihre eigenen Wege. Weder kennt sie den verführerischen Sänger noch weiß sie etwas von dem berserkerhaften Helfer. Im Grunde sind die handelnden Personen Vater, Tochter und Entführer. Der Vater von Heðinn, Hjarrandi, bleibt unwichtig und ist leicht auszumerzen, führt aber auf eine Quelle zurück, in der zum mindesten der Name Hjarrandi in der Geschichte vorkam. Der ewig währende Kampf ist Sonderentwicklung in Skandinavien. Saxo Grammaticus erzählt eine etwas verworrene Geschichte von Høginus, Hithinus und Hilda, die aber doch die Grundzüge einer konsequenten Fabel bewahrt und uns den Inselnamen Hithinsø als ursprünglichen Kampfplatz rettet. Der bei Saxo lose angehängte, nach sieben Jahren erneut ausbrechende Kampf, in dem sich Høginus und Hithinus gegenseitig

---

[63] Kemp Malone, *op. cit.* 133 und 206–207 folgt E. Björkman, *Anglia Beibl* XXX (1919) 170–177 und erklärt, der Name "refers to prowess in battle".

tödlich verwunden und ihre Wiedererweckung während der Nacht durch Hilda, die so erneuten Kampf heraufbeschwört, ist ein Anhängsel, das sich schlecht mit der vorigen Versöhnung vereinbaren läßt.

In der ältesten Merkreihe des *Widsith* lesen wir Vers 21: *Hagena Holmrygum ond Heoden Glommum.* Damit ist eine Geschichte, in der Hagen und Hetin verwickelt waren, für England gesichert. *Deor* 36 überliefert den gen. pl. *Heodeninga.* Wir sind nicht ohne weiteres berechtigt, diese zwei Erwähnungen zusammenzukoppeln und so eine anderweits bekannte Geschichte zu konstruieren.

In der altenglischen Literatur erscheint nun auch Wate und zwar recht nahe neben der Erwähnung von Hagen und Hetin. Daß ein Witta zwischen den Namen steht, könnte hinweggedeutet werden, und man bekäme so eine Fabel, in der Hagen, Hetin und Wate verwickelt waren. Dies hat man auch im allgemeinen angenommen. Die Schwierigkeit besteht jedoch in der ganzen Anlage der Merkreihe. Die ersten zehn Zeilen sind in fünf zweizeiligen Strophen angelegt, in denen das Wort *weold* immer in der ersten Zeile vorkommt und in der zweiten nicht wiederholt wird. Hagen und Hetin stehen in der zweiten Zeile der zweiten Strophe, Wate in der ersten der dritten.[64] Wenn man bedenkt, daß Wate erst relativ spät in der Hildesage seinen Einzug hält und daß er im Norden überhaupt unbekannt ist, kann man doch Zweifel hegen. Die Helsingen, über die er herrscht, muß man in der Ostseegegend suchen.[65] Ob Wate in England nun mit der Hildesage verknüpft war oder nicht: ein berühmter Held war er auf jeden Fall. Wir besitzen leider nur Anspielungen. Doch gibt es deren in Eng-

[64] *Casere weold Creacum ond Cœlic Finnum,*
Hagena Holmrygum ond Heoden Glommum.
Witta weold Swæfum, Wada Hœlsingum,
Meaca Myrgingum, Mearchealf Hundingum.

Eine ins einzelne gehende Besprechung dieser Zeilen würde zu weit von unserem Thema hinwegführen. Literaturangaben findet man in den Widsithausgaben (R. W. Chambers, Cambridge 1912; Kemp Malone, *Widsith*[1], London 1936, *Widsith*[2], Kopenhagen 1962.)

[65] Helsingør, Helsingborg, Helsingland in Schweden und Helsingfors scheinen alle dasselbe Element im Stamm zu haben, und sie dürften alle irgendwie mit den Helsingen zusammenhängen.

land so viele,⁶⁶ daß man nicht umhin kann, anzunehmen, es habe seinerzeit in England selbständige Geschichten von Wate gegeben, die nichts mit der Hildesage zu tun hatten.

Und nun Horant: der fiktive Scop Deor beklagt sich darüber, daß er in seinem Amte von einem ausgezeichneten Sänger verdrängt worden sei, dem sein Herr (Heoden muß gemeint sein) Amt und Einkommen Deors übermacht habe.⁶⁷ Hetin und Horant sind somit in England belegt als königlicher Herr und am Hofe fest angestellter Sänger. Ein einigermaßen festes Datum für die Deordichtung haben wir nicht. Sie mag um 800 entstanden sein. Ein festes Datum würde an sich nichts beweisen können über das Paar Heoden/Heorrenda, das beträchtlich älter sein muß.

Und jetzt die Rollen in der deutschen Dichtung: in der *Kudrun* läßt Hetel Hilde für sich entführen. Er selbst tritt bei der Entführung nicht in Erscheinung. Horant behauptet, Hetel sei ein ausgezeichneter Sänger, und dasselbe lesen wir auch im *Dukus Horant*. Später wird Hetel von dem Normannen Ludwig auf dem Wülpensand erschlagen. Daß Hagen Hetel auf dem Wülpensand

---

⁶⁶ Geoffrey Chaucer, *Troilus*, Book III, 610ff. (ed. Robinson):

And after soper gonnen they to ryse
At ese wel, with hertes fresshe and glade,
And wel was hym that koulde best devyse
To lyken hire, or that hir laughen made.
He song; she pleyde; he tolde tale of Wade.

Merchaunt's Tale 1424f. (ed. Robinson):

And eek thise olde wydwes, God it woot,
They konne so muchel craft on Wades boot. ...

Weitere Erwähnungen bei Chambers, *op. cit.* 96ff., aus denen klar hervorgeht, Wate sei sowohl Riese gewesen wie ein Wesen, das häufig mit Wasser in Verbindung gebracht wurde. Auf eine merkwürdige Parallele mit *Dukus Horant*, die bei Walter Map erscheint, kommen wir unten S. 120 zu sprechen.

⁶⁷ *Deor* 35ff.: þæt ic bi me sylfum   secgan wille,
 þæt ic hwile wæs   Heodeninga scop,
 dryhtne dyre;   me wæs Deor noma.
 Ahte ic fela wintra   folgað tilne,
 holdne hlaford,   oþ þæt Heorrenda nu,
 leoðcræftig monn   londryht geþah
 þæt me eorla hleo   ær gesealde.

erschlug und daß Wate ihn an Hagen rächte, kann man allein aus den Andeutungen im *Alexanderlied* nicht folgern. So kann es gewesen sein, so wird es aus anderen Gründen auch gewesen sein, es steht aber nicht im Text.[68] Der *Dukus Horant* steuert nichts Selbständiges bei. Das ist im Grunde alles, was wir aus den deutschen Texten über Hetel/Hetin herausholen können. Altes Gut könnte in dem Zusammenstoß von Hetel und Hagen stecken,[69] doch ist es eine Selbstverständlichkeit in einem mittelalterlichen Epos, daß die Anführer auf beiden Seiten zum mindesten die Klingen kreuzen.

Auch was wir über Horant erfahren, hilft nicht recht weiter. Er ist ein berühmter Sänger, dessen Gesang magische Elemente besessen haben dürfte,[70] und sowohl in der *Kudrun* wie im *Dukus Horant* finden sich Anzeichen dafür, daß er ein unabhängiger Herrscher gewesen sei. Das Überraschende an Horant ist: er erscheint in der deutschen Literatur erst in anderen Texten, die nachweislich später verfaßt worden sind als die *Kudrun*.[71] Man sollte meinen, ein bekannter, mit Leier und Schwert ausgerüsteter Held würde ab und zu von dichtenden Standesgenossen wenigstens erwähnt werden. Nichts von alledem; aus irgendeinem uns jetzt nicht mehr erreichbaren Grunde scheint die Dichtung nie in weite Kreise gedrungen zu sein. Daß die gesamte Schöpfung einem begnadeten Sänger lauscht ist ein Zug, der in vielen Literaturen immer wieder zu belegen ist. Reiches Material ist zusammenge-

---

[68] *Vorauer Alexander* 1321 ff.:
> man saget von dem sturm der uf Wolfenwerde gescah
> da Hilten vater tot gelach
> zewisken Hagenen unde Waten ...

[69] *Kudrun* 506. 2: *Hetele der küene wart von Hagenen wunt.*

[70] In der *Kudrun* 397 singt Horant „eine wîse, diu was von Amilê, die nie kristen mensche gelernte sît noch ê, wan daz er si hôrte ûf dem wilden vluote", und im *Dukus Horant* befinden sich die *mermine* unter den Zuhörern. Wenn im Norden Hilde Zauberlieder singt, um die Gefallenen wieder zum Leben zu erwecken, so kann dies unter Umständen ein umgebogenes Motiv sein. Doch kennt der Norden auch sonst zauberische Lieder.

[71] Boppe, *Weinschwelg, Wartburgkrieg, Salman und Morolf*. Die Stellen werden zitiert bei Wilhelm Grimm, *Die Deutsche Heldensage*³, Gütersloh 1889, S. 379.

stellt bei Baechtold-Stäubli.[72] Neu und merkwürdig im *Dukus Horant* ist die zarte Musikempfindsamkeit der Wildschweine, die ihr Wühlen einstellen. Sie ist sonst nirgends zu belegen und spricht nicht gerade für einen jüdischen Autoren.

Nachricht von der Sangeskunst muß sich unabhängig von der Hildedichtung in den Norden verschlagen haben, denn die *Bosasaga*, kaum vor dem 14. Jahrhundert entstanden, weiß von einer Tanzweise *Hjarranda-hljoð*.[73] Verschüttetes Sagengut liegt wohl auch vor in der Erzählung bei Saxo Grammaticus von dem sangeskundigen König Hjarne,[74] dessen Name Axel Olrik dem des Hjarrandi gleichsetzen wollte.[75]

Wate ist im *Dukus Horant* Statist. Weder hat er sich den Riesen aus dem *König Rother* angeglichen noch hat er, wenigstens in dem erhaltenen Fragment, eine Rolle, die dem Kudrunepos gemäß wäre. Dennoch ist er für uns sagengeschichtlich wichtig. Der Verfasser hat ganz recht. In der späteren Heldensage wurde Wate in manchen Gegenden zum Riesen. Ob es sich dabei um eine Identifizierung des alten Königs Wada mit einem Meer- und Sturmriesen, dem „Water", handelt, sei dahingestellt. Im *Dukus Horant* ist er ein reicher Fürst, der in glänzender Rüstung auftritt, und trotzdem haust er im Walde mit den Riesen, was auf verschiedene Traditionen weist. In der *Thidrekssaga* wohnt er auf seinen Höfen in Seeland,[76] woraus ersichtlich ist, daß die deutschen Überlieferungen ihn als Anwohner der nördlichen Küstengebiete ansahen. In der *Thidrekssaga* ist er ein recht friedfertiger Geselle. Sein Sohn

[72] *Handwörterbuch des deutschen Aberglaubens* IX., 424ff. unter dem Stichwort „singen" und die dort für den Liebeszauber angegebene Literatur. Vgl. auch Panzer, *Hilde-Gudrun*, Halle 1901, S. 301ff.
[73] O. L. Jiriczek, *Die Bósa-Saga*, Straßburg 1893, S. 46: Settuzt menn nú til drykkju; sló hann þar Gýgjarslag ok Drömbuð ok Hjarrandahljóð. Vgl. ferner die Einleitung, Seite L, und die dort angezogene Literatur.
[74] *Saxonis Gesta Danorum* . . . recognoverunt et ediderunt J. Olrik & H. Ræder, Tomus I. Hauniæ. MCMXXXI. Liber Sextus I. iii. 143, 146f.
[75] *Kilderne til Sakses Oldhistorie* (Kopenhagen 1894) II, 219.
[76] *Thidrekssaga* I. 75: „Vaðe risi er a siolande svnr villcinus konungs ok siokononar sem fyr var fra sagt." Auch die riesigen Söhne König Nordians stammen aus Seeland. Siehe oben, S. 94, Fußnote 18.

ist Wieland, den er auf seinen Schultern durch das Meer trägt, als er ihn zu den Schmieden bringt.[77] Eine eigentliche Geschichte, in der dieser Riese eine Rolle spielen könnte, ist nicht überliefert. In Deutschland begegnen wir ihm im *Rolandslied* und die dort angenommene Verwandtschaft mit Ogier von Dänemark[78] weist für Wate wieder in dieselbe Richtung. In der *Kudrun* ist er kein Riese, doch übersteigt seine aus der Quelle überkommene Wildheit alles, was man im 13. Jahrhundert von einem höfischen Ritter erwartet.[79] Sein Land ist Sturmen, und dies setzt man allgemein der Landschaft Stormarn gleich. Im *Dukus Horant* stammt er aus Griechenland (*Wate von den krichen*). Dies ist ein arger Schnitzer in einem Werke, in dem die Griechen die Gegner sind.[80] Man wird dies wohl dem Bearbeiter im 13. Jahrhundert in die Schuhe schieben wollen. Er wird sich, wie auch bei anderen Ungereimtheiten, weiter keine Gedanken darüber gemacht haben. Aus Griechenland stammen schließlich viele Helden.[81]

[77] Die Verwandtschaft mit Wieland kann nicht alt sein, hat sich aber doch durchgesetzt, denn Wieland ist der Vater Wittichs – was schon in dem altenglischen *Waldere* im achten Jahrhundert bezeugt (II, 9) wird – und die Urahne Wachilt, die „merminne, die was Weytegen Ane" rettet ihn vor Dietrich, als er hoch zu Roß ins Meer springt (*Rabenschlacht* A [ed. Martin] 964, 6).

[78] Vgl. Carl Wesle, *Das Rolandslied des Pfaffen Konrad*, Bonn 1928, v. 7799 ff.:
    und du helt Oigir,
    uil wol getriwe ich dir;
    du bist des Waten chunnes,
    dune waist nicht übeles.
    du hast rechte aines lewen mût,
    der niemen nichein lait entût
    erne werde ergremt.
Und v. 1178 findet sich: *Oigir uone Tenemarche.*

[79] Hagen im *Nibelungenlied* ist oft mit Wate verglichen worden. Hagens Wildheit ist jedoch besser motiviert und nie grundlos. Gewiß ereilt die „böse Schwiegermutter" in der *Kudrun* ein gerechtes Strafgericht, doch findet man bei Hagen kein so berserkerhaftes Wüten wie bei Wate in der normannischen Burg.

[80] L. Forster, Ducus Horant, *German Life and Letters* XI (1958) 281 erwägt, ob man „krichen" nicht mit Englisch *creek*: „Wasserarm, Flußlauf" und seinen germanischen Verwandten verbinden könne.

[81] Ilias von Griechenland in der *Thidrekssaga*, Dietrich von Kriechen in der *Flucht* 5140 und 5901, auch in der *Rabenschlacht* 53, 539, 563, 580, 713, und im *Rosengarten* D. In der *Flucht* 477 begegnen

Und nun zum Schluß noch eine rätselhafte Parallele, von der nicht behauptet werden soll, sie hätte auch nicht zufällig entstehen können. Walter Map berichtet eine Geschichte *De Gadone milite strenuissimo*. Dieser normannisierte[82] Wate ist ein Sohn des Vandalenkönigs und treuer Freund König Offas, für den er die Römer bei Colchester besiegt.[83] Er erscheint in herrlicher Rüstung und wird beschrieben als *hominem secundum similitudinem angelicum et jam a Deo glorificatum*, womit sich vergleichen ließe *Dukus Horant* 73. 3. 4: 'ër schein ein engel unde nicht ein man.'

Schon eingangs wurde festgestellt, der *Dukus Horant* könne wenig Licht über die frühe germanische Heldenliedgeschichte verbreiten. Und in dieser frühen Sagengeschichte ist die Hildesage eines der verzweifeltsten Probleme. Wir haben hier eine Geschichte, in der mit der Zeit immer mehr Personen auf der Seite des Entführers aufgeboten werden, in der jedoch auf der Seite des Vaters kein Zuwachs zu verzeichnen ist. Für ein Epos im späteren Mittelalter mag das angehen, für ein Heldenlied früherer Zeit ist dies eine kompositorische Unmöglichkeit. Horant und Wate müssen schon früh mit der Geschichte verbunden worden sein, und eine Geschichte der Entwicklung der Sage muß sich mit diesem Faktum abfinden.

Wie immer man sich zu den Märchentheorien Panzers stellen mag, recht haben wird er mit seiner ursprünglichen Gleichsetzung von Hetin und Horant.[84] Das erste Hildelied, eines der ältesten

wir Wislan von Kriechenlant, dem Vater von Berhtung, im *Biterolf* 1107 erscheint Sintram von Griechenland, im *Nibelungenlied* 1339 lesen wir vom Hunnenhofe bei der Hochzeit Etzels und Kriemhilds: „von Riuzen und von Kriechen reit da vil manic man", und schließlich spielt Griechenland in den *Wolfdietrich*-Epen eine Rolle.

[82] *De Nugis Curialium* (ed. Wright) Camden Society 1850, ii. xvii. 85–90.
[83] Das wunderbare Boot, wohl das an anderer Stelle überlieferte Boot Guingilot, das ihn zur rechten Zeit vom fernsten Indien nach Essex trägt, kann hier außer Betracht bleiben, obwohl es wiederum die übernatürliche Verbindung von Wate und Wasser betont.
[84] So auch Boesch in der Einleitung zur Ausgabe der *Kudrun*, S. xxxvii: „Auf der ältesten Stufe war Hetel selbst der Werber. Wate und Horant sind erst später dazugekommen. Genauer gesagt: ihre Rolle, die sie im Hildelied einnehmen, wird erst jüngere, ‚wikingische' Zutat sein." Mit den Wikingern hat jedoch Wate, streng genommen, nichts zu tun, denn er ist in Skandinavien völlig unbekannt.

wenn nicht das älteste im germanischen Bereich, von dem wir Kunde besitzen, sollte wie folgt ausgesehen haben: Hetin, Krieger und Sänger, betört Hilde, die Tochter des Königs Hagen und geht mit ihr zu Schiff auf und davon. Da es bei Helden immer wichtig ist, ihre Abkunft zu erfahren, werden die Glommen und Holmrygen, zum mindesten als Namen, schon in diesem frühesten Liede vorgekommen sein. Der heimkehrende Vater setzt dem flüchtigen Paar nach, und es kommt zum Kampf. Drei Möglichkeiten bestehen: Hagen tötet Hetin, Hetin tötet Hagen, beide töten einander. Der Kampfplatz war wohl auf Hiddensee.

In *Skáldskaparmál* kommt es zur täglich erneuerten Schlacht. Die Könige selbst fallen nicht, sondern begeben sich nächtens auf ihre Schiffe. Hilde weckt während der Nacht alle Gefallenen. Im *Sorlaþattr* wird ähnlich berichtet. Hier setzen die Könige den Kampf wieder fort, selbst wenn sie sich die Köpfe zerspalten haben. Bei Saxo Grammaticus wird Hithinus schwer verwundet. Høginus vergibt ihm und es kommt zum Vergleich. Sieben Jahre später erneuern sie den Kampf auf Hiddensø, töten sich gegenseitig und werden von Hilde zu neuem Kampf erweckt. Die skandinavischen Quellen geben also keine eindeutige Antwort. Daß der Vater fiel und der Entführer ihn überlebte, kann man aus diesen Quellen nicht schließen.

In Lamprechts *Alexander* fällt Hagen durch Wate. Ob Wate in dem Lied, das Lamprecht kannte, seinen Gefolgsherrn rächte, wissen wir nicht. So könnte man jedoch annehmen. Dann fiel Hetin in diesem Liede ursprünglich durch Hagen. In der *Kudrun* wird Hetel durch Hagen verwundet, Wate greift ein und er setzt Hagen hart zu.

Nimmt man den Bericht über den ersten Kampf bei Saxo Grammaticus und das Zeugnis Lamprechts, könnte man schließen, Hetin sei ursprünglich im Kampf unterlegen, und wenn man ohne Vorbehalt an die Überlieferung herantritt, so bleibt dies das Wahrscheinlichste. Die Überlegungen bei Boesch sind zu kompliziert; die Tragik, die Ehre, das Herz des Weibes: das sind Gedankengänge, die man erst in die überlieferten Texte hineinlegen muß.[85]

---

[85] Boesch, *op. cit.*, S. xxxix: „Hilde steht so im Mittelpunkt des alten tragischen Liedes: unvermittelt bricht der Appell an die Ehre und damit die Bindung an die eigene Sippe als das Stärkere durch. Der

Horant wird zu Beginn nur als Name und zwar als der Vater Hetins in der Dichtung gelebt haben. Die Heldendichtung liebt es, den Vater anzugeben, und stabende Namen kamen dem Scop immer gelegen. Die Spaltung wurde vollzogen, nachdem die Dichtung in den Norden gewandert war. Wir setzen die früheste Dichtung, wahrscheinlich bei den Angeln in ihrer festländischen Heimat, um 400 an. Die Spaltung muß geraume Zeit später erfolgt sein, ist aber wohl schon vorhanden in dem Lied, das Bragi dem Alten bekannt war. Warum diese Spaltung allerdings eintrat, vermögen wir nicht zu ergründen. Horant ist von Haus aus kein Kämpfer. Er ist ursprünglich Sänger und weiter nichts. Die Abspaltung mußte deshalb eingetreten sein, weil man zu irgendeiner Zeit es für unwürdig erachtete, einem König zuzumuten, sich sein Weib durch Gesang zu erwerben. Das könnte gut zusammenhängen mit erstarkendem Königstum und größerer königlicher Würde. Das Schema des alten Liedes braucht dadurch nicht unbedingt geändert zu werden. Horant sang und Hetin entführte. Doch starb die Nachricht von dem königlichen Sänger nie völlig, und sie rettete sich in die *Kudrun* und in den *Dukus Horant*. Der altenglische *Deor* kennt die Verbindung von Heoden und Heorrenda, von König und Sänger, und wir dürfen die Abspaltung deshalb nicht zu spät ansetzen. Um 600 wäre ein mögliches Datum.

Im festländischen Angeln kannte man Geschichten von einem König Wada, der über die Helsingen herrschte. Für seinen Namen mag die Etymologie stimmen, die von Björkman und Kemp Malone befürwortet wird.[86] Es gab auch Geschichten von einem

Ausgang macht die Tragik erst ganz: Hagen wird gefällt durch den Entführer; einer Ehe mit dem Mann, dem sie folgte, stünde nichts mehr im Wege, außer ihr eigenes Herz. Sie kann nicht dem Töter des Vaters folgen, aber auch die Rückkehr in die eigene Sippe hat sie verwirkt." Es ist Boesch sehr zu verübeln, daß er uns vorenthält, was nun aus Hilde wird! ... „Die deutsche Dichtung hat demgegenüber einen Weg gefunden, Hilde ein Weiterleben an der Seite Hetels zu ermöglichen: wie der Alexander Lamprechts bezeugt, ist Wate in die Rolle Hetels eingetreten: er erschlägt Hagen." Vgl. jedoch die weniger verblüffenden Ausführungen in H. Schneider, *Germanische Heldensage*², Berlin 1962, I, 361f., und G. Baesecke, *Vor- und Frühgeschichte des deutschen Schrifttums*, Halle 1940, I, 394ff.

[86] Vgl. S. 114, Anm. 63.

Wasserriesen, dem Water. Kunde von diesen kam nicht in den Norden. Es muß zweifelhaft bleiben, ob der Wada im *Widsith* schon mit der Hildesage verbunden ist. Dagegen spricht, daß sich in den vielen Andeutungen, die sich in England erhalten haben, auch nicht die geringste Möglichkeit besteht, diese Andeutungen irgendwie mit der Hildesage zu verbinden. Wie immer man sich das altenglische Zeugnis auslegt: Wate ist später unlöslich mit der Sage verbunden. Will man ein Datum wagen für seinen Eintritt in die Hildesage, so dürfte dies nicht nach 800 geschehen sein. Wir hätten also drei runde Daten: 400 für die erste dichterisch geformte Fabel, 600 für die Abspaltung Hetin/Horant, 800 für den Eintritt Wates.

Nur wenn wir mit diesen drei Stufen rechnen ist verständlich, warum auf der einen Seite Hagen steht, auf der anderen Hetin, Horant und Wate. Nimmt man an, daß Hagen Hetin im ersten Liede erschlägt, daß es im zweiten genauso geht und daß der Sänger dort eben nur Sänger und weiter nichts ist, und daß auf der dritten Stufe Wate als Rächer Hetins eingeführt wird, so begreifen wir die Entwicklung. Allerdings muß man dann postulieren, Hetin sei von Anfang an von Hagen erschlagen worden.

Die Einführung des Rächers braucht nicht aus irgendwelchen ethischen Gesichtspunkten erfolgt zu sein. Für späteren Geschmack war die Geschichte ein wenig einfach und unkompliziert, und eine Weiterführung nach dem Tode Hetins rundete alles besser ab.

Das Lied wanderte – oder fuhr zu Schiff! – an die flandrische Küste. Dort lebte es lange genug, um mit flandrischen Ortsnamen ausgestattet zu werden. Dann trat es seinen Weg rheinaufwärts an. Es ist ausgeschlossen, daß das Lied von Hilde schon in ahd. Zeit in Oberdeutschland bekannt war; auch die Annahme eines Hildeliedes zu Beginn des 12. Jahrhunderts in Bayern bleibt unerwiesen. Das einzig Sichere ist: Lamprecht, der Rheinländer, kannte in der Mitte des 12. Jahrhunderts ein Hildelied, und damit müssen wir uns bescheiden.

*

Da der *Dukus Horant* eine immerhin merkwürdige Erscheinung ist in der deutschen Literatur, muß man sich zum Schluß noch einmal die Frage gesondert vorlegen, wie wir uns die Entstehungsweise eines solchen Gebildes vorzustellen haben. Weshalb das Gedicht in jüdischen Kreisen Anklang fand – denn daß die Niederschrift bestellt war müssen wir annehmen – entzieht sich unserer Kenntnis; wir besitzen jedoch aus etwas späterer Zeit andere Gedichte, aus dem Artuskreis und aus der Heldensage, die uns jüdische Anteilnahme an deutschsprachiger Ependichtung bezeugen. Wir vermögen nicht anzugeben, wann das Gedicht zuerst in aschkenasischer Umschrift festgehalten wurde. Stimmt das Datum 1382 für die schriftliche Fixierung des *Dukus Horant*, so haben wir damit einen *terminus ad quem;* nichts steht der Annahme im Wege, das Gedicht sei schon viel früher in jüdischen Kreisen vorgelesen worden. Auf das Problem einer solchen frühen Bekanntschaft kann hier nicht näher eingegangen werden; es sei Berufeneren überlassen.

Vor unserer Fassung liegt jedoch ein deutsches Gedicht, das man mit gutem Gewissen noch in das ausgehende 13. Jahrhundert setzen kann. Dieses Gedicht muß schon ein Kurzepos gewesen sein und es kann nicht sehr verschieden ausgesehen haben von dem uns überlieferten Gedicht. Die noch erhaltenen 44 Seiten der Handschrift müssen Raum gehabt haben für etwa 280 Strophen. Selbst wenn das Gedicht rasch seinem Ende entgegeneilte kann es sich kaum auf weniger belaufen haben als 350 vierzeilige Strophen. Das hätte ein Spielmann ohne weiteres auswendig vortragen können. Ob die schriftliche Fixierung schon sofort im 13. Jahrhundert vorgenommen wurde, ob etwas später, ob erst von dem jüdischen Schreiber: das sind Fragen, die wir nicht klipp und klar beantworten können. Die Wahrscheinlichkeit spricht dafür, der deutsche Bearbeiter des ausgehenden 13. Jahrhunderts habe seine Umarbeitung und Erweiterung niedergeschrieben. Diesem Kurzepos jedoch mag ein weniger umfangreiches episches Lied vorangegangen sein. Dieses epische Lied stammte vermutlich aus dem 12. Jahrhundert; es lief mündlich um.[87]

---

[87] Theoretisch wäre die Annahme möglich, ein jüdischer Dichter sei für die epische Anschwellung des alten Liedes verantwortlich. Wäre dem so, müßte man erwarten, dies irgendwie aus dem erhaltenen Text wahrscheinlich machen zu können. Es würde schwer halten, einen solchen Ansatz zu erhärten. Was bisher für eine solche Auffassung geltend gemacht worden ist, hält kritischer Prüfung nicht stand.

Es liegt in der Natur der Sache, daß wir schlecht unterrichtet sind über die Mittelstufen, die zwischen dem germanischen Heldenlied und der ausgeformten Buchepik liegen. Fraglos gab es solche Stufen, wenn auch die Festlegung einer Stufe zu einem bestimmten Zeitpunkt auf unüberwindliche Schwierigkeiten stößt. Bei einer mündlich überlieferten Dichtung kann man nicht mit glücklichen Funden rechnen, Zwischenglieder werden immer problematisch bleiben. Sie müssen aber ganz bestimmt bestanden haben, und sie müssen als Dichtung bestanden haben, denn das Nachleben germanischer Heldenlieder ist nur als Dichtungsgeschichte zu begreifen. Über die Art der Überlieferung besteht weniger Unklarheit; die Bevölkerungsschichten jedoch, in denen jene Überlieferungen umliefen und ab und zu neu gestaltet wurden, bleiben unwirklich. Der Begriff „Volk" ist zu mehrdeutig, „niedere Schichten" bringen einen schwankenden sozialen Begriff in die Dichtungsgeschichte. Was können wir uns in ottonischer und salischer Kaiserzeit unter dem Begriff „niedrig" vorstellen?

Das Heldenlied war ursprünglich Kriegerpoesie, getragen von der Kaste, aus der später der Adel hervorging. Darüber besteht wohl bei allen Forschern Einhelligkeit, und so hat man wenigstens einen festen Ausgangspunkt, von dem aus man durch die Jahrhunderte zur ritterlichen Epik gelangen kann, die auch Adelspoesie ist, wenngleich schon zur Zeit ihrer Hochblüte Dichter bürgerlicher Herkunft – die allerdings wenig Bürgerliches in ihrem Stil und Ethos zur Schau tragen! – sich der ritterlichen Welt weitgehend angeglichen haben. Am Anfang und Ende unseres dichterischen Prozesses stehen also der Adel und die adlige Standesdichtung.[88] *Herzog Ernst* und *König Rother* sind in mancher Beziehung schon vom Altüberkommenen abgewichen – sonst wären sie zu der Zeit auch nie auf das Pergament gekommen! –, wo jedoch die eigentlichen Wurzeln liegen, kann keinen Augenblick lang zweifelhaft bleiben.

Wir nehmen gemeinhin an, die Dichtung der adligen Krieger-

---

[88] Der Titel von Herman Schneider, *Heldendichtung, Geistlichendichtung, Ritterdichtung* deutet zwar recht wesentliche Unterschiede an in der Gestaltung, dem Inhalt und der grundsätzlichen Einstellung, die Klasse aber, von der diese Dichtungen getragen werden, ist die ganze Zeit über dieselbe.

kaste, die an den südgermanischen Fürstenhöfen aufblühte und die sich hauptsächlich auf Heldenlied und Preislied beschränkte, sei im 8. und 9. Jahrhundert als lebendig sich aus altem Geiste erneuernde Dichtung erloschen. Die Geistlichen hielten ihren Einzug, die Lebensbedingungen veränderten sich, größere politische Gebilde entstanden. Freude am Vortrag der Heldenlieder nahm keineswegs sofort ab, doch blieb man beim Überlieferten, das man mündlich weitergab und pflegte.

Diese mündliche Überlieferung war auch bei den Geistlichen und den Mönchen, zu Hause. Die finstere Abneigung der Geistlichkeit allem sogenannten Heidnischen gegenüber hat man häufig in ganz unverantwortlicher Weise übertrieben. Gewiß findet man immer wieder das Eifern gegen die *carmina obscœna*, die im Volk, und das muß heißen unter den Nichtgeistlichen, den Laien, umliefen, und natürlich gab es unduldsame Äbte und Bischöfe, allem Weltlichen abhold, deren Verdammungen man pflichtschuldigst kopierte und weitergab. Wenn aber der große Alcuin sich die Mühe nimmt, von Tours aus heim zu schreiben, um sich über den Heldengesang im Refektorium zu Lindisfarne zu beschweren – und uns so wenigstens eine Nachricht über das Fortleben des Ingeldliedes rettet! –, so ersehen wir, daß die Mönchsgemeinschaft, Abt Ercenbald eingeschlossen, weltlichem Gesang so zugetan war, daß er öffentlich nach dem Mahl im Kloster ertönen konnte, mochte nun Ingeld nach Alcuin auch als verfluchter Heide in der Hölle schmachten. Wenn man in St. Gallen ein virgilisches Epos nach einem germanischen Heldenlied schuf, so war dies im ganzen Kloster bekannt, und man wartete begierig auf den Vortrag eines Stoffes, mit dem man in der Vulgärsprache vertraut war. Die Geistlichen kamen eben überwiegend aus den Kreisen, in denen sie das germanische Heldenlied schon von Kindesbeinen an kennenlernten, aus dem Adel. Die Klosterinsassen, literarisch gebildeter als der Landadel, aus dem sie stammten, hüteten das alte Erbe und formten es wo nötig um. Es ist doch kein Zufall, daß die Dichter im 12. Jahrhundert, die sich weltlichen, epischen Stoffen zuwandten, der Geistlichkeit angehörten.

Die Leibeigenen, niedergehalten vom Landadel sowie von den Klöstern, die zahlenmäßig den weitaus größten Teil der Bevölkerung ausmachten, lebten mühselig in harter Fron; sie hatten sicher weder Muße und Gelegenheit noch fühlten sie irgendein Bedürfnis, Dichtungen, deren Ethos ihnen völlig fern stand, zuzuhören, geschweige denn sie zu pflegen und weiterzubilden. Was sollte auch der Nachfahre des germanischen Scop in ihren Katen, und wie hätten sie ihn entlohnen sollen? Der alte Scop zog von Landsitz zu Landsitz und von Kloster zu Kloster. Manch strenger Abt wird ihn verjagt haben, doch gab es viele Klöster, und nicht überall war man so engherzig. Und abgesehen von dem Scop, der sich langsam und unaufhaltsam zum Fahrenden entwickelte, wird es überall auf den Landsitzen und wohl auch in den Klöstern Leute gegeben haben, die selbst die Dichtung alter Zeiten pflegten.

Eine Stadtkultur, innerhalb derer sich, wenn auch in bescheidener Form, ein literarisches Leben hätte entwickeln können, blühte in Deutschland erst langsam im 12. Jahrhundert auf. Bis in die Mitte des 12. Jahrhunderts ist deshalb keine Rede von volkstümlicher, geschlossener Erzähldichtung, wenn wir den Begriff „volkstümlich" nicht auf die Adelskreise einschränken wollen. Die nach der Mitte des 11. Jahrhunderts entstehende schriftlich festgelegte deutschsprachige geistliche Dichtung nährt sich nicht etwa aus Otfrid, trotz des Reimes, noch ist sie im Grunde lateinischen Vorbildern verhaftet. Im Wortschatz sowie stilistisch und metrisch zehrt sie von deutschsprachiger, weltlicher Dichtung, worunter man in der Hauptsache Heldendichtung zu verstehen hat. Wie diese mündlich überlieferte Dichtung im einzelnen aussah, ist nicht mehr festzustellen, obwohl es von der geistlichen Dichtung aus nicht zu gewagt erscheint, vorsichtige Rückschlüsse zu machen über Anlage, Umfang und Erzähltechnik. Sicher sah sie nicht mehr so aus wie das altgermanische Heldenlied, aber wiederum auch nicht wie der *Dukus Horant*. Doch muß die rheinische Lieddichtung, aus der der Dichter des *Dukus Horant* schöpfte, zum Großteil noch einem herben, verschlossenen, altüberkommenen Stil gehuldigt haben, wie er sich deutlich noch in manchen Partien des *König Rother* herausschälen läßt.

Die Ansicht, der *Dukus Horant* sei, fast so wie er uns überliefert ist, eine Neuschöpfung des späten 13. Jahrhunderts, ist nicht ohne weiteres von der Hand zu weisen. Wir kommen auch unter Umständen ohne die frühere, kürzere Liedfassung aus. Dann aber müssen wir damit rechnen, es habe am Ende des 13. Jahrhunderts noch aus älterer Zeit umlaufende Heldenlieder gegeben. Dies ist durchaus möglich, obwohl es schwer sein würde, dies zu beweisen, denn niedergeschrieben wurden die alten Lieder nicht; kein Bearbeiter konnte sie im älteren Schrifttum nachlesen. Wenn das Interesse an ihrer Art der Darstellung einmal erloschen war, verklangen diese Lieder auf Nimmerwiederhören.

Und mit der in alter Form gekleideten Heldendichtung geht es um 1200 rasch bergab. Das nach französischen Vorbildern in Deutschland sich verbreitende höfische Epos machte dem Heldenlied alten Stils an den Höfen den Garaus. Das Heldenlied war von heute auf morgen unmodern geworden, und es konnte sich in höheren Kreisen nur halten, wenn es sich äußerlich und zum Teil auch innerlich grundlegend wandelte. Diese Wandlung glückte im Südosten dem Nibelungendichter, und sein Werk fand sofort Anklang in einem Gebiet, das dem französischen und westdeutschen literarischen Einfluß noch nicht vollends erlegen war. Nachahmer versuchten sich an einem Waltherepos, das sich nicht durchsetzen konnte und an dem Epos, das wir *Kudrun* nennen. War es ein böser Zufall, der uns einzig die Abschrift von Hans Ried rettete? Kaum, denn abgesehen von den paar Anspielungen auf die Sangeskunst Horants verschwand das Epos in der deutschen Literatur spurlos. Wir sind gewohnt, *Nibelungenlied* und *Kudrun* in einem Atemzug zu nennen und uns auch der etwas unglücklichen Parallele zu Homer zu entsinnen. Wir dürfen uns aber nicht einreden, das 13. Jahrhundert habe genauso gedacht. Später im 13. Jahrhundert folgten die im bayrisch-österreichischen Raum beheimateten Heldenepen, und bei ihnen kann man schon mit einem viel größeren und auch anspruchsloseren Publikum rechnen, dem weniger gelegen war an straffem Aufbau als an recht viel Handlung, manchmal sehr leer, wiederholend und für unsere Begriffe ermüdend, und an äußerlichem Putz.

Die breit angelegte, liebevoll beschreibende und verweilende Ritterepik überdeckte jetzt die alten Lieder. War man auch nicht in der Lage, die psychologische Verfeinerung der Epik der Blütezeit nachzuempfinden oder gar nachzuahmen, so lernte man doch viel von den reinen Äußerlichkeiten. Prunkvolle Feste, typische Beschreibung der Kleider, Pferde und Wohnungen, höfisches Benehmen: all dies fand jetzt seinen Eingang in die mündlich noch umlaufenden alten Heldenlieder. Sie wurden aufgebauscht, behäbiger, weitschweifender, bürgerlicher, unübersichtlicher. Es ist daher aus literarischen Erwägungen heraus folgerichtiger anzunehmen, der Bearbeiter des ausgehenden 13. Jahrhunderts habe ein älteres Horantlied benutzt als sich vorzustellen, er habe seine Geschichte zurechtgebaut aus Epen ähnlicher Art wie der überlieferte *Dukus Horant*. Denn im Grunde ist die Handlung einfach, planmäßig und straff, der alte Bau der Fabel ist klar sichtbar.

Das Horantlied des 12. Jahrhunderts fußte auf einem Hildelied, in dem auf der einen Seite Hilde und Hagen, auf der anderen Etene, Horant, Morunk und Wate vorkamen. Es war ein Brautwerbungslied; der Ausgang war vielleicht friedlich. Wenn er friedlich war, so kann dieses Hildelied nicht identisch gewesen sein mit dem, das der Kudrundichter benutzte. Denn das Fechtspiel im ersten Teil der *Kudrun* zwischen Hagen und Wate, der spätere schon etwas ernstere Kampf am Strand, dem erst das Bitten der Jungfrau Einhalt gebietet, die Tötung Hetels durch Ludwig im zweiten Teil: hier blickt ein Lied durch, in dem nicht alles ganz so glimpflich ausging.

Man könnte aber auch annehmen, der Dichter des Horantliedes habe ein Hildelied benutzt, in dem die alte Tragik noch herrschte, die er dann über Bord warf nach dem Muster anderer Brautwerbungssagen, so des Rotherliedes, dem er den geschichtlichen Hintergrund, die Lokalisierung und die beiden ungeschlachten Riesen entnahm. Schließlich steuerte ein anderes Lied, das auch einen glücklichen Ausgang kannte, das Herbortlied, den Pfauenaufputz bei und das Heiratsangebot seitens der Jungfrau, das der Werbung für einen anderen auf dem Fuße folgte. Andere Werbungssagen – so *Orendel, Oswald, Salman und Morolf* – in denen das Happy-End Vorschrift war, mag der Dichter auch gekannt haben.

Nur ein Werk aus dem 12. Jahrhundert spielt auf die Hildesage an: Lamprechts *Alexander*. Wir wissen, daß Lamprecht aus der Rheingegend stammte. Ein anderer rheinischer Dichter, Konrad, erwähnt im *Rolandslied* Wate.[89] Auch der Rotherdichter war

---

[89] Sowohl Lamprecht wie Konrad sind Geistliche. Beide spielen sie auf die Heldensage an.

Rheinländer, und Herbort erzählt uns selbst, er wohne am Rhein. Das verlorene Herbortlied können wir auch zuversichtlich in die Rheingegend versetzen. Von der Hildesage wissen wir, daß sie von der Rheinmündung den Strom hinauf wandert. Das Horantlied wird rheinische Dichtung gewesen sein.

Die Handschrift des *Dukus Horant* läßt keine eindeutige Entscheidung zu; die sprachlichen Kriterien führen nur allgemein nach Mitteldeutschland. Auch ist durchaus nicht gesagt, daß Horantlieddichter, Bearbeiter und Schreiber alle aus derselben Gegend stammen müssen. Die literarischen Beziehungen jedoch führen sämtlich in die Rheinlande, und dort hat man vermutlich auch den Bearbeiter aus dem 13. Jahrhundert zu suchen: das städtische Milieu, das Haus des reichen Bürgers, das gut in ein Stadtbild hineinpaßt, die wohlhabenden Kaufleute: all dies würde an eine Handelsstadt des 13./14. Jahrhunderts am Rhein denken lassen.[90]

Das mündlich umlaufende Horantlied des 12. Jahrhunderts zu rekonstruieren geht nicht gut an. Man kann höchstens den Versuch wagen, einiges von dem zu erkennen, was der Bearbeiter des ausgehenden 13. Jahrhunderts hinzufügte. Die reichen Kaufleute, die ausführliche Beschreibung des Kaufmannshauses, von der man meinen sollte, sie gehe auf Bekanntschaft mit einem solchen Hause zurück – war es vielleicht ein idealisiertes Bild des Wohnhauses, das der Gönner, der die Dichtung bestellte, bewohnte? Die verhältnismäßig lange Beschreibung läßt diesen Gedanken aufkommen –, die goldenen, lose befestigten Hufeisen, die Anspielungen auf Tristansage und Trojanerkrieg, das ganze städtische Milieu und die ungezwungene Art, mit der sich die Königstochter in der Stadt bewegen kann,[91] die naive Freude an Kost-

---

[90] Hermann Menhardt, Zur Herkunft des Dukus Horant (*Mitteilungen aus dem Arbeitskreis für Jiddistik*, 2. Band, F. 13, Januar 1961) hatte sich von Colditz überzeugen lassen. Er suchte den Dichter „im Ghetto einer größeren deutschen Stadt". Nachdem er die verschiedenen Punkte angeführt hatte (Lamprecht, *Rolandslied, Kudrun, König Rother*), die ihm für seine These ausschlaggebend erschienen, endete er: „Ich weiß keine deutsche Stadt mit jüdischem Ghetto, die so sehr für die Abfassung des ‚Horant' in Betracht kommt, wie Regensburg."

[91] Lehrreich ist hier der offizielle, ererbte Kirchgang mit den großen Vorbereitungen und den die Prinzessin zum Schutz umgebenden

barkeiten, die fortwährende Erwähnung der überaus reichen Kleider, Pferde, Schiffe und Häuser, das ganze festliche Gepränge – und zwar aus der Sicht eines bürgerlichen Bearbeiters, der nicht zur Hofgesellschaft gehört und alles von außen sieht –, die metrische Form: all dies und wohl noch manches mehr geht auf Rechnung des deutschen Bearbeiters.

Ein jüdischer Schreiber änderte den Reisesegen, und ihm entglitt das hebräische *tiflah*. Dann gebrauchte er, und zwar nur im Titel, das aus Frankreich eingeführte, jüdische *dukus*, unter welcher Bezeichnung das Gedicht nun in die deutsche Literaturgeschichte eingegangen ist. Darüber hinaus danken wir ihm, über die Jahrhunderte hinweg, für seine Mühewaltung, die uns dieses bescheidene und in vieler Beziehung doch so aufschlußreiche Werk rettete.

Königen verglichen mit dem Besuch der Herzogstochter und später gar der Prinzessin selber im Hause des Kaufmanns ohne jede Begleitung.

F. 41 fol. 21r

dwkhws hwrnt.

ᶜs wws in twšn rikhn 'iin qwniq wwit ↳
'rqnt. 'iin dᶜgn 'lz' qwn'
'itn' wws ᶜr gnnt. ᶜr wws mild'
wn šwn'. ᶜr trwq dᶜr 'irn qrwn':
5 'im' dintn gwwldqlikhn 'l' twṣ̌'
lnt. lnprtn *wn* ṗwln stwnt gn 'n zinr
hnt. ṣiṣiliwn *wn* twsqn. mwstn 'im'
wwᶜzn 'wndr tn: ṣw dinmrqtn trwq ᶜr
di qrwn' *wn* stwnt gr 'n zinr hnt.
10 'wkh mwstn 'im' dinn šwn' 'l' ↳
spngn lnt. dᶜr qwnik v̄wn 'wngrn wws 'im'
'wndr tn. *wn* mwst' 'wkh di qrwn' v̄wn
'im' hn: di hirn v̄wm' lnd' wwrn 'im'
'l' '[..]dr tn. 'im' dintn 'ws 'iim'
15 wwld' dri rizn wriišn. dᶜr 'iin' wws zikh
wwitwlt gnnt. dᶜr wws 'iin qwnr wwignt:
   dᶜr trwq 'iin stḫlin' stng' di
wws ṣwwlf qlwf̊trn lnq. d' mit' ᶜr dᶜm
rikhn qwng' 'itn' 'l' twṣ̌' rikh' btwwnq
20 ᶜr [ht]' 'iinn brwdr dᶜr his 'spriwn. dᶜr
ht' wwnd[.]s ⟨wil⟩ gtn: *wn* wwt' v̄wn dᶜn

---

4   *šwn':* nicht erkennbar ob *s* oder *š*.
14 '*[..]dr:* Loch in Hs.

F. 41

Dukus Horant

1 Eś waś in tutschen richen ein kunik wit erkant,
 ein dëgen alse kune, Etene waś ër genant.
 ër waś milde unde schone,
 ër truk dër eren krone.

2 ime dinten gewaldeklichen ale tutsche lant,
 Lanparten unde Pulen śtunt gar an siner hant.
 Zizilion unde Tuśkan
 muśten ime wësen under tan.

3 zu Denemarkten truk ër di krone unde śtunt gar an siner hant,
 och muśten ime dinen schone ale Śpangen lant.
 dër kunik von Ungarn waś ime under tan
 unde muśte och di krone von ime han.

4 di heren vome lande waren ime ale *un*der tan.
 ime dinten uś eime walde dri risen vreischan.
 dër eine waś sich Witolt genant,
 dër waś ein kuner wigant.

5 dër truk ein steḥeline śtange di waś zwolf kloftern lank,
 da mite ër dëme richen kunige Etene ale tutsche riche betwank.
 ër hate einen bruder dër hiś Aśprion,
 dër hate wunderś vil getan.

2,2 *gar:* Hs *gan.*
2,3 *Zizilion:* vielleicht *Zezilion.*
4,1 *under:* Hs *der.*
5,3 Zu den Schreibungen dieses Namens vgl. oben Lautstand § 28.
5,4 *wunderś:* das *r* fehlt in der Hs.

F. 42 fol. 21v

qrikhn d^cr wwndrn qwn' d^cgn. ^cs wws v̄wn zinn
hndn wil mniq hilt twt gl^cgn. di dintn
'iigntqlikhe. 'itn' d^cm' v̄wrstn |,
25 rikh': d' d^cr qwniq 'itn' wwrt |,
z^ckhṣḫn iwr 'lt. ^cr wwrt strq *wn*
bidrb' ṣw 'ln stritn blt. ^cr wws d^cr
'lr mildst' mn. d^cr qwngs nmn 'i gwwn:
^cr ht' 'wkh 'iinn gziln d^cr wws zikh |,
30 ghiisn hwrnt. d^cr wws 'iin hirṣwg' rikh'
gbwrn 'ws dinmrqtn lnt. d^cr wws d^cr 'lr
bs zingst' mn. d^cr v̄wrstn nmn 'i gwwn:
zi htn qwrṣ' wwil' mit 'iin 'ndr
wil. *wn* mngr hnd' wrwwd' *wn* mniq
35 grwss spil. zi iigtn 'wndr stwndn |,
'in d^cm' wwld' mit d^cn hwndn: hwrnt
spr ṣw d^cm' qwng' wil libr hir' min.
dir gṣ^cm' wwl ṣw wwib' 'iin hir⟨'⟩ qwngin.
d' lkht' 'itn' d^cr iwng' mn. wil zir'
40 ^cr zikh š^cmn d' bgn: ^cr *spr* wil libr
hir' bzindt 'wwr' mn. wwir šwln ṣw dizn
p̌ingstn 'iin grws' hwkhṣit hn. zw ww^crd'
wwir ṣw rwt' dn. 'wm' 'iin' wrwwn wwl gtn:
nwkh hwrnds rwt' wwrdn bwtn 'ws gznt.

38 *hir*⟨'⟩: Loch in Hs, Teil des Alef noch sichtbar.

F. 42

1 unde Wate von dën krichen, dër wundern kune dëgen,
 ës waś von sinen handen vil manik helt tot gelëgen.
 di dinten eigentkliche
 Etene dëme vurśten riche.

2 da dër kunik Etene wart sëchzehen jor alt,
 ër wart śtark unde biderbe zu alen śtriten balt.
 ër waś dër aler mildeśte man,
 dër kunegeś namen i gewan.

3 ër hate och einen geselen, dër waś sich geheiśen Horant,
 dër waś ein herzoge riche geborn uś Denemarkten lant.
 dër waś dër aler baś singeśte man,
 dër vurśten namen i gewan.

4 si haten kurze wile mit ein ander vil
 unde maneger hande vroude unde manik grośeś śpil.
 si jageten under śtunden
 in dëme walde mit dën hunden.

5 Horant śprach zu dëme kunege „vil liber here min,
 dir gezëme wol zu wibe ein here kunegin."
 da lachte Etene dër junge man,
 vil sere ër sich schëmen da began.

6 ër śprach „vil liber here, besendet uwere man,
 wir schulen zu disen pfingeśten ein grośe hochzit han.
 so wërde wir zu rote dan
 ume eine vrouen wol getan."

3,3 *aler baś singeśte:* Text verderbt. Vielleicht *aler beśt singende.* L. W. Forster, GLL XI (1958) 382, denkt an *aller baz sinnigeste,* doch da es sich um Horant handelt, muß *singen* irgendwie hineinspielen.

F. 43   fol. 22r

45 'wbr 'l' twṣ̌' rikh' 'im' qwmn zn ṣhnt.
ṣwwlf qwng' 'lz' šwn' 'iqlikhr 'iin ╘
gwldin qrwn': 'im' qwmn 'ws d^{c}m'
wwld' dri rizn wriišn. wwitwlt mit d^{c}r
stngn *wn* zin brwdr 'sprin. *wn* wwt'
50 d^{c}r v̄wrst' rikh. di qwmn dr z' lwblikh:
zi wwrdn wwl 'np̣ngn v̄wn 'itn' d^{c}m' qwng'
rikh. mn g'ṗ 'in rikh' gwb' qliidr 'lz'
wwnqlikh. 'wrš p̣^{c}rt zilbr *wn* gwlt. ds
wwrn 'im' di hirn 'l' hwlt: d' his ╘
55 d^{c}r qwniq mkhn 'iin' hwkhgṣit. *wn* 'iin
gstwil' šwn' ds wws lnt *wn* wwit. zi
htn wrwwd' *wn* spil. d' g'ṗ mn rikhr
gwb' wil: di hwkhṣit di ww^{c}rt' bis
'n d^{c}n ṣwwlı̃tn tq. ds 'ir d^{c}r rikh'
60 qwniq mit grwsr 'irn p̣lq. d' di hwkhṣit
'iin 'ind' šwld' hn. d^{c}r qwniq ginq v̄wr
di v̄wrstn stn: ^{c}r *spr* nw rwtt
'l' glikh' biid' mwg' *wn* mn. 'wm'
'iin' wrwwn šwn' di 'ikh mit 'irn mwg'
65 ghn. di 'wkh 'ln mwkht' wwl gṣ^{c}mn. di ╘
wwld' 'ikh g^{c}rn' ṣw 'iinr wrwwn n^{c}mn:
    zi swwign 'l' glikh' d' *spr* 'iin

F. 43

1 noch Horandeś rote wurden boten uś gesant.
uber ale tutsche riche. ime komen san zehant
zwolf kunege alse schone
iklicher *truk* ein guldin krone.

2 ime komen uś dëme walde dri risen vreischan,
Witolt mit dër śtangen unde sin bruder Aśprian,
unde Wate dër vurśte rich,
di komen dar sa lobelich.

3 si wurden wol enpfangen von Etene dëme kunege rich.
man gap in riche gobe, kleider alse wuneklich,
orsch, pfërt, silber unde golt,
deś waren ime di heren ale holt.

4 da hiś dër kunik machen eine hochgezit
unde ein geśtoile schone, daś waś lan*k* unde wit.
si haten vroude unde śpil,
da gap man richer gobe vil.

5 di hochzit di wërte biś an dën zwolften tak,
daś ir dër riche kunik mit grośer eren pflak.
da di hochzit ein ende scholde han,
dër kunik gink vor di vurśten śtan.

6 ër śprach „nu rotet ale geliche beide moge unde man,
ume eine vrouen schone di ich mit eren muge gehan,
di uch alen mochte wol gezëmen,
di wolde ich gërne zu einer vrouen nëmen."

1,4 *truk:* Hs *iklicher ein.*
4,2 *lank:* Hs *lant.*

F. 44 fol. 22v

'ltr hirṣwg'. 'ikh bin gwwᶜst 'in v̄rnqrikh
d' hwt dᶜr qwniq 'rṣwg. 'iin mgt 'lz wwnzn
70 'lz' mn zi 'in dᶜr wwᶜrld' 'irgnt windn qn:
   mwkht' zi dir wwᶜrdn wil libr hir' min.
   dir gṣᶜm' wwl ṣw wwib' di hir' qwngin. 'ir
   gṣᶜm' wwl di qrwn'. zi 'ist wwiz' *wn* šwn'
   : d' *spr* dᶜr qwniq 'itn' di rid' šwltw
75 bld' v̄rn ln. zi gṣᶜm' mir nikht ṣw wwib' 'ir
   v̄tr 'ist min rᶜkhtr dinstmn. di ↳
   rid' šwl mir nimnt v̄wr zgn. dᶜr 'ikh lstr
   mwg' gtrgn: dᶜr hirṣwq swwiiq wil stil'
   d' qm 'in dᶜn rinq ggn. 'iin 'ltr ww'lᶜr'
80 dᶜr wws 'iin hwbšr mn. dᶜr wws v̄wn 'ltr
   'lr gr'. hwwbt brt *wn* zin' br':
   ᶜr ht' 'in zinr iwgnd' wwndrs wil gtn
   'in rwwn zin' zwnd' ᶜr ht' lnds wil 'rgn
   ᶜr wws gwwlt drisiq iwr 'dr mi. ṣwwlf
85 mwl wws ᶜr qwmn 'wbr dᶜn wwildn zi:
   ᶜr *spr* rikhr qwniq 'itn' nw hiist stil'
   dgn. v̄wn 'iinr miid' šwn' qn 'ikh 'wkh wil
   wwndrs zgn. di zkh 'ikh 'in dᶜr qrikhn lnt.
   di 'ist di šwn' hild' gnnt: zi 'ist
90 šwnr wwin' 'izwld' dᶜs qwngs twkhtr v̄wn
   'irlnt. 'dr wwin' di qwngin v̄wn trwiin 'iliwn

76 Falscher Ansatz des *m* vor *min*.
91 *'iliwn:* n nicht völlig lesbar.

F. 44

1 si świgen ale geliche, da śprach ein alter herzoge
„ich bin gewëst in Vrankrich, da hot der kunik erzogen
ein maget alse wunesan
alse man si in dër wërelde irgent vinden kan.

2 mochte si dir wërden, vil liber here min,
dir gezëme wol zu wibe di here kunegin.
ir gezëme wol di krone,
si iśt wise unde schone."

3 da śprach der kunik Etene „di rede scholtu balde varn lan.
si gezëme mir nicht zu wibe, ir vater iśt min rëchter dineśtman.
di rede schol mir nimant vor sagen,
dër ich laśter muge getragen."

4 dër herzok śweik vil śtile, da kam in dën rink gegan
ein alter walëre, dër waś ein hubescher man.
dër waś von alter aler gra,
houbet, bart unde sine bra.

5 ër hate in siner jugende wunderś vil getan.
in rouen sine sunde, ër hate landeś vil ergan.
ër waś gewalet driśik jor ader me.
zwolf mol waś ër komen uber dën wilden se.

6 ër śprach „richer kunik Etene, nu heiśet śtile dagen.
von einer meide schone kan ich uch vil wunderś sagen.
di sach ich in der krichen lant,
di iśt di schone Hilde genant.

7 si iśt schoner wene Isolde, dëś kunegeś tochter von Irlant,
ader wene di kunegin von Troien, Ilion waś si genant.
durch si wart Troien zu śtoret,
alse wirś ime lide haben gehoret.

139

F. 45   fol. 23r

wws zi gnnt. d dwrkh zi wwrt trwiin ṣw ḷ,
stwrt. 'lz' wwirs 'm' lid' hbn
ghwrt: dwrkh dᶜr wrwwn wwiln wwrt mniq
95   hilt v̄wr lwrn. ᶜs wws 'iin 'wbl' ḷ,
stwnd' ds zi 'i wwrt gbwrn. minlwws
wws 'ir rᶜkhtr mn. dᶜm' p'ris zinn
liṗ 'n' gwwn: 'ir v̄tr hiist dᶜr
wwild' hgn' dᶜr 'lr qwnst' mn. dᶜr
100 'in dizr wwᶜrld' ds lᶜbn 'i gwwn. 'im'
dinn 'iignlikh'. ṣwwlf qwng' 'lz' rikh':
ᶜr hwt ⟨ṣwwlf⟩ .... stirq ⟨hgn'⟩ dᶜr ......:
bidrb' dᶜr z⟨in⟩ twkhtr 'i gwn: ᶜr b...'..
nimnt ṣw wwib' gᶜbn[:]
105 mwkht' zi dir wwᶜrdn wil libr hir'
min. dir gṣᶜm' wwl ṣw wwib' ds hir'
mᶜgtin. 'ir gṣᶜm' wwl 'l' twšrikh'.
nirgnt lᶜbt 'ir glikh': *'wn 'lz'*
dᶜr qwniq 'itn' di rid' wwl v̄wr nm.
110 d' g'ṗ ᶜr rikh' gwb' dᶜm' zᶜlbn
ww'lndn mn. ᶜr *spr* mir wwᶜrd' din'
ds šwn' mᶜgtin. 'dr 'ikh mws v̄wr
lirn ds lᶜbn min: d' zkh dᶜr qwniq
'itn' dᶜn hirṣwq v̄wn dinmrqtn v̄wr
115 'im' stn. ᶜr 'wmv̄inq gṣwgnlikhn hwrnt
dᶜn iwngn mn. ᶜr *spr* wwldstw hir' min

92   *d:* zweimal geschrieben.
102–4 Vom Schreiber auf dem oberen Rand nachgetragen und
      nur mit Mühe lesbar. Vgl. Anmerkung zu 45, 3, 1–4.

F. 45

1 durch dër vrouen wilen wart manik helt vor lorn.
 ëś waś ein ubele śtunde daś si i wart geborn.
 Menelouś waś ir rëchter man,
 dëme Pariś sinen lip ane gewan.

2 ir vater heiśt dër wilde Hagene, dër aler kunśte man,
 dër in diser wërelde daś lëben i gewan.
 ime dinen eigenliche
 zwolf kunege alse riche.

3 ër hot zwolf .... śterk Hagene dër .....
 ...... biderbe dër sin tochter i gewan.
 ër b......
 nimant zu wibe gëben.

4 mochte si dir wërden, vil liber here min,
 dir gezëme wol zu wibe daś here mëgetin.
 ir gezëme wol ale tutscheriche;
 nirgent lëbet ir geliche."

5 unde alse dër kunik Etene di rede wol vor nam,
 da gap ër riche gobe dëme sëlben walenden man.
 ër śprach „mir wërde dene daś schone mëgetin,
 ader ich muś vor lirn daś lëben min."

6 da sach dër kunik Etene dën herzok von Denemarkten vor ime
 ër umevink gezogenlichen Horant dën jungen man.   [śtan.
 ër śprach „woldeśtu, here, min bote sin,
 mir wurde daś schone mëgetin.

F. 46 fol. 23 v

bwt' zin. mir wwrd' ds šwn' ↳
mᶜgtin: 'ikh 'rqin' dikh wwl libr
hir' dw bist 'lz' 'iin hwbšr mn.
120 mit dim' zwsn gzng' brᶜkhtst dw
mir di mgt ḫr dn. 'ikh wwld' dir *lz*
[r]ikh' gwb' gᶜbn. dw mwkhtst 'wmr
wwl mit wrwwdn lᶜbn: dw bist ṣw
dinmrqtn 'iin hirṣwg' gnnt. din' ↳
125 šwldstw trgn di qrwn' 'wbr 'l' ↳
dinmrqr lnt. bringstw mir ds ↳
šwn' mᶜgtin. dinmrqtn mws din 'iign
zin: d' ᶜntwwrt 'im' gṣwgnlikhn
dᶜr mild' hwrnt. hir' šwld' 'ikh
130 d' mit' gwwinn 'l' twṣ̌' lnt. di
wwld' 'ikh 'l' blibn ln. 'i 'ikh mikh
dᶜr riiz' wwld' 'wndrstn:
'ikh qin' wil wwl hgn' ᶜr 'ist gr
'iin 'wbl mn. šwld' 'ikh dwrkh dᶜr
135 miid' wwiln minn liṗ v̄wr lirn dn.
mir wwrd' ṣw zwwr ds šwn' mᶜgtin.
di rid' šwltir lwsn zin: d dᶜr

137 d *dᶜr*: doppelter Ansatz des Schreibers.

F. 46

1   ich erkene dich wol, liber here, du biśt ein alse hubescher man,
mit dime suśen gesange brëchteśt du mir di maget her dan.
ich wolde dir alse riche gobe gëben,
du mochteśt umer wol mit vrouden lëben.

2   du biśt zu Denemarkten ein herzoge genant,
dene scholdeśtu tragen di krone uber ale Denemarker lant.
bringeśtu mir daś schone mëgetin,
Denemarkten muś din eigen sin."

3   da ëntwurt ime gezogenlichen dër milde Horant
,,here, scholde ich da mite gewinen ale tutsche lant,
di wolde ich ale beliben lan,
e ich mich dër reise wolde underśtan.

4   ich kene vil wol Hagene, ër iśt gar ein ubel man.
scholde ich durch dër meide wilen minen lip vor lirn dan,
mir wurde zu sour daś schone mëgetin.
di rede scholtir lośen sin."

46.1,1: Hs *alse ein*

F. 47   fol. 24r

rikh' qwniq 'itn' lis zikh v̄wr 'in 'wf
di qni. ᶜr *spr* niin' libr hwrnt z' l[i]g'
140 'ikh 'wmr hi. 'dr dw twst dᶜn wwiln min ↳
'*wn* v̄'r nwkh dᶜm' šwnn mᶜgtin:
nw stnt 'wf libr hir' 'ikh wwil ww'wgn ↳
minn iwngn lip̣. 'dr 'ikh bring' 'wkh v̄wn
dᶜn qrikhn ds wwndrn šwn' wwip̣. '*wn* šwl
145 'ikh ṣw dᶜn qrikhn v̄rn. 'wwrs gwts wwil ↳
'ikh lwṣl sp'rn: hiist mir hir' ↳
gwwinn ṣwwii hwndrt 'wwr' mn. ds šwln ↳
wwᶜrdn ritr iwng' '*wn* v̄wrstn wwl gtn.
'*wn* mwrwnq dᶜr lib' brwdr min. šwl bi
150 mir 'n dᶜr riiz' zin: '*wn* wwt' v̄wn dᶜn
qrikhn dᶜr wwndr qwn' mn. '*wn* wwitwlt mit
dᶜr stngn '*wn* zin brwdr 'spri'n. di
šwln bi mir 'n dᶜr riiz' zin. z' gwwin'
'ikh 'wkh ds mᶜgtin: '*wn* hiist mir
155 hir' mkhn 'iinn qil z' wwnqlikh. dᶜn hiist
mir šwn' diqn. mit 'iim' smit rikh. dᶜr
zᶜgl šwl wwᶜrdn wwis zidin. di rwdr 'l'
zilbrin: dᶜr mspwwm bslgn mit gwld'
dᶜr 'nqr zilbrin. di ziil' '*wn* di snwr'

140   *dw:* zwischen den Zeilen.

144

F. 47

1 dër riche kunik Etene liś sich vor in uf di kni.
ër śprach ,,neina, liber Horant, sa lige ich umer hi,
ader du tuśt dën wilen min
unde var noch dëme schonen mëgetin."

2 ,,nu śtant uf, liber here, ich wil wogen minen jungen lip,
ader ich bringe uch von dën krichen daś wundern schone wip.
unde schol ich zu dën krichen varn,
uwerś guteś wil ich luzel śparn.

3 heiśt mir, here, gewinen zwei hundert uwere man,
daś scholen wërden riter junge unde vurśten wol getan.
unde Morunk, dër libe bruder min,
schol bi mir an dër reise sin.

4 unde Wate von dën krichen, dër wunder kune man,
unde Witolt mit dër śtangen unde sin bruder Aśprian.
di scholen bi mir an dër reise sin,
sa gewine ich uch daś mëgetin.

5 unde heiśt mir, here, machen einen kil sa wuneklich,
dën heiśt mir schone deken mit eime śamit rich.
dër sëgel schol wërden wiś sidin,
di ruder ale silberin.

F. 48   fol. 24 v

160 šwln 'l' wwᶜrdn wwis zidin. *'wn* 'iinn
     brq z' wwnqlikh. bdqt mit *'iim* [p̌]ilil rikh:
        drisiq twznt mrq gwlds di wwil 'ikh
     mit mir hn. *'wn* hiist mir hir' gwwinn
     di p̌ᶜrt z' wwl gtn. ds griit' 'ls
165 mit gwld' wwl dwrkh slgn. ds di p̌ᶜrt
     ṣw qrikhn šwln trgn: z' wwil 'ikh ṣw
     dᶜn qrikhn v̄rn ww'wgn minn lip̌. 'dr 'ikh
     bring' 'wkh v̄wn dᶜn qrikhn ds wwndr šwn'
     wwip̌. 'ikh v̄wr zwkh' 'ls ds 'ikh qn. 'dr
170 'ikh bring' di šwn' mgt ḥr dn:
     dᶜr stwlṣ' qwniq 'itn' 'wm' v̄inq
     'in 'n dᶜr stwnt. v̄wn 'lz' grwsn
     wrwwdn qwst' ᶜr 'in v̄wr zinn rwtn ⌊
     mwnt. ᶜr *spr g* lws dikh lng' mit
175 'irn lᶜbn. dw hwst mir gwtn trwst
     ggᶜbn: nw hiis mir gwwinn 'ls ds
     'ikh gᶜr. 'wrš *'wn* p̌ᶜrt *'wn* hrnš
     ritr šilt *'wn* spᶜr. wws dw 'iins ⌊
     hwst ggᶜrt. dᶜr wwirstw ṣwwii v̄wn mir
180 gwwᶜrt: mn znt' hin ṣw wwld' nwkh

F. 48

1 dër maśpoum beślagen mit golde, dër anker silberin,
   di seile unde di śnure scholen ale wërden wiś sidin.
   unde einen bark sa wuneklich
   bedeket mit eime pfelil rich.

2 driśik tusent mark goldeś di wil ich mit mir han,
   unde heiśt mir, here, gewinen di pfërt sa wol getan,
   daś gereite aleś mit golde wol durch ślagen,
   daś di pfërt zu krichen scholen tragen.

3 sa wil ich zu den krichen varn, wogen minen lip,
   ader ich bringe uch von dën krichen daś wunder schone wip.
   ich vor suche aleś daś ich kan,
   ader ich bringe di schone maget her dan."

4 dër śtolze kunik Etene ume vink in an dër śtunt,
   von alse grośen vrouden kuśte ër in vor sinen roten munt.
   ër śprach „got loś dich lange mit eren lëben.
   du hośt mir guten trośt gegëben."

5 „nu heiś mir gewinen aleś deś ich gër,
   orsch unde pfërt unde harnasch, riter, schilt unde śpër."
   „waś du eineś hośt gegërt,
   dër wirśtu zwei von mir gewërt."

4,3 *got:* In der Hs wird für *got* immer *g* mit Abkürzungszeichen geschrieben.

F. 49   fol. 25r

d^cn rizn wriišn. nwkh wwitwlt mit d^cr
stngn. 'wn nwkh zim' brwdr 'sprin
'wn wwt' d^cr wwndrn qwn' mn. di qwmn
v̄wr d^cn qwniq stn: ^cr ziit' 'in
185 di m^cr' v̄wn d^cr miid' z' wwnqlikh.
^cr bt gṣwgnlikhn wwtn d^cn v̄wrstn
rikh. 'wn wwitwlt 'wn 'spriwn. ds
zi di riiz' wwldn 'wndr stn: d'
^cntwwrt' 'im' gṣwgnlikhn wwt' d^cr
190 qwn' mn. 'ikh wwil mikh g^crn' dwrkh dinn
wwiln di riiz' 'wndr stn. 'ikh bring'
dir ds šwn' m^cgtin. 'dr 'ikh wwil v̄wr
lirn ds l^cbn min: wwitwlt mit d^cr
stngn *spr* wil libr hir' min. 'ikh wwil
195 wil lwṣl wlihn 'wm' ds šwn' m^cgtin.
^cr mws dir di iwnqv̄rwwn g^cbn. 'dr 'ikh
n^cm' 'im' dwrt zin [l]^cbn: 'spriwn
d^cr qwn' trt v̄wr d^cn qwniq. ^cr *spr*
libr min hir' 'ikh bin d^cr riiz' wwrdn wrw.
200 dw mwst di šwn' mgt hn. 'dr 'ikh wwil
di qrikhn 'l ṣw twd' 'rsln: d d'

201 *d d'*: doppelter Ansatz des Schreibers.

F. 49

1   man sante hin zu walde noch dën risen vreischan,
noch Witolt mit dër śtangen unde noch sime bruder Aśprian
unde Wate, dër wundern kune man,
di komen vor dën kunik śtan.

2   ër seite in di mëre von dër meide sa wuneklich,
ër bat gezogenlichen Waten dën vurśten rich
unde Witolt unde Aśprion
daś si di reise wolden under śtan.

3   da ëntwurte ime gezogenlichen Wate dër kune man
,,ich wil mich gërne durch dinen wilen di reise under śtan.
ich bringe dir daś schone mëgetin,
ader ich wil vor lirn daś lëben min."

4   Witolt mit dër śtangen śprach ,,vil liber here min,
ich wil vil luzel vlehen ume daś schone mëgetin.
ër muś dir di junkvrouen gëben,
ader ich nëme ime dort sin lëben."

5   Aśprion dër kune trat vor dën kunik *do*.
ër śprach ,,liber min here, ich bin der reise worden vro.
du muśt di schone maget han,
ader ich wil die krichen al zu tode erślan".

5,1 *do:* Hs *kunik ër.*

F. 50   fol. 25v

d' his dᶜr qwniq mkhn 'iinn qil z' wwnqlikh. dᶜn
⟨hi⟩s ᶜr šwn' diqn mit 'iim' smit rikh. dᶜr
zᶜgl wws wwis zidin. di rwdr 'l' zilbrin:
205   nwkh hwrnds rwt' wwrt dᶜr qil briit. di ritr
'wn di qnpn z' rᶜkht' šwn' gqliit. d' his ᶜr
'in dᶜn qil trgn hin dn. ds zi ṣw dᶜr riiz' šwldn
hn: wil mngn p̌ilil šwn' 'wn mngn smit rikh
gwwirqt 'l' mit gwld' 'wn v̄wn gstiin' rikh.
210   'wn 'wkh v̄wn šwnn ḥrmlin. di nwmr bistn mwkhtn
zin: 'wkh his ᶜr 'in gwwinn 'ls dᶜs gnwq
'wrš 'wn p̌ᶜrt wn 'hrnš 'ir spiz' mn.
'in dr gtrwq. sw dᶜm' šif̌' hin 'in ds.
ṣw dᶜr riiz' šwld' zin: v̄wn zilbr 'wn v̄wn
215   gwld' wwrt 'in ds šif gslgn. ds di mrnᶜr
mwstn sprᶜkhn. ᶜs mq nwmi gtrgn. d' 2
gingn zi ṣw sif̌' zn. hwrnt 'wn 'l' zin'
mn: dᶜr stwlṣ qwniq 'itn' ginq mit
'in 'wf ds mir. 'im' v̄wlgtn v̄wn wrwwn 'wn v̄wn
220   mnn 'iin grws qrif̌tigs hir. d' zi qwmn 'wf
ds mirs trn. di rizn gingn v̄wr dᶜn qwniq
stn: zi nwmn 'wrlwp̌ 'l' glikh' v̄wn 'itn'
dᶜm' qwng' rikh. zi nign 'im' wil šwn' 'ir
'iqlikhr bzwndrlikh. d' *spr* 'itn' dᶜr
225   iwng' dᶜgn. *g* mws 'wwr hwit' 'wn 'wmr plᶜgn:
d' v̄wrt' mn 'in di riqn d' zi 'wrlwp̌

208   *šwn'*: zwischen den Zeilen.
212   Reimpunkt nach *mn*.
213   Reimpunkt nach *ds*.
219   *vwlgtn*: das *t* zwischen den Zeilen.
220   *qriftigs*: *f* nicht deutlich ob *f* oder *f̌*.

F. 50

1 da hiś dër kunik machen einen kil sa wuneklich,
 dën hiś ër schone deken mit eime śamit rich.
 dër sëgel waś wiś sidin,
 di ruder ale silberin.

2 noch Horandeś rote wart dër kil bereit,
 di riter unde di knapen sa rëchte schone gekleit.
 da hiś ër in dën kil tragen hin dan,
 deś si zu dër reise scholden han:

3 vil manegen pfelil schone unde manegen śamit rich,
 gewirket ale mit golde unde von geśteine rich
 unde och von schonen hermelin,
 di numer beśer mochten sin.

4 och hiś ër in gewinen aleś dëś genuk,
 orsch unde pfërt unde harnasch, ir śpise man in dar getruk
 zu dëme schife hin in,
 daś zu dër reise scholde sin.

5 von silber unde von golde wart in daś schif geślagen,
 daś di marnër muśten śprëchen „ëś mak nume getragen."
 da gingen si zu schife san
 Horant unde ale sine man.

6 dër śtolze kunik Etene gink mit in uf daś mer.
 ime volgeten von vrouen unde von manen ein groś kreftigeś her.
 da si komen uf deś mereś tran,
 di risen gingen vor den kunik śtan.

7 si nomen urlop ale geliche von Etene dëme kunige rich.
 si nigen ime vil schone ir iklicher besunderlich.
 da śprach Etene dër junge dëgen
 „got muś uwer hoite unde umer pflëgen."

3,4 beśer: Hs besten, vgl. 73, 5, 4. So auch Fourquet in *The Field of Yiddish Studies*, S. 277. Vgl. Lautstand § 32 Fußnote 19.
7,4 pflëgen: Hs plëgen, s. Lautstand, § 3 und 4.

F. 51   fol. 26r

⟨gnwmn:⟩ 'wn d' di grwsn rizn ṣw šiť' wwrn
'l' qwmn. hwrnt zinn brwdr mwrwnq nm. 'wn
ginq v̄wr d^cn qwniq lwbzm: ^cr *spr* giṗ
230 'wns 'wrlwṗ libr hir' lwt 'wns mit 'wwrn
hwldn v̄rn. d^cr rikh' *g* v̄wn himl' wwl' dir dinn
liṗ bwwrn. d^cr qwniq 'wm' v̄inq hwrndn 'n d^cr
stwnt. ^cr qwst' 'in 'n zinn rwtn mwnt:
^cr drwqt' 'in 'n zin ḥrṣ' wil zir' ^cr
235 wwiinn bgn. ds ^cs bgwnd' 'rbrmn *biid* wrwwn
'wn mn. d' *spr* lwst 'wwr trwrn ww^czn. wwir
šwln v̄wr d d^cn qrikhn wwl gn^czn: 'wrlwṗ
g'ṗ 'in 'itn' d^cr z^clb' qwn' d^cgn. d^cr
rikh' *g* v̄wn himl' wwl' 'wwr biidr pl^cgn. dikh
240 'wn dinn brwdr d^cr iwng' mn. d' trt hwrnt
'in d^cn qil hin dn: d' ṣwgn zi 'wf 'ir'
z^cgl 'wn v̄wrn 'wf ds mir. hwrnt 'wn zin
gziln 'iin grws qriftigs hir. zi v̄wrn 'wf *d^cm*
mir hin dn. hwrnt 'wn 'l' zin' mn: zi v̄wrn
245 'l grikht' 'wf ds wwild' mir. hwrnt 'wn
zin gziln 'iin grws qriftigs hir. hwrnt hwṗ
'wf 'wn znq. ds ^cs dwrkh di ww'wlqn qlnq:
^cr znq 'im' 'lz' lwwt' nw qwm' 'wns d^cr
ṣw trwst'. 'n dizm' tg' hwit' d^cr di
250 iwd[n 'wf] d^cm' mir 'rlwst'. 'in *g* n'mn
v̄rn wwir: zinr gndn g^crn wwir: d['] bgwnd'

237   *d d^cn:* doppelter Ansatz des Schreibers.

F. 51

1 da vurte man in di reken, da si urlop ... genomen,
unde da di grośen risen zu schife waren ale komen,
Horant sinen bruder Morunk nam
unde gink vor dën kunik lobesam.

2 ër śprach „gip unś urlop, liber here, lośt unś mit uwern hulden
dër riche got von himele wole dir dinen lip bewarn."   [varn.
dër kunik ume vink Horanden an dër śtunt.
ër kuśte in an sinen roten munt.

3 ër drukte in an sin herze, vil sere ër weinen began,
daś ëś begunde erbarmen beide vrouen unde man.
da śprach ër „lośt uwer truren wësen.
wir scholen vor dën krichen wol genësen."

4 urlop gap in Etene, dër sëlbe kune dëgen.
„dër riche got von himele wole uwer beider pflëgen,
dich unde dinen bruder, dër junge man."
da trat Horant in dën kil hin dan.

5 da zugen si uf ire sëgel unde vuren uf daś mer,
Horant unde sin geselen, ein groś kreftigeś her.
si vuren uf dëme mer hin dan
Horant unde ale sine man.

6 si vuren al gerichte uf daś wilde mer
Horant unde sin geselen, ein groś kreftigeś her.
Horant hup uf unde sank,
daś ëś durch di wolken klank.

7 ër sank ime alse loute „nu kome unś dër zu trośte
an diseme tage hoite, dër di juden uf dëme mer erlośte.
in goteś namen varn wir.
siner genaden gërn wir."

2,1 *lośt:* Hs *lot*. Das *ś* wohl versehentlich ausgelassen; vgl. unten 3,3.
3,3 *ër:* Hs *śprach lośt*.
4,2 *pflëgen:* Hs *plëgen*, s. Lautstand, § 3 und 4.

F. 52 fol. 26v

ᶜr 'lz' lwt' *wn* 'lz' z zingn. zws' ds di
⟨mirmi⟩n' ṣwm' šiſ' bgwnd' 'l' dringn
wn di wiš' 'in dᶜm' bwdm' ⟨.⟩ sww'wmn 'l'
255 'wbn': zi v̄wrn mit grwsn w[rww]dn 'wf ds
mirs trn. d' znt' 'in *g* v̄wn himl' 'iin wwᶜtr
ww'wnzn. ds zi dr qwmn 'in 'kht *wn* ṣwwinṣiq
tgn. 'lz' wwirs 'im' lid' hwrn zgn: *wn*
d' di hirn 'l' ṣwm' lnd' qwmn. d' ginq hwrnt
260 gṣwgnlikhn v̄wr di rizn wriišwmn. ᶜr *spr* 'ikh wwil
nikht lingr bitn. 'ikh wwil 'in di stt ritn ⟨:⟩
gwwinn 'iin *hirbᶜrg* d' wwir mit 'irn mwgn
'in' zin. nw v̄wlgt minr lir' wil libn gziln min.
wwir šwln ds 'irstn wwislikh v̄rn. *wn* 'wnzr
265 zᶜlbs 'ir' wwl bwwrn: d' ᶜntwwrt' *im*
gṣwgnqlikhn wwt' dᶜr qwn' mn. wws dw 'wns
hir' gbwits ds wwirt wil šir' gtn. rit
dwrkh di stt hin dn. 'wm' 'iin' hirbᶜrg'
ww'wnzn: ᶜr qliit' zikh wil šwn' 'iinn ↳
270 smit lwwtr 'n. z' rᶜkht' ww'wnqlikh' v̄wn ↳
gwld' ᶜr zir' brn. mn ṣwkh 'im' dr 'iin ↳
p̌ᶜrt z' wwnqlikh. dr 'wf' lq 'iin griit'
v̄wn gwld' rikh: mn v̄wrt' 'in 'ws ṣw lnd'
d' ᶜr 'n ds lnt bqm. ᶜr sprnq zw wwnqlikh'
275 'wf ds p̌ᶜrt z' lwbzm. *wn* riit dwrkh di
stt hin dn. 'in šwwtn wrwwn *wn* mn: ᶜr
riit 'l grikht' bis ᶜr zkh 'iinn bwrg⟨ᶜr⟩ stn.

252 *z zingn:* doppelter Ansatz des Schreibers.
277 *bwrgᶜr':* Hs beschädigt.

F. 52

1 da begunde ër alse lute unde alse *suśe singen*,
 daś di mermine zume schife begunde ale dringen,
 unde di vische in dëme bodeme
 śwumen ale obene.

2 si vuren mit grośen vrouden uf deś mereś tran.
 da sante in got von himele ein wëter wunesan,
 daś si dar komen in acht unde zwenzik tagen,
 alse wirś ime lide horen sagen.

3 unde da di heren ale zume lande komen,
 da gink Horant gezogenlichen vor di risen vreischomen.
 ër śprach „ich wil nicht lenger biten.
 ich wil in die śtat riten,

4 gewinen ein herbërge da wir mit eren mugen ine sin.
 nu volget miner lere, vil liben geselen min.
 wir scholen deś erśten wiślich varn
 unde unser śëlbeś ere wol bewarn."

5 da ëntwurte ime gezogenklichen Wate der kune man
 „waś du unś, here, geboiteś, daś wirt vil schire getan.
 rit durch di śtat hin dan
 ume eine herbërge wunesan."

6 ër kleite sich vil schone einen śamit louter an.
 sa rëchte wunekliche von golde ër sere bran.
 man zoch ime dar ein pfërt sa wuneklich,
 dar ufe lak ein gereite von golde rich.

7 man vurte in uś zu lande. da ër an daś lant bekam,
 ër śprank so wunekliche uf daś pfërt sa lobesam
 unde reit durch di śtat hin dan.
 in schouten vrouen unde man.

1,1 *suśe singen:* Hs *singen suśe*.
1,2 *begunde:* so Hs.

F. 53   fol. 27r

gqliidt ww'wn'qlikhn ᶜr wws 'iin hwbšr mn⟨.⟩
d' ᶜr hwrnt nw 'im' qwmn zkh. nw mwgtir
280 hwrn wwi ᶜr *spr:* zit wwilqwm libr hir'
mir *'wn g* v̄wn himl rikh. 'ikh zḫ' 'n 'wwrn ↳
gbᶜrn wwl 'ir zit 'iin v̄wrst' lwblikh. ↳
bdwrı̃t 'ir 'ikhṣikht ds 'ikh hn. 'wwr wwil'
wwirt wil šir' gtn: d' niiq 'im' *gṣwgnli*
285 hwrnt bis 'wf dᶜn v̄wws. ᶜr *spr* nw lwn dir
g bwrgᶜr dins wwᶜrdn grws. qwnstw mir wwizn
'iinn mn. dᶜr mikh ṣw 'iim' gst' gtwr' ↳
'wndr stn: *'wn* wwiz' mir 'iin hirbᶜrg'
d' 'ikh mit 'irn mwg' 'in' gzin. *'wn* ṣwwii ↳
290 hwndrt minr gziln ds bit 'ikh dikh 'wf di ↳
trww' din. wwin' wwir zint v̄wn twṣ̌n lndn ḫr
v̄wr tribn. 'wns 'ist ds gwts lwṣl ↳
blibn: ᶜr *spr* wil libr hir' zḫt 'ir
dizn hwf hi v̄wr 'wkh stn: d' šwlt 'ir *'wn*
295 'wwr gziln gwt gmkh 'in' hn. min hws ds 'ist
z' wwnqlikh. ᶜs ṣᶜm' 'iim' 'idln qwng' rikh:
   ᶜr *spr* nw lwn dir *g* v̄wn himl' wil libr
hir' min. mwkhtstw 'wns gbwrgn wwir wwldn
gᶜrn' din' gist' zin. i' *spr* dᶜr hwbš'
300 qwı̃mn. wil wwl 'ikh 'wkh gbwrgn qn: ṣwwii twznt
⟨mrq g⟩wl⟨d⟩s bwrg' 'ikh 'wkh 'wbr zi. 'ist ds
[. . . . . . .] 'ikh bwrg' 'wkh dinwkh mi: d'

301-2 Hs auf der rechten Seite beschädigt.

F. 53

1 ër reit al gerichte biś ër sach einen burgëre śtan
gekleidet wuneklichen. ër waś ein hubescher man.
da ër Horant zu ime komen sach,
nu mugetir horen wi ër śprach.

2 ,,sit wilkom, liber here, mir unde got von himel rich,
ich sehe an uwern gebëren wol, ir sit ein vurśte lobelich.
bedurfet ir ichzicht deś ich han,
uwer wile wirt vil schire getan."

3 da neik ime gezogenliche Horant biś uf dën vuś.
ër śprach ,,nu lon dir got, burgëre, dineś wërden gruś.
kundeśtu mir wisen einen man
dër mich zu eime gaśte geture under śtan,

4 unde wise mir ein herbërge, da ich mit eren muge ine gesin
unde zwei hundert miner geselen, deś bit ich dich uf di truwe din.
wene wir sint von tutschen landen her vor triben.   [
unś iśt deś guteś luzel beliben."

5 ër śprach ,,vil liber here, sehet ir disen hof hi vor uch śtan?
da scholt ir unde uwer geselen gut gemach ine han.
min huś daś iśt sa wuneklich,
ëś zëme eime edelen kunege rich."

6 ër śprach ,,nu lon dir got von himele, vil liber here min,
mochteśtu unś geborgen, wir wolden gërne dine gëste sin."
,,ja" śprach dër hubesche kofman,
,,vil wol ich uch geborgen kan.

1,3 *zu:* Hs *nu.*
3,1 *vuś:* Hs *vouś;* vgl. Lautstand § 35 (2b).
3,3 *kundeśtu:* Hs *kunśtu.*

F. 54 fol. 27 v

    spr hwrnt d^cr qwn' mn. d' mit' hit'
    wwir nikht gtn: mwkht[s]tw ['w]ns gbwrgn
305 drisiq twznt mrq gw[ld]s 'dr mi⟨.⟩ di z^c[n]t'
    wwir dir ḫr wwidr' 'lz' wwir q^cmn 'wbr d^cn
    wwildn zi. ṣwwii twznt mrq mwkhtn 'wns nikht
    ṣw sttn gstn. di wwrdn v̄wn 'wns 'iins tgs
    v̄wr tn: wwir zint v̄wr tribn' lwit'
310 nwkh d^cn qwn' wwir nikht gsprn. 'ikh zg' dirs
    zikhrlikhn wwir wwln hwh' v̄rn. d' *spr* d^cr hwbš'
    qwĩmn z' tr 'ikh 'wwr ṣw gist' nikht 'wndr
    stn: 'ikh qn 'wkh 'br wwl gwwizn wil libr
    hir' min. 'in 'iin' hirb^crg' d' 'ir mit
315 'irn mwgt 'in' zin. 'n 'iinn rikhn qwpmn
    d^cr 'wkh [w]wl gbwrgn qn: 'ir windt 'in
    zim' hwz' d^cs gwts 'lz' wil. 'irn windt
    'in zinr hirb^crg' qwrṣ' wwil' *wn* spil.
    ^cr 'ist d^cr 'lr hwbšt' mn. d^cr bwrg^crs
320 n'mn 'i gwwn: nw zikh wil libr hir' iin'
    p̌wrtn v̄wr dir st[n.] d' ww'wnt ^cr mit hwz'
    d^cr rikh' qwĩmn[.] d' rit 'in libr hir' min.
    d' [wind]stw wwl d^cn wwiln din: ^cr ṣiigt 'im'
    'iin' [g]s' dwrkh di stt hin dn. 'ngign *d^cm*
325 hwv̄' stw[nt] d^cr hwbš' qwĩmn. gqliidt ['*lz*]
    ww'wnqlikh. wwin' ^cr wws d^cs gwts 'wmwsn
    rikh: '*wn* d' d^cr bwrg^cr' hwrn⟨d⟩s ri[d]' v̄wr ↳
    nm. ^cr biit' nwmir' gign '.................

317 *n windt:* falscher Ansatz des Schreibers.
327–8 Hs auf der linken Seite beschädigt.

F. 54

1 zwei tusent mark goldeś borge ich uch uber se.
iśt daś ...., ich borge uch denoch me."
da śprach Horant, dër kune man
„da mite hete wir nicht getan.

2 mochteśtu unś geborgen driśik tuzent mark goldeś ader me,
di sënte wir dir her widere, alse wir këmen uber dën wilden se.
zwei tusent mark mochten unś nicht zu śtaten geśtan,
di wurden von unś eineś tageś vor tan.

3 wir sint vor tribene loite. noch dën kune wir nicht geśparn.
ich sage dirś sicherlichen, wir wolen hohe varn."
da śprach der hubesche kofman
„sa tar ich uwer zu geśte nicht under śtan.

4 ich kan uch aber wol gewisen, vil liber here min,
in eine herbërge, da ir mit eren muget ine sin,
an einen richen kofman,
dër uch wol geborgen kan.

5 ir vindet in sime huse dëś guteś alse vil,
ir vindet in siner herbërge kurze wile unde śpil.
ër iśt der aler hubeschte man,
dër burgërś namen i gewan.

6 nu sich, vil liber here, eine pforten vor dir śtan.
da wonet ër mit huse, dër riche kofman.
da rit in, liber here min,
da vindeśtu wol dën wilen din."

7 ër zeiget ime eine gaśe durch di śtat hin dan.
engegen dëme hove śtunt dër hubesche kofman
gekleidet alse wuneklich,
wene ër waś dëś guteś umośen rich.

4,3 *kofman:* in der Hs fehlt der Rafehstrich über dem Pe.
5,3 *hubeschte* so in Hs.

F. 55   fol. 28r

ᶜr 'n[p̱]inq 'in 'l⟨z⟩' wwnqlikh hwrnt d[ᶜ]n '⟨i⟩dln
330 v̄wrstn ⟨rikh:⟩ hwrnt 'rbiist' ṣw [dᶜr]
ᶜrdn gig[n] dᶜm' b[wr]gᶜr ᶜr ginq ⟨.⟩ z' rᶜkht'
wwnqlikhn [ᶜ]r 'in 'lwm' v̄inq. ᶜr *spr g* grws
dikh r[i]khr qwı̃mn: v̄wn dir 'ikh wil v̄wr nwmn hn:
'ikh bin ṣw dir gwwizt 'ikh *'wn* di gziln min.
335 wwir wwldn 'lz' gᶜrn' din' gist' zin. wwir
zint v̄wn twṣn lndn ḥr v̄wr tribn. 'wns 'ist
ds gwts lwṣl blibn: 'ikh v̄wir ṣwwii hwndr⟨t⟩
gziln stwlṣr ritr gmiit. di hldn 'wf *dᶜm*
mir' *'wn* hbn 'rlitn grws' ᶜrbiit. wwldstw
340 'wns ṣw gist' 'wndr stn. dw šwldst 'wndr
qiinn šdn hn: *'wn* mwkhtstw 'wns gbwrgn
drisiq twznt mrq gwlds 'dr mi. di zᶜnt'
wwir dir ḥr wwidr' 'lz' wwir ⟨q.mn⟩ 'wbr dᶜn ↳
wwildn zi. wwin' wwir mwsn ṣw 'wn ṣitn hwh' v̄rn.
345 wwir qwnn dᶜs gwts nikht gesprn: d' *ᶜntwwrt*
'im' gṣwgnlikhn dᶜr *bwrgᶜr* dw. 'wf min' ↳
rᶜkht' trww' 'ikh bin 'wwr ṣw gist' wwrdn
v̄rw. grwkht 'ir dᶜr hir[bᶜrgn] min. d' šwlt
'r hirn 'in' zin: *'wn* zit wwirt 'in m[im]'
350 hwz' 'wbr 'ls ds 'ikh hn. 'wn' min' ⟨wrww'⟩
'iin' di wwil 'ikh zᶜlbr bstn: 'ir . . . . .
. . . . bwrgn 'irn dwrf̃t drwm' nikht . . . . .
. . . . . t 'i[n] mim' hwz' 'ls ds 'ir gᶜrt.
. . . . hwndrt twznt mrq gwlds ↳

352-4 Hs beschädigt.
353   Vor dem Teth ist noch ein Teil eines Daleth zu erkennen.

F. 55

1 unde da dër burgëre Horandes rede vor nam,
ër beite nu mere gegen . . . .
ër enpfink in alse wuneklich
Horant dën edelen vursten rich.

2 Horant erbeiste zu dër ërden. gegen dëme burgër ër gink.
sa rëchte wuneklichen ër in al ume vink.
ër sprach ,,got grus dich richer kofman,
von dir ich vil vor nomen han.

3 ich bin zu dir gewiset, ich unde di geselen min.
wir wolden alse gërne dine geste sin.
wir sint von tutschen landen her vor triben,
uns ist des gutes luzel beliben.

4 ich vuir zwei hundert geselen stolzer riter gemeit,
di halden uf dëme mere unde haben erliten grose ërbeit.
woldestu uns zu geste under stan,
du scholdest unser keinen schaden han.

5 unde mochtestu uns geborgen drisik tusent mark goldes ader me,
di sënte wir dir her widere alse wir këmen uber dën wilden se.
wene wir musen zu un ziten hohe varn,
wir kunen dës gutes nicht gesparn."

6 da ëntwurte ime gezogenlichen dër burgëre do,
,,uf mine rëchte truwe, ich bin uwer zu geste worden vro.
geruchet ir dër herbërgen min,
da scholt ir heren ine sin

7 unde sit wirt in mime huse uber ales das ich han,
one mine vroue eine, di wil ich sëlber bestan.
ir . . . . borgen,
iren durfet darume nicht . . . . . .

3,3 *tutschen:* Hs *tutsen.* Das diakritische Zeichen fehlt.
5,2 *këmen:* das Ayin ist unleserlich, vgl. 54, 2, 2.
4,4 *unser:* Hs *under.*

F. 56 fol. 28v

355 ⟨dᶜr ww⟩ᶜrtir wwl g[wwᶜrt] *wn* ww⟨ᶜrtir⟩ bi mir
ṣḫn iwr ⟨.⟩ ds š[....] mir nikht 'lz' 'iin
hwr: 'ikh hn zw wil dᶜs gwts *wn* [bin gr]
'iin rikhr mn. wws 'ir 'iins bd⟨wr⟩ı̂t ⟨d⟩ᶜ⟨s⟩ šwlt
'ir wir' hn. ds šwltir zᶜlbr wwlgzḫn ds 'ir
360 dᶜr wwrhiit mwst iiḫn: ds wwil '⟨ikh⟩ zᶜlbr
šwwn 'ikh wwil din hws bzḫn. gv̄ilt mir di *hirbᶜrg*
z' mq ᶜs hrt' wwl gšḫn. d dᶜr wwirt 'rṣwrn
d' bgn. ᶜr *spr* ṣwwr 'ir zit 'iin 'wnglwb⟨iq⟩
mn: [ir wi]ndt 'in mim' hwz' di g'ns *wn*
365 'wkh ds hwn. *wn* wwldt 'irs glwwbn 'ikh wwld'
'wkh ds bist' twn. d' *spr* h h hwrnt ʟ,
⟨l⟩wst 'wwr ṣwrnn zin. *wn* r ritt mit mir
nwkh dᶜn [gziln min]: 'ikh wwil 'wkh gᶜrn'
glwbn 'ls ds 'ir mir gziit. mn ṣwkh dr *dᶜm*
370 bwrgᶜr 'iin p̌ᶜrt z' wwl briit. dr 'wı̂' lq
'iin griit' z' wwiqlikh. v̄wn gwld' *wn* v̄wn
gstiin' rikh: ᶜr zs 'wf mit *zim gzind*
wn riit mit 'im' 'n ds mir. d' v̄wrt'
[mn] ṣw lnd' 'iin gr⟨w⟩s qrı̃ftigs hir. d' dᶜr
375 bwrgᶜr di grwsn rizn 'n gzkh. wwi gᶜrn' mwgt
'ir hwrn wwi ᶜr *spr:* ᶜs mws mikh 'wmr ʟ,
rwwn ds 'ikh mi[kh] hn 'wwr 'wndr nwmn. dis zint
ds [liidign] twv̄ls qint 'ws dᶜr hill' zint
zi 'l' qwmn. hir' *g* bširm' mikh v̄wr ii...
380   dᶜr dwrt stit mit
    d dᶜr stḫlinn
       stngn:

362 *d dᶜr:* falscher Ansatz des Schreibers.
366 *h h hwrnt:* falsche Ansätze des Schreibers.
367 *r ritt:* falscher Ansatz des Schreibers.
379 Hs beschädigt.
381 *d dᶜr:* falscher Ansatz des Schreibers.

F. 56

1 *ir vin*det in mime huse aleś deś ir gërt
  ..... hundert tusent mark goldeś dër wërtir wol gewërt.
  unde wërtir bi mir zehen jor,
  daś sch.... mir nicht alse ein hor.

2 ich han so vil dës guteś unde bin gar ein richer man,
  waś ir eineś bedurfet dës scholt ir vire han.
  daś scholtir sëlber wolgesehen,
  daś ir dër warheit muśet jehen."

3 ,,daś wil ich sëlber schouen, ich wil din huś besehen.
  gevelet mir di herbërge, sa mak ëś harte wol geschehen."
  dër wirt erzurnen da began.
  ër śprach ,,zewar, ir sit ein ungelobik man.

4 ir vindet in mime huse di ganś unde och daś hun.
  unde woldet irś gelouben, ich wolde uch daś beśte tun."
  da śprach Horant ,,lośt uwer zurnen sin
  unde ritet mit mir noch dën geselen min.

5 ich will uch gërne gel*o*uben aleś dës ir mir geseit."
  man zoch dar dëme burgër ein pfërt sa wol bereit.
  dar ufe lak ein gereite sa wu*n*iklich,
  von golde unde von geśteine rich.

6 ër saś uf mit sime gesinde unde reit mit ime an daś mer.
  da vurte man zu lande ein groś kreftigeś her.
  da dër burgër di grośen risen an gesach,
  wi gërne muget ir horen wi ër śprach.

7 ,,ës muś mich umer rouen, daś ich mich han uwer under nomen.
  diś sint dës leidigen tuveleś kint, uś dër helle sint si ale komen.
  here got beschirme mich vor je...........
  dër dort śtet mit dër śtehelinen śtangen."

1,1 Vgl. 4,1.
5,1 *gelouben:* Hs *geloben.*
5,3 *wuniklich:* Hs *wiklich.*

F. 57 fol. 29r

d⟨' nwkh⟩ .... qirn 'w[f] d^c n ....
hii wwi mit ⟨grwsn⟩ zwrgn ginq ^c r v̄wr di grwsn
385 .... mir wwil' ....
ṣw wwt['] .... d' v̄wrt['] mn
d .... bdi⟨q⟩t 'lz' šwn' ....
.... ['wn] .... mngn zẅwm^c r'
.... d' gldn sww^c r': v̄wr riit d^c r
390 ⟨bwrg^c r'⟩ hwrnt d^c r riit 'im' nwkh. d' nwkh
⟨gritn di⟩ rizn wriišm ṣw d^c r hirb^c rg' wws
⟨'in⟩ g⟨w⟩kh. d' wlwhn wrwwn *'wn* mn. di zi mit'...
zwhn 'n: d' zi v̄wr di hirb^c rg' q qwmn ⟨di⟩
p̣wrtn wwrt gign 'in 'wf gtn. di stwlṣ' ↳
395 bwrg^c rin' ḥr v̄wr qm ggn. mit 'irn iwn⟨qv̄rwwn⟩
z' wwnqlikh gqliidt 'l' zmnt g....
'in 'iinn p̣ilil šwn' d' zi ⟨di riqn zkh zi grwst'⟩
⟨zi 'lz'⟩ šwn' nw hwrt wwi zi *spr* nw zkh 'ikh ⟨ni⟩
v̄wr tribn' mn. z' hir' qliidr trgn 'n:
400 ^c r wws 'iin gwwldiq ⟨qwniq⟩ d^c r 'wkh hwt v̄wr
tribn. ^c r mq 'wwr ...... drbn ww^c rtir
bi 'im' blibn. 'ir twwng⟨t⟩ 'im' 'iignlikh'.
'l' twṣ̌' rikh': hwrnt *spr* lib' wrww'
^c s 'ist v̄wn 'wnzrn šwldn qwmn. 'wns .....
405 d^c r qwniq v̄wn twšṇ lndn ......
wwir wwldn 'im' nikht ww^c zn ... ds ⟨mwstn wwir⟩
dizn [.....]: zi nm 'in ⟨bi⟩ d^c r ⟨hnt⟩ ⟨*wn*⟩
v̄wrt' 'in 'in d^c n hwf ⟨hin dn⟩ d' ... d^c r qwn'

393 *q qwmn:* falscher Ansatz des Schreibers.
397 ⟨*grwst'*⟩: das Ende der Zeile ist unleserlich und das Alef nicht mehr zu erkennen.
400 *'wkh:* Tinte verlaufen und *kh* über der Zeile wiederholt.
407 ⟨*hnt*⟩ = ⟨*hnd'*⟩?
408 Hs. beschädigt.

F. 57

1 da noch .... keren uf dën ...
   hei wi mit grośen sorgen gink ër vor di grośen *risen śtan*
   .... mir wile *komen*
   zu Wate ....

2 da vurte man ....
   bedeket alse schone....................
   unde .... manegen soumëre
   ......da geladen śwëre.

3 vor reit der burgëre, Horant dër reit ime noch.
   da noch geriten di risen vreischam, zu dër herbërge waś in goch.
   da vluhen vrouen unde man,
   di si mite ... sohen an.

4 da si vor di herbërge komen, di pforten wart gegen in uf getan.
   di śtolze burgërine her vor kam gegan
   mit iren junkvrouen sa wuneklich
   gekleidet ale sament *gelich*

5 ..... in einen pfeil schone. da si di reken sach,
   si gruśte si alse schone. nu horet wi si śprach.
   „nu sach ich ni vor tribene man
   sa here kleider tragen an.

6 ër waś ein gewaldik kunik, dër uch hot vor triben.
   ër mak uwer .... darben. wërtir bi ime beliben,
   ir twunget ime eigenliche
   ale tutsche riche."

7 Horant śprach „libe vroue, ëś iśt von unsern schulden komen,
   unś ... dër kunik von tutschen landen ....
   wir wolden ime nicht wësen ....
   deś muśten wir disen ...."

1,2 *hei:* h könnte q sein.
4,4 *gelich:* nur das g leserlich

F. 58 fol. 29v

hwrnt 'iin šwn' lin⟨dn⟩ ... ⟨wwnqlikh.⟩
410 'ir ^{c}st' wwrn $\bar{\text{v}}$wn gwld' r⟨ikh⟩ 'wbn 'wf
d^c⟨r⟩ lindn zwngn qliin' $\bar{\text{v}}$⟨wg⟩lin⟨zi⟩zwngn 'lz'
šwn' 'ir g$\bar{\text{v}}$idr' g'ṗ likht⟨n šin⟩ ww^{c}r d^{c}n
zwsn $\bar{\text{v}}$wgl znq $\bar{\text{v}}$wr nm. d^{c}r ⟨mw⟩st' zin
trwrn lwsn stn: dr 'wndr 'iin gstwil'
415 ds wws z' wwnqlikh. $\bar{\text{v}}$wn likhtn qrist^{c}ln
ds wws $\bar{\text{v}}$wn gwld' rikh. ^{c}s wwrt ni qiin z'
hwhr mn. ^{c}r mwkht' mit 'irn dr zi⟨ṣn⟩ gn:
d' $\bar{\text{v}}$wrt' 'in di wwirtin' 'wf 'iinn
šwnn zl. $\bar{\text{v}}$wn gwld' *un* $\bar{\text{v}}$wn lzwwr' gmwlt
420 wws ^{c}r 'wbrl. *un* wws $\bar{\text{v}}$wn mrml stiinn
g'rb' ⟨$\bar{\text{v}}$wn⟩ mngr hnd' w'rb': d^{c}r
zl ht' dri hwndrt w^{c}nstr di wwrn 'l'
qrist^{c}lin. gwwirqt 'lz' šwn' di gwbn
likhtn šin. .... glikhm' stwnt 'iin spigl
425 gl's: ds likht 'alzwm di zwn' wws:
d^{c}r 'istrikh wws mrml stiinin nwkh grwnr
wwin['] 'iin grs. 'lz' r^{c}kht' lwtr 'lz' 'iin
sp⟨igl⟩ gl's. dr 'in' wiš' sww^{c}btn. r^{c}kht
'lzwm zi l^{c}btn: mit 'lz' šwnn listn
430 ....gmkh̅s wws gwwirqt d^{c}r z^{c}lb' zl.
'wf m^{c}rmlin' zwil' gwwilbt wws ^{c}r 'wbrl.

415 *ds:* d über der Zeile wiederholt.
430 *gmkh̅s:* über dem hebräischen Kaf zwei Punkte; das Wort ist hier nicht verständlich.

F. 58

1 si nam in bi dër hant unde vurte in in dën hof hin dan
da .. dër kune Horant ein schone linden....
.... wuneklich
ir ëśte waren von golde rich.

2 oben uf dër linden sungen kleine vogelin
si sungen alse schone, ir gevidere gap lichten schin.
wër dën suśen vogel sank vor nam,
dër muśte sin truren lośen śtan.

3 da under ein geśtoile, daś waś sa wuneklich
von lichten kriśtëlen, daś waś von golde rich.
ëś wart ni kein sa hoher man,
ër mochte mit eren dar sizen gan.

4 da vurte in di wirtine uf einen schonen sal.
von golde unde von lasoure gemolet waś ër uberal.
unde waś von marmel śteinen garbe
von maneger hande varbe.

5 dër sal hate dri hundert vënśter di waren ale kriśtëlin,
gewirket alse schone, di goben lichten schin.
.... gelicheme śtunt ein śpigel glaś,
daś licht alsom di sune waś.

6 dër eśtrich was marmel śteinin noch gruner wene ein graś,
alse rëchte luter alse ein śpigel glaś,
dar ine vische świëbeten
rëcht alsom si lëbeten.

7 mit alse schonen liśten ..... waś gewirket dër sëlbe sal.
uf mërmeline soile gewelbet waś ër uberal.
ich .... ni bekam
in einen sal sa lobesam.

1,1 *hant:* oder *hande.*

F. 59	fol. 30r

'ikh .... ni bqm. 'in 'iinn zl ḷ
z' lwbzm: ..... 'im' hwz' 'nsprnq
'iin brwn' z' ..... gliitt 'lz' šwn'.
435 'in 'iin zwil v̄wn ⟨gwl⟩d' rikh. *wn* r'n dwrkh
rwr⟨n⟩ gwld⟨in⟩. di nwmr šwnr mwkhtn zin:
mit 'lz' šwnn listn d^{c}r brwn' gmkht
wws. ^{c}s wwrt v̄wn d^{c}m' brwnn nwmr mi z'
n's: 'lz' ds wwsr 'ws d^{c}m' hwz' ḷ
440 ginq ⟨.⟩ 'iin 'ndr rwr' ^{c}s d' 'nп̌inq:
'lz' ds wwsr 'ws d^{c}m' hwz' qm. 'iin
'ndr rwr' ^{c}s ⟨gnm⟩. ds d^{c}r z^{c}lb' brwn'
'in 'iin' qwkhin qm. *wn* r'n 'lz' drwt'
'in d^{c}s bwrg^{c}rs qimnwt' [:] 'ws d^{c}r
445 qimnwtn 'in 'iinn bwwm grtn z' ⟨wwnqlikh⟩
'in wir m^{c}rmlin' zwil' di wwrn v̄wn gwld'
rikh. gwwirqt *wn* gliitt wwl. ⟨zi⟩ wwrn ṣw ḷ
'ln ṣitn v̄wl: d' ⟨*spr*⟩ d^{c}r bwrg^{c}r
hwrnt libr hir' min ⟨d'⟩ šwltir *wn* 'wwr
450 gl gziln mit grwsn 'irn 'in' zin. wws 'ir
bdwrf̃t 'dr wwlt hn. ds šwltir mikh
nw wwisn ln: d' *spr* d^{c}r qwn' hwrnt
'wns gbrikht nit. hiis 'wns ḫr qwmn
di wil 'rm' dit. d^{c}n wwil 'ikh rikh' gwb'
455 g^{c}bn. z' mwgn zi 'wkh mit wrwwdn l^{c}bn:

450 *gl:* falscher Ansatz des Schreibers vor *gziln.*

F. 59

1 .... ime huse enſprank ein brune sa *wuneklich*,
geleitet alse schone in ein soil von golde rich,
unde ran durch roren guldin,
di numer schoner mochten sin.

2 mit alse schonen liſten dër brune gemachet waſ.
ëſ wart von dëme brunen numer me sa naſ.
alse daſ waſer uſ dëme huse gink,
ein ander rore ëſ da enpfink.

3 alse daſ waſer uſ dëme huse kam, ein ander rore ëſ genam,
daſ dër sëlbe brune in eine kuchin kam
unde ran alse drote
in deſ burgërſ kemenote.

4 uſ dër kemenoten in einen boum garten sa wuneklich
in vir mërmeline soile, di waren von golde rich,
gewirket unde geleitet wol.
si waren zu alen ziten vol.

5 da ſprach der burgër „Horant, liber here min,
da scholtir unde uwer geselen mit groſen eren ine sin.
waſ ir bedurfet ader wolet han,
daſ scholtir mich nu wiſen lan."

6 da ſprach der kune Horant „unſ gebrichet nit.
heiſ unſ her komen di vil arme dit.
den wil ich riche gobe gëben,
sa mugen si och mit vrouden lëben."

1,1 *wuneklich:* ergänzt nach 4,1.

F. 60   fol. 30v

d' his mn 'w⟨s⟩rw[f̃]n dwr⟨kh⟩ 'l d⟨i stt⟩ hin dn
ww^c r gwt dwrkh g 'dr [dwrkh] 'ir' [...'] d^c r
šwl ṣw d^c n v̄wr tribnn gn. d' 'ist qwmn
'iin qwnr d^c gn. d^c r wwil d^c r 'rmn wwl Ꝉ,
460 p̌l^c gn: nw hwrt mikhl hwf̃rt v̄wn hwrnt
d^c ṁ' qwnn mn. ^c r his zin p̌^c rdr 'l glikh'
mit gwldinn 'izn 'n' sln. '*wn* hif̃t' zi
mit 'iim' ngl 'n. ds zi bld' wiln v̄wn dn:
  ds zi di 'rmn 'wf lizn '*wn* di wrnd'
465 dit. hwrnt '*wn* zin gziln 'lzw 'ws d^c r
hirb^c rg' šit. di rizn lis mn v̄wr' gn. ds
wws dwrkh 'iin' list gtn: d' *spr* d^c r
bwrg^c r' ṣw hwrnt d^c m' qwnn mn. ww^c rtir
v̄wr tribn' lwit' 'ir list 'wwr šln stn.
470 'wkh gṣ^c m' stwlṣr wwignt. ds 'wkh dintn
'l' twš̌' lnt: zi lwgn 'in d^c r *hirb^c r*
di hild' lwbzn. 'kht '*wn* ṣwwinṣiq tg' Ꝉ,
lng' bis ^c s 'n d^c n p̌ingst 'wbnt qm.
d' ht' zikh d^c r wwild' hgn' bznt. 'im'
475 q[m] wi[l] mniq stwlṣr wwignt: wil w^c r'
'ws qrikhn lndn ṣw zinr hwhgṣit. 'wkh his Ꝉ,
^c r ... briitn 'iin gstwl' lnq '*wn* wwit.
zin hir⟨š⟩f̃t wwld' ^c r lwsn šwwn. biid' mn
'*wn* wrwwn: 'wkh wwld' ^c r lwsn šwwn zin

461 *d^c ṁ'*: über *m* ein Punkt in der Hs.

F. 60

1 da hiś man uśrufen durch al di śtat hin dan
„wër gut durch got ader durch ere ... dër schol zu dën vor tri-
da iśt komen ein kuner dëgen,   [benen gan.
dër wil dër armen wol pflëgen."

2 nu horet michel hofart von Horant dëme kunen man.
ër hiś sin pfërder al geliche mit guldinen isen ane ślan,
unde hefte si mit eime nagel an,
daś si balde vilen von dan,

3 daś si di armen uf lësen unde di varnde dit.
Horant unde sin geselen also uś dër herbërge schit.
di risen liś man vore gan.
daś waś durch eine liśt getan.

4 da śprach dër burgëre zu Horant dëme kunen man
„wërtir vor tribene loite, ir liśet uwer schalen śtan.
uch gezëme, śtolzer wigant,
daś uch dinten ale tutsche lant."

5 si logen in dër herbërge, di helde lobesan,
acht unde zwenzik tage lange biś ëś an den pfingeśt obent kam.
da hate sich der wilde Hagene besant,·
ime kam vil manik śtolzer wigant

6 vil vëre uś krichen landen zu siner hochgezit.
och hiś ër .... bereiten ein geśtule lank unde wit.
sin herschaft wolde ër lośen schouen
beide man unde vrouen.

3,1 *lësen:* Hs *lisen,* die Besserung nach 73, 7, 1.

480 twkhtr lwblikh. ⟨ds nirgn⟩t 'in d^cr ww^crld' l^cbt'
     'ir glikh. di [wwld' ^cr] di lwwt' lwsn zḫn. ds zi I̩,
     d^cr wwrhiit mwstn̩ iiḫn : 'ldr ṣw qrikhn lndn
     q[m] mniq [mn ṣw hw v̄'.] di 'np̌inq d^cr *wwild* hgn'
     mit 'lz[w] [g]r⟨w⟩s[..] lwb'. '[i]m' qwmn 'lz' šwn'
485 ṣwwlf [qwng]' mit gw[ldi]nn qrwn'. di wwld' ^cr
     lwsn̩ šwwn zin twkhtr lwblikh. ds nirgnt 'in d^cr
     ww^crld' v̄nt mn 'ir glikh. d' d^cr p̌ingst tq
     d' qm. *'wn* di qwngin ṣw d^cr ṭiflh *šwld* ⟨gn:⟩
        d' gsn wwrdn bspriitt mit mngm ⟨p̌ilil rikh.⟩
490 gwwirqt 'lz' šwn' mit gwld' lwblikh. 'in d⟨^cr⟩
     g's' drwngn wrwwn *'wn* mn. d' di *qwng* ṣw d^cr
     qirkhn šwld' gn: mn hwrt' grws gdwn' v̄wn
     mngm spil' mn. mn mwkht' ds gdwn' 'wbr
     'iin̩ mil' ghwrt hn. di wwitn g'sn wwrdn 'nig'
495 v̄wn 'lzw grwsm' gdring': di qwngin' wwrt
     gqliidt 'in 'iinn smit rikh. d^cr wws v̄wn g[rwnr]
     w'rb' v̄wn gwld *'wn* v̄wn gstiin' lwblikh. di
     qwngin 'lz' šwn' trwq 'uf 'iin gwldin qrwn':
        d' *spr* d^cr bw⟨rg^cr⟩' hwrnt libr *hir* min
500 wwiltw nikht šwwn di stwlṣ' qwngin. 'ir gzikht
     ni mgt z' wwn'qlikh. zi 'ist d^cr likhtn zwnn
     glikh: i' 'ikh wwil *g^crn* šwwn ds šwn' I̩,
     m^cgtin. zikh qliit' 'lz' bld' hwrnt *'wn* 'l
     di ritr zin. hwrnt l...... 'n' ⟨d^cr⟩ v̄wn
505 *gwld* r^ckht 'lz' di zwn' ⟨brn: *'wn* zin brwdr⟩

---

484 [g]r⟨w⟩s[..]: in der Klammer scheinen Spuren eines Mem und eines Alef zu erkannen zu sein.
505 *gwld:* am Rande hinzugefügt.

F. 61

1 och wolde ër lośen schouen sin tochter lobelich,
daś nirgent in dër wërelde lëbete ir gelich.
di wolde ër die loite lośen sehen
daś si dër warheit muśten jehen.

2 aldar zu krichen landen kam manik man zu hove,
di enpfink dër wilde Hagene mit also grośeme lobe.
ime komen alse schone
zwolf kunege mit guldiner krone.

3 di wolde ër lośen schouen sin tochter lobelich,
daś nirgent in dër wërelde vant man ir gelich.
da dër pfingeśt tak da kam,
unde di kunegin zu dër tiflah scholde gan,

4 di gaśen wurden beśpreitet mit manegem pfelil rich
gewirket alse schone mit golde lobelich.
in dër gaśe drungen vrouen unde man,
da di kunegine zu dër kirchen scholde gan.

5 man horte groś gedone von manegeme śpile man.
man mochte daś gedone uber ein mile gehoret han.
di witen gaśen wurden *enge*
von also grośeme gedrenge.

6 di kunegine wart gekleidet in einen śamit rich.
dër waś von gruner varbe, von golde unde von geśteine lobelich.
di kunegin alse schone
truk uf ein guldin krone.

7 da śprach dër burgëre „Horant, liber here min,
wiltu nicht schouen di śtolze kunegin?
ir gesechet ni maget sa wuneklich,
si iśt dër lichten sunen gelich."

8 „ja, ich wil gërne schouen daś schone mëgetin."
sich kleite alse balde Horant unde al di riter sin.
Horant .... an,
dër von golde rëcht alse di sune bran.

1,3 *loite:* Hs *loute,* vgl. 60, 4, 2.
2,4 *guldiner:* Hs *guldinen;* s. Anmerkung.
5,3 *enge:* Hs *enige.*

F. 62   fol. 31 v

       mwrwnq d^cr wwrt '......... b v̄wrst
       'lz' [..]ng' di wrdn glikh. ..... wwt' v̄wn
       d^cn qrikhn liit' 'n zikh⟨.⟩ 'iin b⟨rwni⟩' di wws
       z' wwnqlikh: di wws v̄wn rwtm' gwld' zin ḥlm
510   d^cr wws 'lzm. 'wbn 'wf zim' ḥlm' s[tw]nt 'iin
       l lind' ww'wnzm. di wws mit gwld' wwl dwrkh
       slgn. ^cr mwkht' zi wwl mit 'irn trgn:
       wwitwlt mit d^cr stngn d^cr ww'wîn̄t' zikh ṣw
       hnt. ^cr briit' zikh 'lz' bld' 'in zin ḻ
515   st⟨ḥ⟩lin gwwnt. 'lz' t^ct zin brwdr 'spr⟨i'⟩n
       di liitn 'l 'ir ww'wîn 'n: wwitwlt d^cr
       'wnghwir' zin stḫlin' stng' ^cr nm. mit
       'iim' grwsn sprwng' ^cr v̄wr hwrndn qm. ^cr
       spr 'ikh *'wn* min brwdr 'spriwn. wwln hwit'
520   'in di g'sn gn: *'wn* wwln mkhn 'iin' wwit'
       d' dw hir' šwlt bstn. 'ikh wwil mit minr
       stngn d^cr qrikhn wil ṣw twd' 'rsln. ds
       zwmlikhr wlwkhn mq d^cn t'kh. ds ^cr mikh mit
       'wwgn 'i gzkh: d' lkht' 'lz' zir' hwrnt
525   d^cr qwn' mn. niin' [d]^cgn wwitwlt. dw šwlt din
       w^ckhtn ln. *'wn* stnt gṣwgnlikh'. v̄wr d^cr
       'idln *qwngin* rikh': hwrnt *'wn* zin brwdr
       di his mn v̄wr' gn. d' nwkh wwt' v̄wn d^cn qrikhn
       'wn wwitwlt *'wn* 'spriwn. d' n⟨w⟩kh ṣwwii hwndrt

506   *b v̄wrst:* falscher Ansatz des Schreibers.
511   *l lind':* falscher Ansatz des Schreibers.
525   Falscher Reimpunkt nach *wwitwlt.*

F. 62

1 unde sin bruder Morunk der wart . . . . .
vurśt alse *jun*ge di wurden gelich . . . . .
Wate von den krichen leite an sich
ein brunje di waś sa wuneklich.

2 di waś von roteme golde, sin helm dër waś alsam.
oben uf sime helme śtunt ein linde wunesam.
di waś mit golde wol durch ślagen.
ër mochte si wol mit eren tragen.

3 Witolt mit dër śtangen dër wofente sich zu hant.
ër bereite sich alse balde in sin śtehelin gewant.
alse tët sin bruder Aśprian.
di leiten al ir wofen an.

4 Witolt dër ungehoire sin śteheline śtange ër nam.
mit eime grośen śprunge ër vor Horanden kam.
er śprach ,,ich unde min bruder Aśprion
wolen hoite in di gaśen gan

5 unde wolen machen eine wite da du, here, scholt beśtan.
ich wil mit miner śtangen dër krichen vil zu tode erślan,
daś sumelicher vluchen mak dën tach,
daś ër mich mit ougen i gesach."

6 da lachte alse sere Horant dër kune man.
,,neina, dëgen Witolt, du scholt din vëchten lan
unde śtant gezogenliche
vor dër edelen kunegine riche."

7 Horant unde sin bruder di hiś man vore gan,
da noch Wate von dën krichen unde Witolt unde Aśprion,
da noch zwei hundert riter wuneklich
. . . . ale sament gelich.

F. 63   fol. 32r

530 ritr ww [n]qlikh. l.... 'l' zmnt gli⟨kh⟩ ...
     'wn d' di ....di g's' qwmn g⟨n⟩
     d' st⟨wnt⟩ mniq mn ṣw .... di zwhn di ḷ
     v̄wrstn . ᶜrn' ['n.] zi sprwkhn ᶜr git z'
     wwnqlikh. ᶜr mq wwl zin 'iin v̄wrst' rikh.
535 d' qm 'wkh ḥr gdrwngn. 'iin hirṣwq 'wn zin'
     mn. dᶜr wws 'iin v̄wrst' iwngr 'wn trwq
     'wkh rikh' qliidr 'n. ᶜr v̄wrt' 'iin šwn'
     min'gin. di wwldn 'wkh b v̄wn 'in zᶜlbr zi⟨n⟩
     wwitwlt dᶜr 'wnghwir' zir' ṣwrnn bgn. ...
540 hir' hwrnt ds dw mikh hiisst 'ls stil[']
     stn. 'ikh mq dwkh nikht mit gmkh' zin ⟨v̄wr⟩
     dizr grwsn min'iin: dᶜr hirṣwq 'lz'
     qwn' wil vst' v̄wr hwrnt ⟨drnq.⟩ wwitwlt dᶜr
     'wnghwir' g'ṗ 'im' 'iinn grwsn swwnq. ᶜr
545 ww'rf 'in 'wbr ṣḥn twznt mn. 'i ᶜr ṣw dᶜr
     ᶜrdn 'i bqm: ⟨zin hir⟩ gziln d di drwngn
     v̄st' dr. 'wn' ds ....ntn 'iin *wwnqlikh*
     šr. zi wwldn dᶜn str⟨qn⟩ rizn hbn bstn. ds
     mwst' ᶜs 'in wil 'wbl [']rgn: wwitwlt dᶜr
550 'wnghwir' zin stḥlin' stng' ᶜr nm. mit
     'iim' grwsn slg' wwld' ᶜr 'wf zi gslbn hn.
     d' *spr* hwrnt dᶜr qwn' dᶜgn. niin' ⟨wwitw⟩lt
     wwir wwln 'iins ⟨wrids p̆lᶜgn⟩: d' ⟨stw⟩nt 'iin

538 *b v̄wn:* falscher Ansatz des Schreibers.
543 *vst':* der Rafestrich fehlt; *hwrnt: n* zwischen den Zeilen.
546 *d di:* falscher Ansatz des Schreibers

F. 63

1 ... unde da di .... di gaśe komen gan
 da śtunt manik man zu ..... di sohen di vurśten gërne an.
 si śprochen „ër get sa wuneklich,
 ër mak wol sin ein vurśte rich."

2 da kam och her gedrungen ein herzok unde sine man.
 dër waś ein vurśte junger unde truk och riche kleider an.
 ër vurte ein schone menejin,
 di wolden och von in sëlber sin.

3 Witolt dër ungehoire sere zurnen began.
 „... here Horant, daś du mich heiśeśt aleś śtile śtan.
 ich mak doch nicht mit gemache sin
 vor diser grośen menejin."

4 dër herzok alse kune vil vaśte vor Horant drank.
 Witolt dër ungehoire gap ime einen grośen śwank.
 ër warf in uber zehen tusent man,
 e ër zu dër ërden i bekam.

5 sin her geselen di drungen vaśte dar
 one daś .... ein wunekliche schar.
 si wolden den śtarken risen haben beśtan.
 deś muste ëś in vil ubel ergan.

6 Witolt dër ungehoire sin śteheline śtange ër nam.
 mit eime grośen ślage wolde ër uf si geślagen han.
 da śprach Horant dër kune dëgen
 „neina, Witolt, wir wolen eineś vrideś pflëgen."

6,2 geślagen: Hs geślaben.

F. 64　　　　　　　　　　　　　　　　　　　fol. 32 v

⟨'ltr⟩[grw]b'. d^c r wws ⟨'iin wwizr mn. ^c r *spr*⟩ wwir mwsn
555　diz' qnp̣n 'ir' ww⟨iln lwsn hn⟩ ^c⟨s⟩ zint 'ws
　　d^c r hiln. d^c s 'wbln twv̄l⟨s⟩ ⟨gziln⟩ 'wndr
　　d^c s v̄gwnd' 'in nw . . . . hwrt'
　　'iin šwn' zmnwng': stwlṣ' qwng⟨in'⟩. dri
　　hwndrt miid' wwl gtn. gingn v̄wr d^c r ⟨qw⟩*ngin*
560　wwl gtn lwbzn: n^c bn d^c r *qwngin* ⟨ṣwwin'⟩ ḷ
　　⟨qwng⟩' r⟨i⟩kh. di trwgn rikh' qliidr di wwrn b[iid']
　　. . . . . 'iqlikhr trwq 'iinn bldqin d^c r nwmr
　　bisr mwkht' zin: 'idr mn trwq 'wf
　　zinr hnd' 'iinn st'p̣ rwt gwldin. dr
565　'wf̃' zwsn ṣwwin' p̣'bn di gwbn likhtn šin.
　　zi htn 'ir gv̄idr' gespriitt. *'wn* 'wbr
　　di iwnqv̄rww' gliitt: zi gwbn 'ir š'tn
　　d' zi hin' šwld' gn. zi stwndn r^c kht'
　　'lzwm zi l^c btn 'w⟨b⟩r d^c r *qwng* wwl gtn. nwkh
570　d^c r šwnn iwnqv̄rwwn ⟨hil⟩d'. ginq 'ir v̄tr
　　hgn' d^c r wwild': nwkh d^c m' wwildn hgn'
　　ṣ⟨ḥ⟩n qwng' rikh. di trwgn rikh' qliidr di
　　wwrn 'l' ⟨glikh⟩. ^c s wwrn 'ls bldqin. di nwmr
　　šwnr [mwkhtin] zin. d' d^c r wwild' hgn'
575　di dri rizn ⟨'ngzkh.⟩ ⟨ṣw d^c ⟩m' rikhn *qwng*. d^c r
　　wwild' ⟨hgn'⟩ . . . . *wriišlikh* mn.

554　[grw]b': der Rafestrich fehlt.
557　v̄gwnd': wahrscheinlich fehlerhafter Rafestrich über dem Bet.
563　mwkht': kh verwischt und zwischen den Zeilen wiederholt.
576　Nach dieser Zeile fehlt ein Blatt. Siehe Einleitung, S. 4.

F. 64

1 da ſtunt ein alter grove, dër waſ ein wiser man.
ër ſprach „wir muſen dise knapen ire wilen losen han.
ëſ sint uſ dër helen
dëſ ubelen tuveleſ geselen."

2 under dëſ *begunde* in nu . . . .
. . . . horte ein schone samenunge, ſtolze kunegin.
dri hundert meide wol getan
gingen vor dër kunegin lobesan;

3 nëben dër kunegine zwene kunege rich,
di trugen riche kleider di waren beide *gelich*.
iklicher truk einen baldekin,
dër numer beſer mochte sin.

4 ider man truk uf siner hande einen ſtap rot guldin,
dar ufe soſen zwene pfaben di goben lichten schin.
si haten ir gevidere geſpreitet
unde uber di junkvroue geleitet.

5 si goben ir schaten da si hine scholde gan.
si ſtunden rëchte alsom si lëbeten uber dër kunegine wol getan.
noch dër schonen junkvrouen Hilde
gink ir vater Hagene dër wilde;

6 noch dëme wilden Hagene zehen kunege rich,
di trugen riche kleider, di waren ale gelich.
ëſ waren aleſ baldekin,
di numer schoner mochten sin.

7 da dër wilde Hagene di dri risen angesach,
zu dëme richen kunege dër wilde Hagene *ſprach*
„. . . . . vreischliche man,
di mochten wol ein ganzeſ her beſtan."

2,1 *nu:* auch *zu* ist möglich. Der Sinn unverständlich.
2,4 Hs *dër kunegin wol getan lobesan.*
3,2 *gelich:* ergänzt nach 78,3,2.
7,2 *ſprach:* nicht lesbar aber als Reimwort wahrscheinlich.
7,3 *vreischliche*: die Abkürzung könnte auch als *vreischlichen* aufgelöst werden.

F. 65   fol. 33r

di mwkh⟨tn⟩ wwl ⟨'iin gnṣs hir⟩ bstn: ⟨d'⟩
di *iwng* ⟨*qwng*⟩ ... hw⟨r⟩nt ⟨'lz' nhn⟩ q[m] ⟨zi⟩
bliqt' .... ['wndr] di' ⟨ww⟩ gn. zi zkh 'in
580   gwtlikhn ⟨'n⟩. zi niiq gṣwgnlikh'. hwrnt $d^c\langle m \rangle$
'idl⟨n⟩ v̄wrstn rikh': zi gdwkht' 'in
⟨'irm'⟩ m⟨w⟩t' hir' g ww^{c}r 'ist dizr mn.
^{c}r git z' r^{c}kht' šwn' '*wn 'is* z' ⟨wwl⟩
gtn. '*wn* stit 'lz' wwnqlikh. ^{c}r mq [wwl]
585   zin 'iin v̄wrst' rikh: d' ginq zi ṣw d^c⟨r⟩
ṭiflh d' ds 'mt wws gtn. d' zkh mn
di iwng' *qwngin* ṣw d^{c}r hirb^{c}rg' gn.
hwrnt stwnt d' '*wn* zin' mn. di ⟨qwngin'⟩
zkh 'br 'n: zi grwst' 'in mit 'irn
590   'wwgn. zi zkh 'in gwtlikhn 'n. zi niiq gṣwgn⟨likh'⟩
hwrnt [d^{c}m]' iwngn mn. zi ginq ṣw d^{c}r
hirb^{c}rg' dw. hwrnt d^{c}r [wws] d^{c}s grwwss
v̄rw: d' ginq d^{c}r ⟨qwn'⟩ hwrnt 'wndr di
lindn stn. ^{c}r *spr* gṣwgnlikhn wwtn d^{c}n ↳
595   v̄wrstn 'n. '*wn* wwitwlt '*wn* d^{c}r brwdr
zin. wwi gv̄ilt 'wkh di iung' qwnigin: ...
d' *spr* d^{c}r qwn' ⟨w⟩wt' .... ⟨zikhrlikhn⟩
hn. 'dr 'ikh ⟨wwil⟩ ....
'l ṣw ⟨twd' 'rsln⟩ ....

180

F. 65

1 da di junge kunegine ... Horant alse nahen kam,
si blikte *ime* under di ougen, si sach in gutlichen an.
si neik gezogenliche
Horant dëme edelen vursten riche.

2 si gedochte in ireme mute „here got, wër ist diser man?
ër get sa rëchte schone unde ist sa wol getan
unde stet alse wuneklich.
ër mak wol sin ein vurste rich."

3 da gink si zu der tiflah. da das amt was getan,
da sach man di junge kunegine zu der herbërge gan.
Horant stunt da unde sine man.
di kunegine sach *in* aber an.

4 si gruste in mit iren ougen, si sach in gutlichen an.
si neik gezogenliche Horant dëme jungen man.
si gink zu der herbërge do.
Horant dër was dës gruses vro.

5 da gink dër kune Horant under di linden stan.
ër sprach gezogenlichen Waten dën vursten an
unde Witolt unde dën bruder sin
„wi gevelet uch di junge kunegin?"

6 da sprach dër kune Wate „............ sicherlichen han,
ader ich wil .... al zu tode erslan."
.... den bruder sin.
„ich sach ni sa schone ein magetin.

2,2 *ime:* unleserlich in der Hs.
3,4 *in:* nicht in der Hs.
4,4 *gruses:* Hs *gruuses*; vgl. Lautstand § 35 (2b).
5,3 *dën:* Hs *dër*.

F. 66   fol. 33 v

600 d^{c}n ⟨brwdr⟩ zin. 'ikh ⟨zkh⟩ ni ⟨z'⟩ šwn' ⟨'iin⟩ mgtin:
     'i 'ikh lis' blibn ⟨ds⟩ wwndr šwn'
     wwiṗ. 'i wwld' 'ikh ṣw d^{c}n ⟨qrikhn⟩ ⟨v̄wr⟩ lirn ⟨ᒡ⟩
     minn liṗ. mir br^{c}kh' d^{c}r s⟨tḫlin'⟩ *stng* min.
     gwwin' 'wns wwl ds m^{c}gtin: ⟨d' *spr*⟩ d^c⟨r⟩
605 qwn' hwrnt 'ir šwlt 'wir w^{c}kht⟨n⟩ l⟨n⟩. 'ikh ⟨qn⟩
     wil bs gwwinn di mgt wwl gtn: mit *d^{c}m* zwsn
     gzng' min. bring' 'ikh 'wns ds m^{c}gtin:
     ^{c}r hwṗ 'wf 'lz' lwt' 'iin stim' *'wn* ⟨znq⟩
     ds ^{c}s z' wwnqlikhn dwrkh di wwlqn drnq. *'wn*
610 ds di qliinn v̄wglin. 'ir wlign mwstn lwsn zin:
     'wn bgwndn 'l' ṣw d^{c}r lindn dringn. zi hwrtn
     'lz' g^{c}rn' d^{c}n qwnn hwrndn zingn. *'wn* ds
     di wwildn ^{c}br swwin. 'ir ww'wiln mwstn lwsn
     zin: nw wws di iwng' *qwng* 'n 'iin'
615 ṣin' ggn. zi hwrt' d^{c}n znq z' *g^{c}rn*. ^{c}r
     dwkht' zi z' wwl gtn. zi swwiiq 'lz' lng'.
     nwkh d^{c}m' zwsn gzng': *'wn* d' d^{c}r
     znq z' ⟨zws'⟩ v̄wr ..... 'iin gnm. d' *spr* di
     qwngin ṣw 'iins ⟨hi⟩rṣwgn twkhtr lwbzm. nw
620 hwrt' 'ikh ni b⟨s⟩ singn. nwkh 'iin q^{c}l' z'
     ⟨zws'⟩ 'rqlingn: dw šwlt dwrkh minn wwiln ṣw
     d^{c}r ⟨lin⟩dn gn. *'wn* zg' mir d^{c}m' v̄wrstn
     .... d^{c}n zwsn znq ⟨d⟩' hb' gtn. 'ikh
     ⟨wwld⟩' 'in 'lz' g^{c}rn' ⟨zḫn⟩. mwkht' ^{c}s mit
625 v̄wgn wwl gšḫn: .. ... d^{c}r d^{c}gn qwn'

F. 66

1 e ich liśe beliben daś wunder schone wip,
  e wolde ich zu dën krichen vor lirn minen lip.
  mir brëche dër śteheline śtange min,
  gewine unś wol daś mëgetin."

2 da śprach der kune Horant „ir scholt oir vëchten lan.
  ich kan vil baś gewinen di maget wol getan.
  mit dëme suśen gesange min
  bringe ich unś daś mëgetin."

3 ër hup uf alse lute ein śtime unde sank,
  daś ëś sa wuneklichen durch di wolken drank,
  unde daś di kleinen vogelin
  ir vligen muśten lośen sin

4 unde begunden ale zu dër linden dringen.
  si horten alse gërne dën kunen Horanden singen.
  unde daś di wilden ëber świn
  ir woilen muśten lośen sin.

5 nu waś di junge kunegine an eine zine gegan.
  si horte dën sank sa gërne, ër duchte si sa wol getan.
  si śweik alse lange
  noch dëme suśen gesange.

6 unde da dër sank sa suśe vor ...... ein *ende* genam,
  da śprach di kunegine zu eineś herzogen tochter lobesam.
  „nu horte ich ni baś singen
  noch ein kële sa suśe erklingen.

7 du scholt durch minen wilen zu dër linden gan
  unde sage mir dëme vurśten ...... dën suśen sank da habe
  ich wolde in alse gërne sehen,   [getan,
  mochte ëś mit vugen wol geschehen.

6,1 *ende:* Hs *ein genam.*

F. 67   fol. 34r

.... ⟨twzn⟩t mr[q] ⟨rwts⟩
gwlds šwld⟨'⟩ ....
.... šwns mᶜgtin di
mws .... in zin: di mgt ....
630   ['w..] šwn' wi[l] šir' gwwn. zi qm gṣwgnlikhn v̄wr
        di v̄wrstn stn. zi grwst' zi 'lz' ↳
        wwiidnlkh: di 'idl' mgt minqlikh: zi
        spr gṣwgnlikhn wwᶜr wwizt mir dizn mn.
        dᶜr z' wwnqlikhn dᶜn zwsn znq hwt gt⟨n⟩. min
635   iwnq wrww' wwld' 'in gᶜrn' zḫn. mwkht' ⟨ᶜs⟩
        mit v̄wgn wwl gṣḫn: d' spr gṣw⟨gnlikhn⟩
        dᶜr hirṣwg' mwrnq. nw zikh dw ....
        mgt dizn v̄wrstn iwnq. dᶜr znq ⟨z' wwnqlikh'⟩
        'lz' spr dᶜr 'idl' v̄wrst' ....
640   dᶜgn qwn'. wwldstw ṣw minr wrwwn qimnwtn gn
        ṣḫn twznt mrq rwts gwlds šwldstw ṣw
        ⟨l⟩wn' hn. 'wkh šwldstw hint h h hbn 'iin šwns
        mᶜgtin. di mwst' ⟨din slwf⟩ gziln zin:
        d' ᶜntwwrt' 'ir gṣ⟨wgnlikhn⟩ hwrnt wil ....
645   'ign ging' nikht dwrkh '⟨irs⟩ [gwld]s wwiln 'iins
        v̄wss lnq. wwin' wwil din ⟨wrww' wwl⟩ hwrn zingn.
        zi mws trwtirn 'wn ṣw dᶜr lindn dr⟨ingn⟩.
        dw ziist v̄wn 'iinr miid' šwn' di *šwl* ⟨'ikh⟩
        hint ṣw s⟨lwf⟩ gzilin hn: ....

630   ['w..]: am Rande hinzugefügt. Bei dem verderbten
        Zustand des Verses ist es nicht klar, wo das Wort ein-
        zufügen wäre.
636   gšḫn: nicht erkennbar ob s oder š.
642   h h hbn: falsche Ansätze des Schreibers.

F. 67

1 ...... dër dëgen kune *wolde ër zu miner kemenoten gan,*
  zehen tusent mark roteś goldeś scholde *ër zu lone han.*
  och scholde ër hint haben ein schoneś mëgetin,
  di muśte *sin ślof geseli*n sin."

2 di maget .... schone vil schire gewan.
  si kam gezogenlichen vor di vurśten śtan.
  si gruśte si alse weidenlich
  di edele maget mineklich.

3 si śprach gezogenlichen ,,wër wiset mir disen man,
  dër sa wuneklichen dën suśen sank hot getan.
  min junk vroue wolde in gërne sehen,
  mochte ëś mit vugen wol geschëhen."

4 da śprach gezogenlichen dër herzoge Morunk
  ,,nu sich du .... maget disen vurśten junk,
  dër sank sa wunekliche."
  alse śprach der edele vurśte *riche*

5 ,,.... dëgen kune, woldeśtu zu miner vrouen kemenoten gan,
  zehen tusent mark roteś goldeś scholdeśtu zu lone han.
  och scholdeśtu hint haben ein schoneś mëgetin,
  di muśte din ślof geseli*n* sin."

6 da ëntwurte ir gezogenlichen Horant vil ....
  ,,igen ginge nicht durch ireś goldeś wilen eineś vuśeś lank.
  wene wil din vroue wol horen singen,
  si muś trotiren unde zu dër linden dringen.

1, 1–4 Ergänzung nach 5, 1–4, wo die Verse wiederholt werden.
2,3 *weidenlich:* Hs *weidenlch.*
4,4 *riche:* in der Hs unleserlich.
5,4 *geseli*n*:* das in der Hs fehlende *i* ist nach 68,1,1 ergänzt.

F. 68 fol. 34 v

650 d ... 'ikh z⟨'⟩ ⟨g⟩ᶜrn⟨'⟩ .... zᶜlbr
⟨'in šwns wwip⟩ di .... ⟨'lz' minn⟩ ↳
'iign lip̣: z........................
spr di mgt wwl ⟨gtn⟩ ....
⟨qw⟩ngin ḥr ṣw dᶜr ⟨l⟩indn .... 'ikh
655 wws 'ikh gwts [..] ⟨dw⟩rkh di ....
di mgt 'lz' šwn' wil šir' zi '..........
zi qm gṣwgnlikhn v̄wr di iwng' *qwngin* ⟨stn⟩ [...]
spr stwls' qwngin. di rid' mwst⟨ir⟩ ...
... dᶜr v̄wrst' 'lz' šwn' dᶜr z'
660 wwnqlikhn znq. ᶜr ging' nikht dwrkh 'wwrs
⟨gw⟩lds wwiln 'iins v̄wss lnq. ᶜr 'ist
dᶜr 'lr hwf̃irtigst' mn. dᶜr v̄wrstn
⟨nmn⟩ 'i gwwn: 'ikh bwt 'im 'wkh ṣw
⟨lwn'⟩ 'iin šwn⟨s⟩ mᶜgtin. di mwst' zikhrlikhn
665 zin slwf gzilin zin. ᶜr ziit' ᶜr hit' zᶜlbr
'iin šwns wwip̣. di wwir *'im* lip̣ zwm zin 'iign lip̣.
    [wwltir wwl hwrn̥ zin]gn stwls̩' mgt wwl g[t]n
⟨z'⟩ mwstir zikh⟨rlikhn⟩ zᶜlbr ṣw dᶜr lindn gn.
⟨d' windt⟩ 'ir dᶜn ritr iwngn. dᶜr 'lz' wwl
670 hwt gzwngn: 'i 'ikh zins zngs *'npᶜr*
... di mgt wwl gtn ⟨.⟩ 'i wwld' 'ikh zikhrlikh
.... wwiln 'w ....sn gn. 'iin mgt di
bi dᶜr hnt................. ⟨l⟩indn ds zi

657 *di:* zwischen den Zeilen hinzugefügt.

F. 68

1 du seiśt von einer meide schone di scholde ich hint zu ślof ge-
 .... ich sa gërne ....   [selin han
 .... sëlber ein schoneś wip,
 di *libe ich* alse minen eigen lip."

2 .... śprach di maget wol getan
 „.......... kunegin her zu dër linden .....
 .... ich waś ich guteś ...
 durch di ...."

3 di maget alse schone vil schire si ....
 si kam gezogenlichen vor di junge kunegine śtan.
 ... śprach „śtolze kunegin,
 di rede muśtir ....

4 dër vurśte alse schone dër sa wuneklichen sank,
 ër ginge nicht durch uwerś goldeś wilen eineś vuśeś lank.
 ër iśt dër aler hofertigeśte man,
 dër vurśten namen i gewan.

5 ich bot im och zu lone ein schoneś mëgetin,
 di muśte sicherlichen sin ślof geselin sin.
 er seite, ër hete sëlber ein schoneś wip,
 di wer ime lip som sin eigen lip.

6 woltir wol horen singen, śtolze maget wol getan,
 sa muśtir sicherlichen sëlber zu dër linden gan.
 da vindet ir dën riter jungen,
 dër alse wol hot gesungen."

670 .... „e ich sineś sangeś enpëre
671 ... di maget wol getan e wolde ich sicherlich
672 .... wilen u... ...śen gan. ein maget di
673 bi dër hant .... linden daś si

1,4 ergänzt nach 71, 5, 4.
3,3 ...śprach: sowohl *si* als auch *unde* wäre möglich.
2, 670–75 Die Einteilung dieser und der folgenden Strophe ist nicht
 zu rekonstruieren. *getan:gan* scheinen jedoch Reimwörter zu sein.

F. 69 fol. 35r

d' ....'r⟨qm⟩ ṣw
675 .... ᶜr *spr* .....
'iin š[..]gt ...... nwkh ......
d .... mwrwnq lib[r]
brwd⟨r⟩ min ..... nikht 'n[...] di iwng'
.....in.⟨d⟩' *spr* dᶜr ⟨wwnd.⟩ qwn' mn. dr ...
680 šwldn wwir šwn 'n[.]'n: ᶜr 'wm' winq ...
.............ds šwn' mᶜgtin. bis *g* wwil qwm
⟨v̄wn d⟩ᶜn qrikhn wil stwlṣ' qwngin. z'g' '⟨n mgt⟩
⟨wwl⟩ gtn. wwrwm' bistw ḥr ggn: zi *spr* ...
znq z' zwsn dᶜn hn 'ikh wwl v̄wr nwmn. 'ikh
685 bin dwrkh wwiln ḥr ṣw dᶜr lindn qwmn. ⟨ᶜr *spr*⟩
⟨'i⟩dl' qwngin. min znq šwl dir .... ⟨zin:⟩
ᶜr zṣt' di *qwngin* nidr bi dᶜr ⟨lindn⟩
[s]t'm. ᶜr qniit' gṣwgnlikhn v̄wr di mgt
lwbzm. ᶜr hwṗ 'wf šwn' *'wn* znq. 'iin ....
690 [s]tim' di 'lz' zws' 'rqlnq: d' w⟨lwgn⟩
di wwildn v̄wglin 'wf dᶜr lindn stm. 'ir ⟨wwnqlikh⟩
gv̄idr' g'ṗ š'tn lwb⟨zm⟩. *'wn* di wwildn ᶜbr
swwin. mwstn 'ir ww'wiln lwsn zin: ⟨*'wn* ṣw⟩
dᶜr lindn st'm bg⟨wndn zi 'l' dringn.⟩ d...
695 tir 'ws *dᶜm* wwld' qwmn *'wn* .wrtn ....
zingn. di qwngin' ....t'. ds [.]ikh
ds tir dri ....

F. 69

674 da . . . . .ër kam zu
675 . . . . .ër śprach . . . .
676 ein sch[..] get. . . . . .noch. . . . .
677 d. . . . .

1   „. . . . . Morunk liber bruder min,
    . . . . nicht an. . . di junge *kuneg*in."
    da śprach dër wunder kune man
    „dar . . . scholden wir schon ane. an."

2   ër ume vink . . . . daś schone mëgetin.
    „biś got wil kom, von den krichen vil śtolze kunegin.
    sage an maget wol getan,
    warume biśtu her gegan?"

3   si śprach „. . . . sank sa suśen dën han ich wol vor nomen.
    ich bin durch wilen her zu dër linden komen."
    ër śprach „edele kunegin,
    min sank schol dir . . . . . . sin."

4   ër sazte di kunegine nider bi dër linden śtam.
    ër kn*i*te gezogenlichen vor di maget lobesam.
    ër hup uf schone unde sank,
    ein . . . śtime di alse suśe erklank.

5   da vlogen di wilden vogelin uf dër linden śtam,
    ir wuneklich gevidere gap schaten lobesam,
    unde di wilden ëber świn
    muśten ir woilen lośen sin,

6   unde zu dër linden śtam begunden si ale dringen
    . . . . . .tir uś dëme walde komen unde *h*orten . . . . . singen.
    di kunegine . . . . daś [.] ich . . .
    daś tir dri . . . . .

1,2 *kunegin:* nur *in* noch lesbar, Spuren anderer Buchstaben scheinen
    die Lesung zu bestätigen.
4,2 *knite:* Hs *kneite.*
6,3 *[.]ich:* der Buchstabe vor *i* unleserlich, vielleicht *s.*

F. 70   fol. 35v

s..
'...................... ⟨zikhrlikhn⟩ .....
700   ....⟨stwlṣr⟩
..... hir' wws ....
⟨mw⟩kht' 'i⟨kh⟩ di ....kht g...............
⟨š⟩ir' gt⟨n⟩ .... šwld' 'ikh '............
... ds .... zi⟨kh⟩ ds iwng' ....
705   ⟨nw lwn⟩ dir *g* vwn him⟨l⟩' wil stw.....
⟨'i⟩gn ⟨drf⟩ nikht dins gwts wil stw..
⟨qwngin⟩. 'ikh hn $z^{c}lb$ gwts 'lz' ⟨wil⟩ ....
.... ⟨'i⟩kh dikh 'rlwsn wwil: d'
.... hind' 'ii⟨n⟩ gwldin wingrlin
710   ....⟨q⟩wn' ds šwl din 'iign zi⟨n⟩
v̄wn d^{c}s s⟨tiins⟩ [q]rf̄t wwil 'ikh dir wwnd⟨rs⟩
[zgn.] dw m.... 'lz' $g^{c}rn$ trgn:
................zinr hi[...] d^{c}n minn
.... v̄wn *qiim* ww'wf̃n ......
715   ....wltw hir' v̄wn mir '.....
...........zi gtn: nw lwn di⟨r⟩
...........⟨šwns⟩s m^{c}gtin, nw ziit ....
...........⟨mw⟩kht' ^{c}s v̄wr ⟨hwln zin⟩
................' wwrt 'ir h[.]t' ....
720   ....' 'ikh ⟨b⟩in....

F. 70

698	s ....
699	.... sicherlichen ....
700	.... śtolzer
701	.... here waś ....
702	mochte ich di ....
703	schire getan.... scholde ich ....
704	daś ...... sich daś junge ....

1 „nu lon dir got von himele vil śt.......
   igen darf nicht dineś guteś vil śto*lz*e kunegin.
   ich han sëlbe guteś alse vil
   .... ich dich erlośen wil."

2 da .... hende ein guldin vingerlin.
   ....„... kune, daś schol din eigen sin.
   von dës śteineś kraft wil ich dir wunderś sagen.
   du m......... alse gërne tragen.

3 .... siner hi... dën minen .....
   .... von keime wofen ....
   ..... *sch*oltu here von mir ....
   .... si getan."

4 „nu lon dir *got von himele*, ... schones mëgetin.
   nu seit .... mochte ëś vor holen sin.
   .... wart ir ....
   ....

Prosa (699—704): unmöglich, die Stropheneinteilung festzustellen.
1,2 *stolze:* nur *śto* lesbar.
3,1 *hi*... sichere Ergänzung unmöglich: sowohl *hilte, hilfe* als auch *hende* denkbar.
4,1 Vgl. oben 1,1.

F. 71 fol. 36r

```
     .... gznt. ⟨ds⟩ hwt gt[n] 'iin qwniq rikh'
     dᶜ⟨m' di⟩[nn] 'l' twṣ̌' lnt. ᶜr 'ist d⟨dᶜr⟩
     'lr š⟨wnst'⟩ ⟨m⟩n. dᶜr qwngs nmn '⟨i⟩ gwn:
     hb⟨' 'ikh wil⟩ wwl gzwngn. ⟨wil⟩ stwlṣ qwngin
725  ds mwkht' nikht [g]likhn dᶜm' libn hirn min:
     ᶜr [zingt] ⟨wil bs⟩ din' 'ikh hb' gtn 'wn
     ⟨'ist⟩ ............. 'iin mildr mn: wwiltw ↳
     .... v̄wn hinn wil stwlṣ' ⟨qwngin⟩ 'in
     ⟨'ln⟩ twšn lndn šwltw gqrwnt zin: d'
730  ....tw trgn ds ⟨rikhs⟩ ⟨qr⟩wn' 'wbr
     ⟨ṣwwlf⟩ qwng' 'lz' šwn': d' spr [di]
     šwn' mgt wil libr hir' min ⟨'ikh wwld'⟩
     ......... dir šᶜlbr zin ⟨ds⟩ tit'
     .......nt 'ikh ⟨v̄wr lws'⟩ mit
735  ⟨d⟩ir min⟨s⟩v̄tr lnt⟨:⟩ᶜr spr
     ⟨g⟩ṣwgnlikhn wil stwlṣ' qwngin. 'ign ↳
     ⟨g⟩ṣᶜm' [dir] nikh nikht ⟨ṣw⟩ [mn'] ikh mwkht
     ⟨wwl⟩ din 'iign zin. 'wkh hn ⟨'ikh⟩ ds 'lr
     ⟨šw⟩nst' wwiṗ di lib[' 'ikh] 'lz' minn
740  ⟨'ii⟩gn liṗ: 'wn [nimstw] minn hirn ........
     ... 'ikh din dinst' ... ⟨d'⟩ wwil 'ikh .....
     'ln ṣitn ṣw dinr ... gn. 'wn ⟨'ikh⟩
     ⟨zin⟩g' di⟨r wrww'⟩ ...............
     ....d' ........... ........... ⟨qwngin⟩
```

722 *d⟨dᶜr⟩:* falscher Ansatz des Schreibers.
733 *šᶜlbr:* der Anfangsbuchstabe ist ein Samech. *sëlber* sonst immer mit Sajin.
737 *nikh nikht:* doppelter Ansatz des Schreibers.
741 Zwischen *din* und *dinst* der Ansatz eines unlesbaren Buchstaben.

F. 71

1 .... ich bin .... gesant.
 daś hot getan ein kunik riche dëme dinen ale tutsche lant.
 ër iśt der aler schoneśte man,
 dër kunegeś namen i gewan.

2 habe ich vil wol gesungen, vil śtolze kunegin,
 daś mochte nicht gelichen dëme liben heren min.
 ër singet vil baś, dene ich habe getan
 unde iśt .... ein milder man.

3 wiltu .... von hinen, vil śtolze kunegin,
 in alen tutschen landen scholtu gekronet sin.
 da *schol*tu tragen deś richeś krone
 uber zwolf kunege alse schone."

4 da śprach di schone maget „vil liber here min,
 ich wolde .... dir *s*ëlber sin.
 das tete ....ant,
 ich vor lośe mit dir mineś vater lant."

5 ër śprach gezogenlichen „vil śtolze kunegin,
 igen gezëme dir nicht zu mane, ich mochte wol din eigen sin.
 och han ich daś aler schońte wip,
 di libe ich alse minen eigen lip.

6 unde nimeśtu minen heren .... ich din dineśt *man*
 ... da wil ich ... alen ziten zu diner .... gan,
 unde ich singe dir, vroue ....
 ...."

4,3 *.ant : hant? bekant?*
6,1 *man:* in der Hs nicht lesbar.

F. 72 fol. 36v

745 'ikh wwil 'l⟨z'⟩ gᶜrn liistn 'l d⟨ᶜ⟩n wwiln
din. dinr ⟨bᶜt'⟩ wwil 'ikh ⟨gwwᶜr⟩n. ⟨dins⟩ ...
⟨zngs⟩ mq 'ikh nikht ⟨'n⟩pᶜrn⟨:⟩d d'
[spr] gṣwgnlikhn [di mgt] ⟨wwlgtn.⟩ 'l ...... ḷ
mins v̄t⟨r⟩ ṣit ....
750 d' ⟨wwil 'ikh mit⟩ di⟨r⟩ v̄wn hinn v̄⟨r⟩n. ds d⟨ikh⟩
g mws' ⟨bwwrn:⟩ nw giṗ mir ⟨'wrlwṗ⟩ ...
libr hir' nw mws 'ikh v̄wn di⟨r⟩ .... ⟨'ikh⟩
⟨liist'⟩ zikhrlikh⟨n⟩ wws 'ikh g⟨lwb⟩t hn. .....
qwm' dir ṣww'wr ḥr w⟨widr'⟩. 'dr ⟨mikh⟩
755 lig' dᶜr twt dr nidr': ..... ᶜr 'wm'
v̄inq zi mit dᶜn 'rmn di ⟨qwngin' wwl g⟩tn
d' ginq zi gṣwgnlikhn 'in 'ir ⟨qimnwtn⟩
stn. hwrnt dᶜr wrwwt' zikh [zir' ds]
ds zin wwil' wwl 'rgngn wws: zi g[inq]
760 'in ds gstwil' d' wwrt 'iin grwsr šl
tnbwwrn 'wn ṗifn di hwrt' mn 'wbr 'l
gign 'wn bwzwnn wil. mn hwrt' mngr h⟨n⟩d
spil: hwrnt dᶜr dᶜgn qwn' ginq ⟨v̄wr⟩
.... grwsn rizn [s]tn. ᶜr spr wwir šwln ...
765 ⟨zikhrlikhn ṣw..⟩ ⟨qw⟩ngs hwkhṣit gn. d⟨' wwl'⟩
.... ⟨stw⟩lṣ' iwnq wrwwn: ....
.... hwrnt 'wn ⟨zin'⟩
m⟨n⟩. 'iin gwldin' qrwn' ᶜr 'wf zin hwwbṫ ...

---

747 d d': falscher Ansatz des Schreibers.
767 ⟨zin'⟩: Hs beschädigt.
768 Der linke Rand der Hs ist abgerissen.

F. 72

1 .... kunegin.
„ich wil alse gërne leiśten al den wilen din.
diner bëte wil ich gewërn,
dineś *suśen* sangeś mak ich nicht enpërn."

2 da śprach gezogenlichen di maget wolgetan
„al .. mineś vater zit........
da wil ich mit dir von hinen varn,
das dich got muśe bewarn.

3 nu gip mir urlop.... liber here, nu muś ich von dir *gan*
ich leiśte sicherlichen, waś ich gelobet han.
ader ich kome dir zewor her widere,
ader mich lege dër tot dar nidere."

4 ër ume vink si mit dën armen di kunegine wol getan.
da gink si gezogenlichen in ir kemenoten śtan.
Horant dër vroute sich sere daś
daś sin wile wol ergangen waś.

5 si gink in daś geśtoile, da wart ein grośer schal.
tanbouren unde pfifen di horte man uber al,
gigen unde busunen vil,
man horte maneger hande śpil.

6 Horant dër dëgen kune gink vor .... grośen risen śtan.
ër śprach „wir scholen ... sicherlichen zu *dëś* kunegeś hochzit
da wole .... [gan.
.... śtolze junk vrouen."

1,4 *suśen:* In der Hs nicht lesbar; ergänzt, da *suśe* immer das Epitheton ornans von *sank* ist.
3,1 *gan:* als Reimwort ergänzt.
3,3 *ader ich:* In der Hs nicht lesbar.
6,2 *dëś:* In der Hs nicht lesbar.

F. 73 fol. 37r

'wn m⟨wrwnq⟩ d ᶜr lib' brwdr zin. ⟨di⟩
770 qliid⟨r g⟩wbn likhtn [šin]: wwt' v̄wn d ᶜn
qrikhn [ww]rt 'wkh wwl briit 'in zin' likht⟨'⟩
brwni'. d⟨'⟩ wwrt d ᶜr hilt gmiit: ᶜr ⟨ginq⟩
gṣirt ⟨wwnq⟩likh'. zin ww'wĩn rwq wws rikh':
   'iin smit gr z' grwn' wws zi⟨n⟩ww'ĩn
775 rwq. d ᶜn bistn d ᶜn mn qwnd' windn. 'in ds
⟨qwngs⟩ lnt v̄wn ⟨mrwq⟩: *gwldin* liwwn ⟨stwnden dr⟩
'n. ᶜr šiin 'iin 'ingl *wn* nikht 'iin ⟨mn⟩:
   wwitwlt mit d ᶜr stngn d ᶜr ⟨ww'ĩnt⟩
⟨z⟩ikh [ṣw hnt] ᶜr briit' zikh ṣw ⟨priz' 'in⟩
780 'iin st... gwwnt. 'lz' t ᶜt zin brwdr
'spri⟨'⟩n. 'in 'iin' brwni' lwbzn ....
d' ..... wil bld' di p̣ᶜrt z' wwnqlikh
di wwrn wwl bid diqt mit mngm p̣ilil rikh.
di griit' wwrn gwldin. di nwmr bisr mwkhtn
785 zin: nw hwrt mikhl hwĩrt v̄wn hwrnt 2
d ᶜm' qwnn mn. ᶜr his ⟨d ᶜn⟩ [p̣ᶜrdn] ⟨'l glikh'⟩
gwldin' 'izn 'n' sln. *wn* ⟨hi⟩ĩt' zi [mit]
'iim' ngl 'n. ds zi ⟨bld'⟩ wiln v̄wn dn.
ds zi ⟨di⟩ 'rmn 'wf l ᶜzn *wn* di [w'rnd] dit.
790 hwrnt *'w*⟨*n*⟩ zin riqn v̄⟨wn⟩ d ᶜr hirb ᶜrg' š⟨it⟩
di rizn ⟨lis mn⟩ v̄wr' g⟨n⟩ ....
................si......................
di gsn ....
v̄wr di ....

783 *bid diqt:* in zwei Worten mit Wiederholung des *d* geschrieben.

F. 73

1 .... Horant unde sine man.
　ein guldine krone ër uf sin houbet ....
　unde Morunk dër libe bruder sin.
　di kleider goben lichten schin.

2 Wate von den krichen wart och wol bereit
　in sine lichte brunje. da wart dër helt gemeit.
　ër gink geziret wunekliche,
　sin wofen rok waś riche.

3 ein śamit gar sa grune waś sin wafen rok,
　dën bëśten dën man kunde vinden in deś kunegeś lant von
　guldine lewen śtunden dar an.　　　　　　　　　　[Maroc.
　ër schein ein engel unde nicht ein man.

4 Witolt mit dër śtangen dër wafent sich zu hant.
　ër bereite sich zu prise in ein śt.... gewant.
　alse tët sin bruder Aśprian
　in eine brunje lobesan.

5 .... da .... vil balde di pfërt sa wuneklich.
　di waren wol bideket mit manegem pfelil rich.
　di gereite waren guldin,
　di numer beśer mochten sin.

6 nu horet michel hofart von Horant dëme kunen man.
　ër hiś den pfërden al geliche guldine isen ane ślan.
　unde hefte si mit eime nagel an,
　daś si balde vilen von dan,

7 daś si di armen uf lësen unde di varnde dit.
　Horant unde sin reken von dër herbërge schit.
　di risen liś man vore gan.
　daś waś durch eine liśt getan.

8 si........................
　..... di gaśen ....
　vor di ....
　.. vor dën risen vreischliche.

4,2 *śt..... : śtëḩelin* ist möglich, aber nicht lesbar.
7,4 Ergänzt nach 60, 3, 4.
8, 1—4 Die Zeilenaufteilung ist willkürlich.

F. 74 fol. 37 v

795 v̄wr d ͨn riz⟨n wrii⟩šlikh' : dr nwkh riit
hwrnt 'u̇n mwrwnq d ͨr brwdr zin. dr nwkh di
ritr iwng' 'iin šwn⟨'⟩ mingin. zi ritn ↳
dwrkh di stt hin dn. zi v̄wrtn mngn šwnn
mn : wwitwlt mit d ͨr stngn 'l d' hin'
800 ginq. di stḫlin' stng' ͨr ṣw biidn
hndn ṽi⟨nq⟩. ͨr stis zi 'in di ͨrd' ṣwwl⟨f⟩
qlwĩtrn [lnq]. ⟨mit⟩ wwi wwit' sprwng' ⟨ ͨr⟩
d' ṣw ⟨sprnq:⟩ ͨr ṣwkh zi 'ws d ͨr
 ͨrdn 'u̇n ww'rf zi ds zi hwkh 'wf ⟨ginq:⟩
805 'u̇n 'lz' zi qm ḫr nidr' mit 'iinr h⟨nt⟩ . .
⟨zi⟩ ṽinq : ͨr swwnq zi 'wm' ds hwwbt zin. r ͨkht⟨'⟩
'lz' ͨs wwir' rwtlin : ⟨'spri. .⟩ zin ↳
brwdr ⟨zkh v̄wr⟩ 'im' stn. ṣ⟨wii⟩ . . . *stiin*
di ͨr mit ⟨b⟩iidn hndn nm. ͨr ⟨rii⟩ṗ . . . z . . . . .
810 d ͨr qwn' mn. ds 'iin strq' ⟨wl⟩'m' ḫr '⟨ws⟩
[. .] brn d' wlwhn 'w[s] d ͨr gsn biid' ⟨mn⟩
'u̇n wwiṗ. zi ww'wndn v̄wr lizn v̄wr d ͨ⟨n⟩ rizn ⟨'irn⟩
liṗ : hwrnt d ͨr ⟨'wsr⟩ wwilt' mn. his zi . . . .
. . . . . . ⟨:⟩ zi qwmn. . . . . gstwl' d' wwrt 'iin ↳
815 . . . . d' 'nṗinq mn mit grwsn 'irn
. . . . trwkhz ͨsn qwmn v̄wr . . . .
. . . . gwtn ww[l] . . . d' z ͨṣt'
. . . . nidr' di trwkhz⟨ ͨsn⟩
. . . . zi brwkhtn
820 . . . ⟨wwi⟩s zidin. di ⟨nwmr⟩ bsr mwkhtn zin :

811 *[. .]*: offenbar falscher Ansatz des Schreibers: *hr* statt *br*.

198

F. 74

1   dar noch reit Horant unde Morunk der bruder sin.
    dar noch di riter junge, ein schone menejin.
    si riten durch di śtat hin dan.
    si vurten manegen schonen man.

2   Witolt mit dër śtangen al da hine gink.
    di śteheline śtange ër zu beiden handen vink.
    ër śtiś si in di ërde zwolf kloftern lank.
    mit wi wite śprunge ër da zu śprank.

3   ër zoch si uś dër ërden unde warf si daś si hoch uf gink.
    unde alse si kam her nidere mit einer hant *ër* si vink.
    ër śwank si ume daś houbet sin
    rëchte alse ëś were rutelin.

4   Aśprian sin bruder sach vor ime śtan
    zwei .... śteine di ër mit beiden handen nam.
    ër reip ... si .... dër kune man.
    daś ein śtarke vlame her uś bran.

5   da vluhen uś dër gaśen beide man unde wip.
    si wonden vor lisen vor den risen iren lip.
    Horant dër uśer welte man
    hiś si ....

6   si komen ..... geśtule, da wart ein ....
    da enpfink man mit grośen eren ....
    .... truchsëśen komen vor .....
    .... guten wol ....

7   da sëzte .... nidere
    di truchsëśen ....
    si brochten .... wiś sidin
    di numer beśer mochten sin.

3,2 *ër:* am Zeilenende nicht lesbar.

F. 75 fol. 38r

................hwrnt............d........
.... d' di ....
wwrt..............'lz' ... nwkh hwhr.......
šwl: wwitwlt *'wn* zin brwdr *'wn* ⟨wwt'⟩ ...
825 v̄wrst⟨'⟩ rikh. zṣtn zikh 'in ds ⟨gstwl'⟩ ...
'iin s............. hiimlikh. g...........
nikht ⟨v̄wr zi gn⟩. zi ww'wndn di [lib'].....
mn ⟨t⟩rwq 'in v̄wr di spiz' ....
..........biid' wwilt *'wn* ⟨ṣm⟩ mn ......
830 ...... mn ⟨š⟩inqt' 'in 'lz' gwtn wwin. zin
........wws 'lr rwt [gwldin]: ....
...ld' ...' 'iinn liwwn wriišn. d^{c}n lis .....
dwrkh ⟨qwrṣ'⟩ wwil' 'in ds ⟨gestwl' gn⟩ ..
ginq v̄wr d⟨^{c}r⟩ rizn tiš hin dn. 'ii⟨n brwt⟩ ..
835 v̄wn d⟨^{c}m⟩' t[iš]' nm: wwitwlt ⟨bgwnd'⟩
ṣwrnn ^{c}r ⟨g'ṗ d^{c}m' liiwn⟩ 'iinn ⟨slq⟩ mit d^{c}r
v̄wwst 'wf z⟨in⟩[hwwbt] ds ⟨^{c}r⟩ [twt] v̄wr 'im' ⟨lq.⟩
'wn ww'rf 'in ds [gstwl'] dn. d' wlwhn
wrwwn *'wn* mn: zin ⟨miistr⟩ qm ggngn d' ^{c}r
840 d^{c}n liwwn twt 'rzkh: ^{c}r wwiint' ii^{c}mrlikhn nw
hwrt wwi ^{c}r *spr*. qn mi⟨r 'imnt 'ikht gzgn⟩
ww^{c}r ⟨d^{c}n⟩ liwwn hb' ṣw t⟨wd'⟩ 'rslgn: zi
sprwkhn ⟨'l glikh⟩' nw l' din[..]'gn stn: ....
⟨mit⟩ d^{c}r s⟨t⟩ngn hwt ' ... ⟨d^{c}n twt gtn ^{c}r⟩
845 bg[..] ....
lib' v̄wr ....

F. 75

1 .... Horant ....
  .... da di ....
  ... wart .... alse .....
  noch hoher .... schol.

2 Witolt unde sin bruder unde Wate *dër* vurśte rich
  sazten sich in daś geśtule .... ein ś .... heimelich.
  g......... nicht vor si gan.
  si wonden di libe ....

3 man truk in vor di śpise......... beide wilt unde zam
  man ....
  man schenkte in alse guten win
  sin .... waś aler rot guldin.

4 .... lde .... einen lewen vreischan,
  dën liś ..... durch kurze wile in daś geśtule gan.
  ër gink vor dër risen tisch hin dan,
  ein brot *ër* von dëme tische nam.

5 Witolt begunde zurnen, ër gap dëme lewen einen ślak
  mit dër v*uś*t uf sin houbet daś ër tot vor ime lak
  unde warf in *in* daś geśtule dan.
  da vluhen vrouen unde man.

6 sin meister kam gegangen, da er den lewen tot ersach,
  ër weinte jëmerlichen. nu horet wi ër śprach.
  „kan mir imant icht gesagen,
  wër dën lewen habe zu tode erślagen?"

7 si śprochen al geliche „nu la din [..]agen śtan.
  dër rise mit dër śtangen hot *ime* dën tot getan."
  ër beg....................
  .... libe vor ....

1, 1–4 Die Zeilenaufteilung ist willkürlich.
2,1 *dër:* in der Hs am Zeilenende nicht lesbar.
4,3 *ër:* in der Hs am Zeilenende nicht lesbar.
4,4 *ër:* in der Hs am Zeilenende nicht lesbar.
5,2 v*uś*t: vgl. Lautstand § 34 (3).
5,3 *in in:* Hs *in das*
7,2 *dër rise:* vgl. 76, 5, 1. *ime:* nur das Alef lesbar.

F. 76 fol. 38v

wwit⟨wlt⟩ stn...... ᶜr *spr* libr h⟨ir'⟩ wws
ht' 'wkh dᶜ⟨r⟩ liww⟨'⟩ gtn. ᶜr *spr* ....
ᶜs tᶜt mir grws['] nwt d[..] ⟨li⟩ww' nm
850 mir hi min brwt: dᶜ .... bgwnd'
'in strwĩn 'ir hbt 'in [l]ᶜs[..]likh 'r⟨slgn⟩
dᶜ⟨r⟩ tw⟨v̄l 'ws⟩ dᶜr hiln hwt 'wkh ḥr gtrgn
wwitwlt *spr* l' din qlĩn stn. 'dr dir
[wwirt ds] zᶜlb' 'wkh gtn: d' wlwkh ᶜr
855 v̄wn ⟨'m' bld'⟩ *'wn* v̄wrkht' zinn ṣwrn ᶜr
⟨ww'wnd' 'n⟩ dᶜn stwn⟨dn⟩ dᶜn liṗ ....
...ᶜr wlwkh snᶜl' qlikh'. ṣw dᶜm' ...
⟨qwng'⟩ 'lz' rikh': d' 'in dᶜr q⟨wniq⟩
hgn' v̄wr 'im' ht' 'rzḥn. ᶜr bgwnd'
860 bld' wrwgn wws 'ist dir g.... ⟨hir'⟩
'ikh mq 'wkh wwndr zgn. dᶜr ⟨liww'⟩ 'ist
ṣw twd' 'rslgn: dᶜr riz' mi⟨t⟩ 2
dᶜr stngn dᶜr ⟨hwt⟩ 'in 'rslgn. dᶜr
tw v̄l 'ws dᶜr [hiln] hwt 'in ḥr gtrgn. wwir
865 'ikh zᶜlbr nikht bld' ḥr qwmn. ᶜr hit'
mi[r] 'wkh dᶜn ⟨liṗ⟩ bnwmn: d' *spr* dᶜr
qwn' hgn' mn ⟨mws⟩ 'in 'irn wwiln ln. ᶜs zint
⟨dᶜs⟩ tw v̄ls gzind' ds .... 'wkh zwndr
...... dᶜr tw v̄l ... zi hinn trgn. dᶜn šdn
870 .... zi d' htn g ....
...d'................................
.... 'wbrl. *'wn* 'lr ⟨hnd' zii⟩tn spil

F. 76

1 .... Witolt śtan.
 ër śprach ,,liber here, waś hate uch dër lewe getan?"
 ër śprach ... ,,ëś tët mir groſe not.
 dër lewe nam mir hi min brot."

2 dër *meiśter* begunde in śtrofen ,,ir habet in lëśterlich erślagen.
 dër tuvel uś dër helen hot uch her getragen."
 Witolt śprach ,,la din klafen śtan,
 ader dir wirt daś sëlbe och getan!"

3 da vloch ër von ime balde unde vorchte sinen zorn.
 ër wonde an dën śtunden dën lip ....
 ër vloch śnëlekliche
 zu dëme kunege alse riche.

4 da in dër kunik Hagene vor ime hate ersehen,
 ër begunde balde vrogen ,,waś iśt dir geschehen?"
 ,,here, ich mak uch wunder sagen.
 dër lewe iśt zu tode erślagen.

5 dër rise mit dër śtangen dër hot in erślagen.
 dër tuvel uś dër helen hot in her getragen.
 wer ich sëlber nicht balde her komen,
 ër hete mir och dën lip benomen."

6 da śprach dër kune Hagene ,,man muś in iren wilen lan.
 ëś sint dëś tuveleś gesinde, daś .... uch sunder ....
 .... dër tuvel ..... si hinen tragen.
 dën schaden ...."

7 .... si da haten g...............
 ....uberal
 unde aler hande seiten śpil
 h....................

1,4 *dër:* nur das *d* lesbar.
2,1 *dër:* das *r* nicht mehr lesbar. *meiśter:* ergänzt nach 75, 6, 1. *lëśterlich:* *tr* nicht mehr lesbar.
3,3 *śnëlekliche:* in der Hs getrennt geschrieben.
4,2 *geschehen:* sehr zweifelhaft, nur das *g* lesbar.
7, 1–4 Zeileneinteilung willkürlich. Zum Inhalt dieser Strophe wäre 72, 5 zu vergleichen.

F. 77 fol. 39r

h......................................
zkh..............................
875 d^cn stiin d^cn ⟨zkh mn ww^crı̃n wil w^cr'⟩ ....
zin ... ⟨iin'⟩ lifn diz' sprwngn ⟨iin'⟩
tnṣtn diz' sprwngn zwngn: zikh ⟨wwı̃nt.⟩
mniq ⟨ritr⟩ *wn* mniq stwlṣr [iwnglinq] ....
ww^cr d' [wwld'] iwstirn d^cr rwrt' zikh
880 'n d^cn rinq. d' mwkht' mn [wwndr] ⟨šwwn gign'⟩
⟨d^cn stwl⟩ṣn iwnqv̄rwwn: d'⟨hwrnt⟩ d^cr
qwn' di ritršft 'rzkh. ṣw zim' ⟨brwdr⟩
⟨mw⟩rwnq d^cr stwlṣ' v̄wrst' *spr.* ⟨ikh⟩
wwil nikht lingr bitn. 'ikh wwil .... [:]
885   ^cr ⟨zs⟩ 'wf wil bld' *wn* ....
^cr riit 'lz' drwt' ṣw d^cr ⟨hirb^c⟩ ...
^cr ww'wı̃nt' zikh wwl ṣw wlis'. ⟨'in⟩ '...
⟨brwn⟩i' wwis' 'iinn hlm v̄wn rwtm'
gwld'. ^cr 'wf ⟨zin hwwb⟩t bnt. ^cr wws wwl
890 gstiint v̄wn sı̃ir *wn* [v̄wn] iikhnt. ⟨d^cr wws⟩
wwl gṣirt. *wn* šwn' gṣimi⟨rt⟩
'wf d^cm' hlm' 'wbn' stwnt 'iin 'r'
rwt ⟨gwl⟩din. d^cr ⟨spriit' zin gv̄idr'⟩
wn g'ṗ z' likhtn š⟨in hwrnt 'in 'wf⟩
895 zin hwwbt ⟨bnt⟩ ....
di hnt ....ds gstwil' ....
v̄wr di ⟨mgt⟩ .... ⟨gṣwgnlikhn⟩ ..

877 *sprwngn:* vom Schreiber wiederholt.
879 *rwrt':* unsicher.
882 *ritršft:* der Rafestrich ist in der Hs wohl versehentlich ausgelassen.

F. 77

1 .... sach ....
 dën śtein dën sach man wërfen vil vëre .....sin...
 jene lifen, dise śprungen;
 jene tanzten, dise sungen.

2 sich wafent manik riter unde manik śtolzer jungelink.
 .... wër da wolde juśtirn, dër rurte sich an dën rink.
 da mochte man wunder schouen
 gegene dën śtolzen junkvrouen.

3 da Horant dër kune di riterschaft ersach,
 zu sime bruder Morunk dër śtolze vurśte śprach
 „ich wil nicht lenger biten.
 ich wil ....“

4 ër saś uf vil balde unde ....
 ër reit alse drote zu dër herbë*rge*
 ër wofente sich wol zu vliśe
 in *eine* brunje wiśe.

5 einen helm von roteme golde ër uf sin houbet bant.
 ër waś wol geśteinet von śafir unde von jechant.
 dër waś wol geziret
 unde schone gezimiret.

6 uf dëme helme obene śtunt ein are rot guldin.
 dër śpreite sin gevidere unde gap sa lichten schin.
 Horant in uf sin houbet bant,
 .... di hant.

1,4 Hs *dise śprungen sungen.*
4,2 *herbërge:* nur bis zu dem Ajin lesbar.
4,4 *eine:* nur das Alef lesbar.

F. 78								fol. 39 v

s ......mᶜgtin........................
....
900	.... d' ....
	h .... ⟨v̄w[.]st⟩ .... ᶜr.....
	.... iwnglinq dᶜr qm
	gritn ⟨'n⟩ dᶜn rinq: ᶜr ⟨wws⟩ ....
	brii⟨tt⟩ zin wwf̃n wws wil rikh. ⟨ww'f̃n⟩ .....
905	................di wwrn biid' ⟨glikh⟩ .....
	⟨v̄wn⟩ [gwld'] zir' brn. 'ii⟨n⟩ s....... ....'lz' ...
	................ᶜr v̄wrt' 'n zim s..........
	.... ⟨dᶜgn⟩ ᶜr riit ....
	..........⟨'ir⟩ šwlt m⟨in⟩ ....'iinn
910	iwst v̄wr dᶜr ⟨'idln⟩ qwn ....
	...............libr h⟨i⟩r' ....
	wil ⟨gᶜrn⟩ 'ikh ww...... gwwᶜr⟨t⟩ ....
	⟨šwlt⟩ 'n mir ....ds 'iin ḫrṣ' ....
	'i⟨kh⟩ wwil dikh .... bstn. v̄w⟨n⟩ ....
915	wwl gtn .... 'wrš 'lz' [šwn'] ......
	.....................z' rᶜkht' wwnql⟨ikh'⟩
	.................................dr ....
	.........................ds ....⟨mwkht'⟩.
	...........................ds wws 'iin
920	.... b ....
	........................wwᶜr ⟨min⟩

904	*zin wwfn:* zwischen die Zeilen geschrieben.
	rikh. ww'fn: unsicher.

F. 78

1 .... daś geśtoile ....
.... vor di maget ..... gezogenlichen ....
ś..... mëgetin
....

2 ....da........
h............ vurśt ....
ër .... jungelink,
dër kam geriten an dën rink.

3 ër waś ..... bereitet, sin wafen waś vil rich.
wafen .... di waren beide gelich.
.... von golde sere bran.
ein ś......... alse ....

4 ër vurte an sime ś.....................dëgen.
ër reit ....
...ir scholt min........
einen juśt vor dër edelen kune*gin*.

911 .... liber here ....
912 vil gerne ich w.... gewërt....
913 scholt an mir....... daś ein herze......
914 ich wil dich .... beśtan von ....
915 wol getan ..... orsch alse schone...........
916 .... sa rëchte wunekliche
917 .... dar ....
918 ....daś... mochte...
919 .... daś waś ein
920 ....b.................
921 ....wër min

1,1 ff. Die Strophenaufteilung dieser Seite ist äußerst zweifelhaft.
4,4 *kunegin:* nur *kun* lesbar.

F. 79 fol. 40r

```
              ............ds ...... 'im' ................
           dᶜr ... d'............................
              ........................ wil mniq stwl .....
925        mn: ᶜr riit v̄wr di ........................
           wws ..........................................
              ..........................................
              ............................dᶜr...........
              ............. r 'wbr 'lz⟨'⟩ .............
930        ............hild⟨n⟩ ⟨gn⟩ 'wn .............
              ............lis⟨n⟩..................
           [..]ndr ...... 'iin ...........st 'lz' ........
           qrftq ........................................
              ...................... spr ṣw .............
935        ..........................................
              .........................⟨mit zinr⟩.....
              ............ ᶜr .........................
              ........................ds dᶜr hir. ......
              ..........................................
940        ..........................................
              ........................zikh................
           mng⟨r⟩ s.............................
              ......d'...................................
              ..........................................
945        ..........................................
```

945 Die genaue Zahl der Zeilen ist hier nicht mehr feststellbar.

208

F. 79

922	.... daś ..... ime............
923	dër .. da ....
924	.... vil manik śtol.....
925	man: ër reit vor di ....
926	waś ....
927	....
928	.... dër........
929	.... ër uber alse ....
930	.... helden gan unde ....
931	.... liśen..............
932	..nder....... ein .... śt alse .....
933	kreftek ....
934	.... śprach zu ....
935	....
936	.... mit siner ..
937	.... ër ....
938	.... daś dër here
939	....
940	....
941	.... sich ....
942	maneger ś...........................
943	..... da ....
944	....
945	....

930 *helden:* vielleicht *Hilden* zu lesen.
944 Die genaue Zahl der Zeilen ist hier nicht mehr feststellbar.

F. 80 fol. 40 v

bld' 'iim' 'rmn spil⟨mn⟩. ᶜr *spr* ds
rws *'wn* ds griit' ⟨rwt⟩ gwldin. hb' dir
dwrkh di iwng' qwngin: d' bgwnd' zikh
zir' wrwwn dᶜr 'rm' spilmn. ᶜr *spr* nw
950 lwn dir *g* libr hir'. dw hwst mir wwl gtn. ...
wwiis 'ikh nirgn min glikh'. 'i wws 'ikh *'rm*
nw bin 'ikh rikh': ᶜr zs 'wf zin rws z'
šwn' gr wrwlikh ds ᶜr riit v̄wr di iwng'
qwngi. *'wn* v̄wr mng' wrww' wil gmiit. ᶜr
955 dnqt' 'in 'l glikh'. dᶜr gwb' *'lz* rikh':
d' [rii]t ᶜr z' šwn' vwr hgn' dᶜn qwniq
⟨rikh⟩. ᶜr *spr* wil libr hir'. diz' gwb' lwblikh.
⟨hwt mir⟩ 'iin stwlṣr hilt ggᶜbn. *g* lws 'in ┗,
⟨l⟩ng' miṭ 'irn lᶜbn: dᶜr qwniq bgwnd'
960 šwwn ds rws z' ww'wnqlikh. 'wn 'wkh ⟨di⟩ šwn'
diq' *'wn* ds griit' v̄wn gwld' rikh. ᶜr
spr nw zih' 'ikh gᶜrn' ⟨d⟩izn mn. dᶜr z'
rikh' gwb' gᶜbn qn: nw rit dwrkh minn
wwiln ṣw dᶜm' mildn mn. 'wn bit 'in dwrkh zin'
965 ṣwkht' ds ᶜr ṣw mir wwl' gn. 'ikh wwil *'im*
dnqn zikhrlikh'. dᶜr gwb' *'lz'* rikh':
dᶜr spilmn riit wil bld' ṣw dᶜm' hild'
⟨gwt⟩. ᶜr *spr* gṣwgnlikhn dᶜgn wwl gmwt. dw
šwlt ṣw *dᶜm* ... ⟨qwng...⟩ dᶜr wwil dikh gᶜrn
970 wwl 'npn: ⟨'wkh wwil ᶜr dir⟩ dnqn dᶜr kh rikhn
gwb' din. ....
hirn min. ᶜr ....

957 *hir'*: falscher Reimpunkt.
970 *kh rikhn*: falscher Ansatz des Schreibers.
971 f. Die linke untere Ecke von f. 40 v ist beschädigt und
überklebt.

F. 80

1 ....
  ... balde eime armen śpileman.
  ër śprach ,,daś roś unde daś gereite rot guldin
  habe dir durch di junge kunegin."

2 da begunde sich sere vrouen dër arme śpileman.
  ër śprach ,,nu lon dir got, liber here, du hośt mir wol getan.
  .. weiś ich nirgen min geliche.
  e waś ich arme, nu bin ich riche."

3 ër saś uf sin roś sa schone, gar vrolich daś ër reit
  vor di junge kunegin unde vor manege vroue vil gemeit.
  ër dankte in al geliche
  dër gobe alse riche.

4 da reit ër sa schone vor Hagene dën kunik rich.
  er śprach ,,vil liber here, dise gobe lobelich
  hot mir ein śtolzer helt gegëben.
  got loś in lange mit eren lëben."

5 der kunik begunde schouen daś roś sa wuneklich
  unde och di schone deke unde daś gereite von golde rich.
  ër śprach ,,nu sehe ich gërne disen man,
  dër sa riche gobe gëben kan.

6 nu rit durch minen wilen zu dëme milden man
  unde bit in durch sine zuchte daś ër zu mir wole gan.
  ich wil ime danken sicherliche
  dër gobe alse riche."

7 dër śpileman reit vil balde zu dëme helde gut.
  er śprach gezogenlichen ,,dëgen wol gemut,
  du scholt zu dëme .... kunege *gan*.
  der wil dich gërne wol enpfan.

8 och wil ër dir danken dër richen gobe din
  .... heren min.
  ër ....
  .... numer beśer mochte sin."

3,1 *daś:* so die Hs.
7,3 *gan:* als Reimwort hinzugefügt.

F. 81   fol. 41 r

nwmr bisr mwkht' zin: ⟨'iinn⟩ ḫrmlinn ...
mntl ᶜr 'wm' zikh gv̄inq. ᶜr nm 'l' ⟨zin'⟩
975 ritr [..] ⟨v̄wr⟩ dᶜn ⟨q⟩wniq ᶜr šwn' ginq. ᶜr ginq
dwrkh ds gstwl' hin dn. 'im' v̄wlgt' mniq
stwlṣ⟨r⟩ mn: ᶜr ginq vwr dᶜn qwniq rikh'
'wn zin šwn' min'iin. ᶜr 'np̌inq 'in 'lz'
šwn' 'wn his 'in ⟨wwil⟩ ... zin. ᶜr *spr*
980 wwilqwm v̄wn dinmrqtn hwrnt. dw hwst gr 'iin
mild' hnt: dᶜr rikh' *g* v̄wn himl' lws dikh
hir' lng' lᶜbn. dw qnst z' mildqlikhn 'wn
z' rikh' gwb' gᶜbn. dir gṣᶜm' wwl stlṣ[r]
wwignt. ds dir dintn 'l' twṣ̌' lnt:
985 bdrîstw ['ikht] mins gwts 'dr ⟨'ikhṣikht ds⟩
'ikh hn. ds šwl zikhrlikhn 'ls zin gtn..........
tiil dir zikhrlikh' 'ls min qwniqr⟨ikh'⟩ ....
'im' niiq gṣwgnlikhn dᶜr mild' hwrnt. ᶜr ......
stwlṣr qwniq rikh' wwir zint qwmn 'in 'wwr lnt
990 'wn zin⟨t v̄wn twṣ̌n lndn ḫr⟩ v̄wr tribn. 'wns ↳
'ist ds gwts wwiniq blibn: ᶜr *spr*
stwlṣr qwniq hir' v̄wn 'wkh hn 'ikh wil v̄wr ⟨nwmn⟩
'ikh bin dwrkh 'wwrn wwiln ḫr ṣw dᶜn qrikhn⟨qwmn.⟩
'wn wwldn *gᶜrn* din dinst mn zin. 'ikh 'wn di
995 gziln min: 'in 'wm' v̄inq min'qlikhn hgn'
dᶜr qwniq rikh. dw bwtst mir dinn dinst ↳
dᶜgn lwblikh. ⟨wwltir blibn 'im lnd' min. d'⟩
šwltir ⟨hir⟩ ... ⟨zin⟩. di v̄urstn ......
st............mn ....
1000 ....'in st.........
....

998–1001   Das rechte untere Ende der Seite ist beschädigt.

F. 81

1 einen hermelinen ... mantel ër ume sich gevink.
ër nam ale sine riter .. vor dën kunik ër schone gink.
ër gink durch daś geśtule hin dan.
ime volgete manik śtolzer man.

2 ër gink vor dën kunik riche unde sin schone menejin.
ër enpfink in alse schone unde hiś in wil *komen* sin.
er śprach ,,wilkom von Denemarkten Horant,
du hośt gar ein milde hant.

3 dër riche got von himele loś dich, here, lange lëben.
du kanśt sa mildeklichen unde sa riche gobe gëben.
dir gezëme wol śtolzer wigant,
daś dir dinten ale tutsche lant.

4 bedarfeśtu icht mineś guteś ader ichzicht deś ich han,
daś schol sicherlichen aleś sin getan.
.... teil dir sicherliche
aleś min kunikriche."

5 ..... ime neik gezogenlichen dër milde Horant.
ër *śprach* ,,śtolzer kunik riche, wir sint komen in uwer lant
unde sint von tutschen landen hër vor triben.
unś iśt deś guteś wenik beliben."

6 ër śprach ,,śtolzer kunik here, von uch han ich vil vor nomen.
ich bin durch uwern wilen her zu dën krichen komen
unde wolden gërne din dineśt man sin,
ich unde di geselen min."

7 in ume vink mineklichen Hagene dër kunik rich.
,,du buteśt mir dinen dineśt, dëgen lobelich.
woltir beliben ime lande min,
da scholtir her*en* .... sin."

8 di vurśten .... śt ....
.... man ....
.... in śt ....
....

2,2 *wil komen:* *komen* unleserlich.
5,2 *śprach:* unleserlich.

F. 82 fol. 41v

     mikh wwndrt 'lz' zir' ww^c r mq d^c r *v̄wrst*
     zin. d^c r dikh mwkht' v̄wr tribn *'wn* di gziln ↳,
     din. ds ^c ntwwrt' 'im' hwrnt ⟨.⟩ d^c r qwniq
1005 'itn' 'ist ^c r gnnt: ww'w 'ikh v̄wr'
     'iinn riqn d' v̄wrt ^c r twznt mn. *'wn* ṣwwlf
     rizn grws' nimnt mq 'in gzign 'n. ^c r 'ist
     z^c lbr d^c r 'lr qwnṣt' mn. d^c r v̄wrstn n'mn
     'i gwwn: d' *spr* d^c r wwild' hgn' wil libr
1010 hir' min. dw *'wn* gziln šwlt min 'ingzind'
     ⟨zin.⟩ 'lz' lng' 'lz' 'irs grwwkht *'wn*
     minn hwf hi zwkht: 'im' niiq *gṣwgnlikh*
     ⟨hwrnt⟩ *'wn* zin' mn. nw lwn dir *g* v̄wn himl'
     [dw hwst] 'wns wwl gtn. d^c r rikh' *g* mws
1015 [dir dinn] liṗ bwwrn. wwir šwln ṣw d^c r hirb⟨^c rg'⟩
     v̄rn: wwir qwmn mwrn' ḥr wwidr ṣw d^c r
     ḥwkhṣit din. wwir wwln ṣw 'ln ṣitn din *'ingzin*
     zin. v̄wn d^c m qwng' ^c r ⟨'wr⟩lwṗ gwwn. d' ↳,
     ginq ^c r 'wbr hwf hin ⟨dn:⟩ ^c r ginq ṣw
1020 zinr *hirb^c rg* 'wndr di lind' ww'wnzm. d'
     zs ^c r mit grwsn wrwwdn bis ^c s 'n d^c n
     p̌ingst ⟨'wbn⟩ qm. d^c r d^c gn d^c r ginq 'wf
     d^c n zl. bstiqt wws ^c r 'wbrl ....
     ⟨mit⟩ qirṣn 'l .... di ...... ⟨ww'wnqlikh⟩
1025 d^c r 'ist⟨rikh⟩ ....
     mngm p̌ilil rikh. *'wn* ....
     di nwmr bisr ⟨mwkhtn⟩ ....
     wwirts ⟨wrww'⟩ di wws ....

1025 ff. Die linke untere Ecke der Seite ist beschädigt.

F. 82

1 ,,mich wundert alse sere, wër mak dër vurśte sin,
dër dich mochte vor triben unde di geselen din."
deś ëntwurte ime Horant
,,dër kunik Etene iśt ër genant.

2 wo ich vure einen reken, da vurt ër tusent man
unde zwolf risen grośe. nimant mak in gesigen an.
ër iśt sëlber dër aler kunśte man
dër vurśten namen i gewan."

3 da śprach dër wilde Hagene ,,vil liber here min
du unde *dine* geselen scholt min ingesinde sin,
alse lange alse irś geruchet
unde minen hof hi suchet."

4 ime neik gezogenliche Horant unde sine man.
,,nu lon dir got von himele, du hośt uns wol getan.
dër riche got muś dir dinen lip bewarn.
wir scholen zu dër herbërge varn.

5 wir kumen morne her wider zu dër hochzit din,
wir wolen zu alen ziten din ingesinde sin."
von dëme kunege ër urlop gewan
da gink ër uber *dën* hof hin dan.

6 ër gink zu siner herbërge under di linde wunesam.
da saś ër mit grośen vrouden biś ëś an dën pfingeśt oben kam.
dër dëgen dër gink uf dën sal.
beśteket waś ër uberal

7 ... mit kerzen al..........di.............wuneklich
dër eśtrich.................manegem pfelil rich.
unde......................
di numer beśer mochten *sin*.

1028 wirteś vroue di waś.............

3,2 *dine:* nicht in der Hs.
3,3 *geruchet:* die Hs hat hier ein Doppel-waw.
5,4 *dën:* nicht in der Hs.

F. 83　　　　　　　　　　　　　　　　　　fol. 42r

　　　　di trwq ....
1030　　liṗ. d' zi '.......
　　　　'im' .....
　　　　hir' min.
　　　　qwngin.
　　　　d^c r li....
1035　　d^c r ...
　　　　'w⟨br⟩
　　　　'ir....
　　　　di.....

1029 ff.　Nur die obere rechte Ecke der Hs erhalten.

F. 83

1029 di truk ....
1030 lip. da si ....
     ime ....
     here min. ....
     kunegine ....
     dër li ....
1035 dër ....
     uber..........
     ir.............
     di..............

F. 84 fol. 42v

1040
.... ᶜr
.... hir'
⟨wwndrn⟩ šwn'
.... t
.... q mngr
....

1045
hb' wwir
....
...... ikh'
.... tn.
.... ds

1050
.... qw...

1039ff. Nur die obere linke Ecke der Hs erhalten.

F. 84

1039 ....ër
1040 .... here
     ....wundern schone
     ....t
     ....k maneger
     ....
1045 ....habe wir
     ....
     ....iche
     ....tan
     ....daś
1050 ....ku...

ANMERKUNGEN

Titel *Dukus:* hebräisch, im Text immer *herzoge.* Zum Gebrauch dieses aus dem Romanischen entlehnten mittelalterlichen hebräischen Wortes, s. J. Levy, *Neuhebräisches und Chaldäisches Wörterbuch über die Talmudim und Midraschim,* Leipzig 1876–89, I, 382; s. Lautstand, § 10. Zum Titel vgl. oben S. 83.

41, 1 3 *schone: krone:* dieser traditionelle Reim ist md., vgl. 44, 2, 3; 43, 1, 3; 61, 2, 3; Weinhold, § 116, S. 112.

3, 1 *Denemarkten:* eine md. Form, die auch in den Schriften des deutschen Ordens belegt ist, vgl. H. H. Thoma, Ein neues Bruchstück aus der Reimchronik Wigands von Marburg, Z*f*dA LXXIV (1937) 44.

4, 2 *vreischan:* zu dem Reim vgl. Weinhold, § 218, S. 217. Der Wandel von *-ss->-sch-* ist Alemannisch und Westmd., s. Moser I, 3, 236.

4, 3 *dër waś sich genant:* zum Gebrauch des Reflexivpronomens, vgl. Behaghel, *Geschichte der deutschen Sprache*[5], S. 29 und Paul-Mitzka, § 217 Anm. 3. Ähnlich auch Eilhart (ed. Liechtenstein, *QF* XIX), Z. 352: *der was sich Morolt genant.*

42, 1, 3 *eigentkliche:* so die Hs; vgl. aber 45, 2, 3 *eigenliche* und 52, 5, 1 *gezogenklichen.* Es scheint sich hier um eine Bildung auf *-iglich (-iklich)* zu handeln, wie sie im 14. Jh. häufig vorkommen. Zu derartigen Formen s. L. E. Schmitt, *Die deutsche Urkundensprache in der Kanzlei Kaiser Karls IV. (1346–1378),* Z*f*M*df* Beiheft 15 (1936) 121. Dort ist auch *eigentlich* mit epenthetischem *t* aus dem Jahre 1350 belegt (S. 142).

4, 3 *jageten:* die Möglichkeit, daß hier *jegeten* zu lesen wäre (vgl. Schröbler, Z*f*dA LXXXIX [1959] 145; Ganz, *JJS* IX [1958] 58) ist nicht ganz von der Hand zu weisen; jedoch wird sonst betontes *e* nicht unbezeichnet gelassen, während *a* sowohl in betonter wie auch in unbetonter Stellung ausgelassen werden kann, s. oben Lautstand, § 27.

42, 5, 4 *schëmen:* zu der md. Form vgl. Schirokauer, *PBB* XLVII (1923) 3f.; Lautstand § 29.

43, 5, 2 *eren:* schwache Flexion von *ére* ist sonst nur üblich, wenn es sich um eine Personifikation handelt, vgl. Michels, *Mittelhochdeutsches Elementarbuch*[4], § 210 Anm. 4.

44, 1, 1 *herzoge: erzogen:* der Reim ist md.

1, 2 *gewëst:* zu der ostfr. und md. Form vgl. Schirokauer, *PBB* XLVII (1923) 29.

4, 2 *walëre:* auch im *Oswald* ist es ein alter Pilger, der in dieser Situation von der Schönheit der Königin erzählt; vgl. G. Baesecke, *Der Münchener Oswald, Germanistische Abhandlungen* XX, Z. 220 f.;

dort auch weitere Parallelen zum Schema der Brautwerbungsgeschichte, S. 266f.

4, 3 *aler gra:* *aler* ist hier als prädikatives Adjektiv gebraucht; vgl. Paul-Mitzka, § 203.

7, 1 *wene:* md.; s. Grimm *DWb* s. v. *wann* XIII, 1859.

7, 2 *Troien:* die Schreibung des Namens *trwiin* ist kaum eindeutig zu erklären.

45, 3, 1-4 Die Zeilen 102-104 der Hs sind vom Schreiber nachträglich in kleineren, kaum lesbaren Schriftzeichen auf dem oberen Rande hinzugesetzt. Die zwei Buchstaben *kh* und *ḥ* am linken Rande von Z. 105 bedeuten *khan ḥaser* = hier fehlt. (J. W. Marchand hat uns freundlicherweise in einem Brief auf Steinschneiders Hinweis in seinen *Vorlesungen über die Kunde hebräischer Handschriften*[2], Jerusalem 1937, S. 35, aufmerksam gemacht.) Außerdem hat der Schreiber dann durch einen am rechten Rand befindlichen aber stark verblaßten Strich darauf hingewiesen, daß diese Zeilen hierher gehören.

46, 1, 4 *umer:* md.; vgl. Lexer s. v. *iemer*.

47, 1, 4 *var:* zu dem Gebrauch des Imperativs vgl. Behaghel, *Deutsche Syntax* III, § 1230C, S. 565.

3, 2 *werden:* der Sinn ist: „das müssen junge Ritter sein".

47, 5, 2 *šamit:* das Wort wird mit stimmlosem Sin geschrieben, nicht, wie man erwartet, mit stimmhaftem Sajin; vgl. oben Lautstand, § 18.

48, 1, 3 *bark:* sonst nur f. Doch ist nicht einzusehen, weshalb hier plötzlich eine Barke erscheinen sollte, noch dazu mit einem *pfelil* bedeckt. Das starke Maskulinum (?) *barc* bei Lexer bedeutet im Niederdeutschen in der Form *barch, barc* ‚gerüstartige Scheune'. Handelt es sich hier um eine Art Zelt, das auf dem Schiff aufgestellt wurde?

3, 2 *ader ... ader:* zu diesem Gebrauch von *oder ... oder* vgl. Behaghel, *Deutsche Syntax* III, 243. Hier allerdings wurden syntaktische Formel und Reim ohne sinnvollen Zusammenhang gebraucht, was für die mündliche Erzähltechnik charakteristisch ist.

49, 5, 2 *liber min here:* s. aber *liber here min* 59, 5, 1; 49, 4, 1.

50, 3, 4 *nume:* md. wie auch *umer* 46, 1, 4.

50, 5, 1 *in:* kann als Dat. Pl. des Personalpronomens aufgefaßt werden; *geslagen* wäre dann als „verfertigt" zu übersetzen. Es kann aber auch als Präposition interpretiert werden, wobei *geslagen* mit „transportiert" zu übersetzen wäre. Allerdings sind uns keine Parallelstellen bekannt.

5, 2 *nume:* vgl. Schröbler, *ZfdA* LXXXIX (1959) 150, „nicht mehr".

51, 7, 1 Zu diesem Seemannslied vgl. L. W. Forster, *GLL* XI (1958) 281; A. Hübner, *Die deutschen Geißlerlieder* (Berlin 1931), S. 239ff.

52, 5, 1 *gezogenklichen:* s. oben zu 42, 1, 3.

53, 2, 2 *sehe:* die Form ist md.; vgl. M. Joesten, *Gießener Beiträge zur deutschen Philologie* XXVII (1931), besonders S. 56f.; 67f.

3, 2 *gruś:* über derartige Genetive von Wörtern auf *-s* oder *-z*, vgl. Michels, *Mittelhochdeutsches Elementarbuch*⁴, § 207 Anm. 2. Die volle Form *vuśeś* steht jedoch 67, 6, 2 und 68, 4, 2. Möglicherweise ist *gruś* hier auch durch den traditionellen Reim gegeben.

54, 1, 1 *uber se:* vielleich zu verstehen in der Bedeutung „um sie nach Übersee mitzunehmen".

1, 2 *denoch:* „außerdem noch", vgl. Behaghel, *Deutsche Syntax* III, § 894C; Schröbler, *ZfdA* LXXXIX (1959) 151.

55, 1, 2 *beite:* der Text ist hier offensichtlich verderbt.

2, 1 *erbeiśte:* normalmhd. *erbeizte*.

4, 2 *ërbeit:* md. vgl. Lexer s. v. *arbeit*.

7, 2 *beśtan:* „die will ich mir allein vorbehalten."

57, 4, 1 *pforten:* der Nom. auf *-n* ist sonst nicht belegt.

58, 4, 3 *garbe: varbe:* auf Grund der Orthographie läßt sich nicht entscheiden, ob *b-* oder *w-*Reim vorliegt.

59, 2, 2 *ës:* scheint sich auf *huś* in 59, 1, 1 zu beziehen.

60, 2, 2 *pfërder:* wohl verschrieben; vgl. *pfërden* in der Parallelstelle 73, 6, 2. Zu der Verwechslung von *r* und *n* s. auch 43, 5, 2.

mit guldinen isen: es handelt sich hier um ein weitverbreitetes Motiv, das besonders im Zusammenhang mit Gesandtschaften und Pilgerfahrten nach Byzanz auftaucht. Berthold von Donauwörth erzählt folgendes in seiner *Historia quomodo portio vivificae crucis Werdeam pervenit,* um 1120 (Oefelius, *Rer. Boicar. Scriptores,* 1763, I, 334; es ist hier die Rede von Mangold de Werde, der im Jahre 1027 „quasi regiam ostentans liberalitatem" nach Konstantinopel reiste): Verum et praeter id quod necessitatis ratione fieri oportuit, ut popularium rumore publicatus amplius tanquam foret in re, aurum possidere putaretur, pro ferramentis quibus plerumque equorum pedes munire usus est, auricalcum illorum ad formam ductum ungulis equorum affigi praecepit, ut mentita materia coloris imaginatione, aurum quod non fuit, esse putaretur. In argumentum quoque fidei, ne forte opinantium falsata mens verum experiretur, unum ex his de auro fieri atque in suo loco aegre affigi jussit, ut in motu equi modica elevatura relictum facile ubi voluisset abjiceretur, ibique repertum dubiae rei, verum tamen non sine ejus damno faceret fidem; quod sic quoque factum est." Aus dem Anfang des 12. Jahrhunderts stammt folgender Bericht, der die Brautfahrt des Markgrafen von Toskana beschreibt (*Vita Matildae, MHG SS* XII, 367):

> Qui dux cum pergeret illo
> Ornatus magnos secum tulit atque caballos,
> Sub pedibus quorum calibem non ponere solum
> Jusserat, argentum sed ponere sic (*ed.:* sit) quasi ferrum:

> Esse repercussum clavum voluit quoque nullum,
> Ex hoc ut gentes possent reperire quis esset.
> Cornipedes currunt; argentum dum resilit, tunc
> colligitur passim, passim reperitur in agris
> A populo terrae, testans quam (*ed.*: quod) dives hic esset.

In Waces *Roman de Rou et des Ducs de Normandie*, ed. Andresen, Heilbronn 1877–79, II, 153, heißt es Z. 3067f. von Robert von der Normandie:

> Par la terre l'empereur
> Se fist conduire a grant honur:
> A la mule ke il cheuauchout,
> A la plus chiere, ke il menout,
> Pur reparlance e pur noblei,
> Pur faire gent parler de sei,
> Fist d'or les quatre piez ferrer
> – Ne uoil mie dire dorer,
> Kar ceo est enuis de parler –
> Puis fist a ses homes ueer,
> Ke quant li ors des piez charreit,
> Que mar nul d'els le reprendreit.
> Par Constantinoble passa
> Et ad l'enpereur turna.

(Den Hinweis verdanken wir Dr. Ruth Harvey, die uns auf den Aufsatz von Gaston Paris, „Sur un épisode d'Aimeri de Narbonne", *Romania* IX [1880] 539–546, aufmerksam machte. Vgl. auch Gröber, *ZfrPh* V [1881] 175–177; L. Demaisons Vorwort zu seiner Ausgabe des *Aymeri de Narbonne*, Paris 1887, I, CLXXI f., sowie R. Harvey, *Moriz von Craûn and the chivalric world*, Oxford 1961, S. 175.)

60, 4, 2 *schalen:* „lärmen", vgl. Schröbler, *ZfdA* LXXXIX (1959) 152.

61, 2, 1 *hove: lobe:* zu dem Reim vgl. Bartsch, *Karlmeinet*, S. 304. Als reiner Reim ist *hove : lobe* nicht mit dem sonstigen Reimgebrauch des Textes zu vereinen; hier wohl ein unreiner Reim.

2, 3 *schone: krone:* s. oben zu 41, 1, 3.

2, 4 *guldiner:* es scheint eine Verwechslung von *r* und *n* vorzuliegen (vgl. 43, 5, 2 und 60, 2, 2). Der Reim *schone : kronen* ist in unserem Gedicht kaum möglich.

3, 4 *tiflah:* so auch 65, 3, 1 aber *kirche* in 61, 4, 4.

62, 1, 1–2 Der Sinn scheint zu sein: „sein Bruder Morunk kleidete sich genauso wie Horant." Jedoch ist zu bemerken, daß die Schreibung *wrdn* für *wurden* sonst nicht vorkommt; die gewöhnliche Form ist *wwrdn*. Die Hs ist hier kaum leserlich; vgl. Lautstand § 34.

62, 5, 1 *wite: wite* „weiter Raum".

5, 3 *tach : gesach:* md. Reim; Lautstand § 10.

63, 2, 3 *menejin:* intervokalisches *g* scheint hier und in 74, 1, 2 palatisiert zu sein; vgl. die Schreibungen 63, 3, 4; 74, 1, 2; 81, 2, 1; *igen*

67, 6, 2; 70, 1, 2; 71, 5, 2; s. hierzu auch oben Lautstand, § 8 und Schröbler, *ZfdA* LXXXIX (1959) 151. Wir haben in allen Fällen *menejin* transkribiert.

63, 3, 4 *menejin*: vgl. die Anmerkung zu 63, 2, 3.

64, 3, 2 Das fehlende Reimwort war wohl *gelich*.

4, 2 *pfaben*: die Schreibung kann bairisch, alemannisch, ostfränkisch oder hessisch sein. Vgl. Moser, *Frühneuhochdeutsche Grammatik*, I, 3, 86.

4, 4 *geleitet*: „so ausgebreitet, daß sie Schatten spendeten". Vgl. *Parzival* 185, 27: Herbort von Fritzlar (ed. Frommann), Z. 3751 und *Virginal* (ed. Zupitza, *Deutsches Heldenbuch* V) 190, 2.

65, 3, 2 *herberge*: im Sinne von „Palast" auch bei Herrand von Wildonie, *Der nackte Kaiser*, ed. H. Fischer, *Altdeutsche Textbibliothek* 51, Tübingen 1959, Z. 237.

66, 1, 3 *stange*: sonst nur als Femininum bezeugt.

4, 4 *woilen*: zu dem Diphthong, vgl. Lautstand § 36 (2).

5, 3 *sweik*: *swigen* hier im Sinne von „schweigend zuhören", vgl. Lexer s. v.

67, 2, 3 *weidenlich*: „frisch, keck".

6, 2 *igen*: das *g* gibt wohl einen Spiranten wieder, s. oben zu 63, 2, 3; vgl. Lautstand § 8 (2).

6, 4 *trotiren*: das Wort ist im Deutschen nicht vor dem 17. Jahrhundert bezeugt. L. W. Forster, *GLL* XI (1959) 258 dachte an *trufieren* „täuschen". Weinreich, *Word* XVI (1960) 111, interpretierte „to give in" und hielt es für möglich, daß es sich hier um ein Wort aus der Sprache romanischer Juden handelt, ohne jedoch eine Etymologie zu versuchen. Man könnte *trutiren* oder *trotiren* lesen; das erstere ist jedoch im Zusammenhange unmöglich. Die Bedeutung „gehen" wird dem Inhalt am besten gerecht.

68, 1, 3 Es liegt nahe *ouch han ich selber ein schones wip* zu lesen, nur scheint dies zu kurz für den unlesbaren Teil der Zeile.

68, 5, 4 *wer*: das *e* ist offensichtlich geschlossen, da der Schreiber ein Jod *(wwir)* verwendet. Zu dieser Schreibung vgl. Michels, *Mittelhochdeutsches Elementarbuch*⁴, § 8.

69, 3, 2 *durch wilen*: das Pronomen fehlt.

70, 2, 1f. Literatur zu dem Siegstein im *Handwörterbuch des deutschen Aberglaubens*, Berlin 1927–42, VII, 1708–09; vgl. auch *Wolfdietrich* D VIII 42, 3.

71, 5, 2 *igen*: vgl. oben zu 67, 6, 2.

72, 4, 2 *in ir kemenoten stan*: zu *stan* + Akkusativ, vgl. *Nibelungenlied* A (ed. Lachmann) 366, 1 *Do stuonden in diu venster*.

4, 3–4 *das, das*: zur Stellung von *das* im Reim vgl. z. B. *Minnesangs Frühling* 43, 4–5; *Nibelungenlied* 1111, 4–1112, 1; *Wigalois* (ed. Kapteyn) Z. 5405–5406; 6767–6768.

74, 1, 2 *menejin*: vgl. die Anmerkung zu 63, 2, 3.

2, 4 *wite sprunge*: md. Ausfall des *-n*; vgl. Weinhold, § 505, S. 561.

3, 4 *were rutelin:* der unbestimmte Artikel scheint weggelassen zu sein. Man könnte auch mit der Möglichkeit rechnen, daß das *-n* von *weren* im Md. ausgefallen war. Zur Bedeutung von *rutelin* ,,Gerte" s. Schröbler, *ZfdA* LXXXIX (1959) 152.
75, 3, 4 *aler rot guldin:* s. oben zu 44, 4, 3.
77, 2, 2 *rurte:* ,,setzte sich in Bewegung", zur Bedeutung s. Lexer s.v.
5, 2 *ŝafir:* der erste Buchstabe ist ein Samech, da dies die Schreibung des Worts im Hebräischen ist; vgl. Lautstand § 19.
81, 2, 1 *menejin:* vgl. die Anmerkung zu 63, 2, 3.
82, 6, 2 *oben:* ,,Abend"; vgl. aber *obent* 60, 5, 2. Die Form ohne Dental auch in dem Druck des *Heldenbuchs* herausgegeben von A. von Keller, *Bibl. d. Litt. Vereins* LXXXVII, Stuttgart 1867, 173, 15, wo sie im Reim auf *gaben* steht.

Bei Fragen zur Produktsicherheit wenden Sie sich bitte an:
If you have any questions regarding product safety,
please contact:

Walter de Gruyter GmbH
Genthiner Straße 13
10785 Berlin
productsafety@degruyterbrill.com